Auxiliando a humanidade a encontrar a Verdade

Reflexões sobre a Escola do Caboclo Mirim

© 2015 – Sérgio Navarro Teixeira

Reflexões sobre a Escola
do Caboclo Mirim

Todos os direitos desta edição reservados à
CONHECIMENTO EDITORIAL LTDA.
Rua Prof. Paulo Chaves, 276 - Vila Teixeira Marques
CEP 13480-970 — Limeira — SP
Fone/Fax: 19 3451-5440
www.edconhecimento.com.br
vendas@edconhecimento.com.br

Nos termos da lei que resguarda os direitos autorais, é proibida a reprodução total ou parcial, de qualquer forma ou por qualquer meio — eletrônico ou mecânico, inclusive por processos xerográficos, de fotocópia e de gravação — sem permissão por escrito do editor.

Revisão e preparação: Sueli Cardoso de Araújo
Projeto gráfico: Sérgio Carvalho
Ilustração da capa: Ednum Lopis

ISBN 978-85-7618-357-0

1ª Edição – 2015
• Impresso no Brasil • Presita en Brazilo

Produzido no departamento gráfico da
CONHECIMENTO EDITORIAL LTDA
conhecimento@edconhecimento.com.br

Editado conforme o
Novo Acordo Ortográfico da Língua Portuguesa

Dados Internacionais de Catalogação na Publicação (CIP)
Angélica Ilacqua CRB-8/7057

Teixeira, Sérgio Navarro
    Reflexões sobre a Escola do Caboclo Mirim / Sérgio Navarro Teixeira — Limeira, SP : Editora do Conhecimento, 2015.
    288 p. : il.

    ISBN 978-85-7618-357-0

    1. Umbanda - História 2. Orixás 3. Ocultismo I. Título

15-1227   CDD – 299.672

Índices para catálogo sistemático:
1. Umbanda - História

Sérgio Navarro Teixeira

Reflexões sobre a Escola do Caboclo Mirim

1ª edição
2015

EDITORA DO
CONHECIMENTO

Sumário

Prefácio.. 7

Apresentação... 9

Um pouco de Benjamin, o médium 13

Noções de ciências ocultas...................................... 41

Os sete "princípios herméticos"............................... 51

Os quatro elementos.. 66

Astrologia.. 73

Arquétipos psicológicos & "orixá de cabeça"........... 89

Árvore da vida: a influência da cabala..................... 94

O triângulo da vida 112

Os sete raios 117

O setenário sagrado na umbanda 156

Xangô-Kaô: "o divino intermediário"....................... 169

Yofá... 176

O Médium Supremo 183

Alquimia & psicologia 194

A escola iniciática.. 211

O templo da nossa escola... 242

Analisando a gira 257

Considerações finais 283

Referências bibliográficas....................................... 285

Prefácio

Temos em mãos *Umbanda: Reflexões sobre a Escola de Caboclo Mirim*, livro sobre o Caboclo Mirim e seu médium Benjamin Figueiredo. Saber mais sobre esse médium e seu mentor é uma forma de conhecer mais sobre nós mesmos e a história da Umbanda, como ela se desenvolve, amolda e adapta segundo diferentes visões de mundo.

Este livro é como uma "pedra filosofal", um "elixir de Umbanda". É o resultado de uma pedra bruta que durante anos foi lapidada por nosso irmão Sérgio Navarro, e agora temos a oportunidade de receber o diamante pronto, sem ter noção da profundidade a que esse "garimpeiro" foi para resgatá-lo e apresentar a um público ávido por informação, que vem para somar à nossa "Arte Real".

Esse material vai além de todos os estudos históricos já publicados até esta data sobre Benjamin Figueiredo, Caboclo Mirim, Tenda Espírita Mirim e Primado de Umbanda. Nosso irmão teve acesso a informações relevantes e desconhecidas à maioria de nós sobre questões que ainda hoje influenciam os rumos da Umbanda.

Benjamin Figueiredo, embora de origem espírita, foi preparado para a Umbanda por Zélio de Moraes, o "Pai da Umbanda". Atuaram juntos, até que foi emancipado e reconhecido médium pronto para assumir sua missão de dirigente espiritual, sacerdote de Umbanda. Benjamin, de posse do próprio destino em meio à Umbanda, assume um estudo de profundidade única frente ao esoterismo e ao ocultismo de sua época. Ele trouxe para a Umbanda, de forma inegável, o amor ao estudo e o aprofundamento nos fundamentos universais que podem ser reconhecidos em diversas religiões e filosofias, os quais se amoldam perfeitamente em sua visão de Umbanda.

Apresentar a visão de Benjamin e Caboclo Mirim já seria uma tarefa grandiosa. No entanto, temos aqui valiosas informações sobre a cultura e o contexto em que se insere a imensa obra desse médium visionário e revolucionário, incomparável até os nossos dias. Para escrever com propriedade sobre esse universo, é necessário conhecê-lo com profundidade, e, nesse aspecto, nosso amigo e autor se mostra um verdadeiro mestre a nos conduzir por caminhos que fazem parte da senda da iniciação a tais arcanos superiores.

A história de Benjamin é fantástica e incrível do ponto de vista de suas revelações e conquistas; sua filosofia é encantadora; sua visão da Umbanda é um refrigério para a alma; a grandiosidade da concretização material de um sonho de Umbanda está acima de tudo que já pudemos ver antes e depois em nosso seio.

Ao leitor, sugiro que aprecie sem moderação. Delicie-se com este diamante da literatura umbandista e, por favor, perceba o quanto é precioso ter acesso a todas essas informações e o valor do estudo e da literatura em nossa religião.

Aos novos umbandistas, que não tiveram contato com a obra de Caboclo Mirim, esvaziem-se de conceitos preestabelecidos e se permitam ver a Umbanda por outros olhos.

Aos mais velhos, que tiveram o privilégio de conviver ou conhecer essa obra, compartilhem a alegria de levar a todos mais um pouco daquilo que para muitos ainda está velado e oculto. Este é o tempo da revelação. Umbanda não tem segredos, mas tem fundamentos e é preciso conhecê-los, estudá-los.

Benjamin Figueiredo é um exemplo de estudo e prática da Umbanda e de sua verdade. Sérgio Navarro, um exemplo de discípulo, umbandista, médium, sacerdote, pesquisador, historiador e autor de uma das obras mais lindas que tive o privilégio de ler em primeira mão. Sou muito grato por nossa amizade e oportunidade de compartilhar desse saber.

Que Oxalá nos abençoe sempre!

Alexandre Cumino[1]

---

1 Alexandre Cumino é sacerdote de Umbanda, responsável pelo Colégio de Umbanda Sagrada Pena Branca, editor do *Jornal de Umbanda Sagrada*, ministrante de cursos presenciais e virtuais de Umbanda e autor de alguns títulos sobre a Umbanda.

Apresentação

Nada é tão escondido que não possa ser revelado através de seu fruto. (PARACELSO)

Mas nada há encoberto que não haja de ser descoberto; nem oculto que não haja de ser conhecido. (LUCAS, 12:2)

Não poderia iniciar este livro sem pedir a bênção dos morubixabas de todos os tempos, os verdadeiros condutores da Umbanda e de nossa gente de fé: iluminai nossos caminhos!

Peço licença também aos mais antigos, umbandistas de coração, que perfilaram junto a Benjamin Figueiredo na missão de fazer viva a Escola trazida por Caboclo Mirim. Seus exemplos na vida e conduta diante de sua comunidade nos permitiram chegar até aqui, orgulhosos de fazer parte dessa família quase secular.

Este pequeno aprendiz nunca se imaginou diante do desafio de escrever as linhas que agora compartilho com meus irmãos de fé. As ordens que recebi do astral foram claras: vá às origens, lá nos anos de 1940, 50 e 60, quando se consolidaram os fundamentos e a liturgia da Escola de Mirim. O presente trabalho é fruto de mais de três anos de pesquisas e entrevistas e, principalmente, de constante orientação espiritual! Não sou médium psicógrafo, portanto, precisei interpretar com minhas próprias palavras as visões e os ensinamentos que recebia pela vibração dos morubixabas, para que se tornassem acessíveis a todos, por meio de uma linguagem o mais coloquial possível. Mesmo tendo formação ocultista desde a adolescência (cedo minha mãe me apresentou às obras da Filosofia Rosacruz, da Teosofia de Madame Blavastsky etc.), deparei-me, inúmeras vezes, com determinações que me colocaram diante de temas realmente difíceis, que me exigiram bastante tempo para assimilar. Foi uma experiência única, pois, a cada descoberta, as peças de um enorme quebra-cabeça iam se juntando e, com isso, a vontade de gritar ao mundo a admiração por Mestre Mirim mal cabia no peito!

Mas, após algum tempo escrevendo, deparei-me com um dilema: nesse ambiente de iniciações e segredos esotéricos, seria correto compartilhar essa experiência com o público? Não seria esta uma jornada individual, a ser experimentada por cada um, em seu devido tempo? Seria da vontade de Caboclo Mirim?

Aguardei três anos pela resposta. Sim, é chegada a hora. Mas deixo claro que este livro não é um "manual de instruções" ou um "livro de autoajuda"! Apenas revê o que Caboclo Mirim nos ensinou há mais de sessenta anos, por intermédio de sua obra, onde não havia uma doutrinação sistemática nem qualquer "lavagem cerebral" sobre seus filhos de fé. Mirim nos apontava para a direção segura, para o Oriente, onde nos deparamos em nossas tendas com o Médium Supremo na imagem de Jesus, a representar o Senhor do Mundo, Cristo-Oxalá, "o caminho, a verdade e a vida".

Urge que as novas gerações de sacerdotes transmitam aos mais novos, com maturidade e segurança, os ecos de um passado pautado por ética e comprometimento diante do sagrado; quando os dirigentes tinham consciência de sua responsabilidade em promover o crescimento do ser humano, semear a paz e a fraternidade junto aos seus irmãos de Tenda.

Há quase trinta anos, Benjamin fez sua passagem para o plano espiritual e, sem sua referência, somada a um punhado de "maus exemplos", a Escola da Vida vem se tornando apenas uma bonita expressão postada no *Facebook*. Toda a filosofia que permeava os seus rituais, carregados de significados sagrados, está se perdendo junto às novas gerações, que, sem respostas e inseguras, vão até os cultos de raiz africana para tentar encontrar as chaves perdidas.

Não podemos e não desmerecemos a religiosidade ancestral do negro, hoje um dos principais pilares da cultura e da fé do nosso povo. Mas Caboclo Mirim ensinou que Umbanda é muito mais do que um culto afro-brasileiro, e que enquadrá-la como "culto afro" é segmentar nossa religião, já que, para Mirim, a Umbanda é universal, transcendendo nosso país, um povo ou uma raça! Claro que a magia e a força da raiz africana estão na Umbanda, pois constituem seus alicerces, mas não nos esqueçamos de que nossa corrente astral é fraternal, pois abriga diversas falanges de trabalho unidas em prol do crescimento da humanidade terrestre, sob a luz e orientação de Cristo-Oxalá. Então, mais do que umbandista, Benjamin foi um espiritualista que alimentou sua alma estudando vários aspectos e manifestações religiosas da humanidade, em um caminho que nos leva inevitavelmente ao aprofundamento nas ciências ocultas ou esotéricas, presentes nas mais antigas tradições religiosas da humanidade, inclusive a africana.

A Umbanda é outra face desse grande universo de saber ancestral. É de conhecimento geral que os verdadeiros guias espirituais de nossa fé, sejam caboclos, pretos-velhos, crianças etc. são avatares de outros tempos, que nos irradiam hoje a força evolutiva do Criador. Estiveram operando em outras culturas e outras escolas e há mais de cem anos vêm à Umbanda nos ensinar a caminhar. Por isso, é natural que observemos os fundamentos universais deixados pelos mestres de eras imemoriais, visando a trazer clareza às práticas magísticas em nossos terreiros. Vamos abordar um pouquinho de várias ciências antigas, pois todas são elos de uma mesma corrente.

Para seguir os passos de Benjamin e de seus contemporâneos, será preciso tempo e perseverança, a fim de nos desvencilhar da atual cultura cartesiana à qual estamos acostumados, que, apressadamente, rotula e compartimenta o conhecimento e o coloca em espaços distintos. Os antigos sacerdotes sabiam que todas as manifestações do saber se complementam, pois são parte do todo.

Boa leitura e boa viagem, querido irmão de fé!

Não tenha pressa; afinal, a última página não revela qualquer

Reflexões sobre a Escola de Caboclo Mirim

segredo milenar. Caminhe em seu próprio ritmo, questionando o que lê e se lembrando das emoções vividas no terreiro. Serão os seus guias espirituais que lhe trarão as respostas, não eu.

Mestre Mirim nos indicou o caminho... Viva a Umbanda, intensamente!

Saravá!

Sergio Navarro Teixeira
CCT Fraternidade Umbandista Luz de Aruanda
Barra Mansa (RJ)
Contatos: alunodemirim@gmail.com

Um pouco de Benjamin, o médium

Os primeiros passos da Umbanda

Benjamin Gonçalves Figueiredo nasceu em 26 de dezembro de 1902, no antigo estado da Guanabara (atual cidade do Rio de Janeiro), então capital federal. Cresceu em um período efervescente, no início de um novo século, em um Brasil cuja República havia pouco mais de dez anos, e a sociedade vivia profundas transformações, ainda em busca de sua personalidade, de sua "brasilidade". Os artistas dessas primeiras décadas, por exemplo, revolucionaram a estética e a linguagem ao lançar a Semana de Arte Moderna de 1922. Alguns anos depois, esse sentimento nacionalista viria também a se manifestar na política, com a ascensão de Getúlio Vargas ao poder, já na década de 1930, decretando o fim da hegemonia da elite agrária pela implantação do Estado Novo.

A característica mestiça da população começava a ser valorizada, tida como forma de união da nação e, dessa forma, os vários grupos raciais passavam a ganhar igual tratamento na formação da civilização brasileira. Essa ideologia ajudou, inclusive, a reforçar a crença de que o preconceito racial não existia no Brasil. Gilberto Freyre, em seu livro *Casa-grande & senzala* (1933), foi um dos intelectuais que deram suporte a tal tese. Até o samba, manifestação cultural oriunda da cultura negra brasileira, era redescoberto e reformatado, levado a um universo mais amplo: brilhava a estrela de Carmem Miranda!

Nesse contexto, um fato – para aqueles que se propõem a estudar as origens da Umbanda – veio a se consolidar como marco da religião: a manifestação do Caboclo das Sete Encruzilhadas em 1908, através de seu médium Zélio Fernandino de Moraes (1891-1975), na cidade de Niterói, então capital do antigo estado do Rio de Janeiro. A data, 15 de novembro, é a mesma da comemoração da proclamação da República brasileira. Coincidência? Diante de uma respeitada e organizada Federação Espírita Brasileira, Caboclo das Sete Encruzilhadas pôde deixar registrada a definição do novo movimento religioso: "Uma manifestação do espírito para a caridade". Caridade, a principal lei da Umbanda, religião do amor fraterno em benefício dos irmãos encarnados, qualquer que fosse a cor, a raça, o credo e a condição social.

Sabe-se que aquela não fora a primeira manifestação mediúnica de um espírito com perfil de um índio brasileiro, uma vez que, desde o final do século XIX, há registro dessa presença em pequenos terreiros espalhados à margem da sociedade daqueles dias, as ditas "macumbas cariocas".

O advento do Caboclo das Sete Encruzilhadas foi realmente especial por diversos aspectos. No início do século XX, "macumba" podia facilmente definir toda e qualquer relação mediúnica (geralmente promíscua) de curandeiros, pais-de-santo, feiticeiros, charlatões e todo aquele que se dispunha a intervir junto às forças invisíveis do além apenas em troca de dinheiro e poder, como bem descreve Paulo Barreto, em 1904, sob o pseudônimo de João do Rio, em uma série de reportagens para a *Gazeta* intitulada "As religiões do Rio", posteriormente transformadas em livro:

> Vivemos na dependência do Feitiço, dessa caterva de negros e negras, de *babaloxás* e *yauô*, somos nós que lhes asseguramos a existência, com o carinho de um negociante por uma amante atriz. O Feitiço é o nosso vício, o nosso gozo, a degeneração. Exige, damos-lhe; explora, deixamo-nos explorar e, seja ele *maitre-chanteur*, assassino, larápio, fica sempre impune e forte pela vida que lhe empresta o nosso dinheiro.

Percebe-se, assim, a grandeza da missão do Caboclo das

Sete Encruzilhadas como mensageiro das diretrizes das mais altas esferas da Espiritualidade. Sua presença e sua mensagem eram muito claras: uma nova legião de entidades iluminadas trabalharia pela elevação moral e espiritual do nosso povo, sob a inspiração de Cristo-Oxalá. Em pouco tempo, far-se-iam presentes Caboclo Mirim e diversos mentores espirituais, todos imbuídos em propagar a Umbanda pelo Brasil!

A família

Benjamin amadureceu em uma família que praticava o Espiritismo de Kardec. Aliás, nos foi dito que sua avó, D. Eugênia Jacob Gonçalves, teria estado junto daqueles pioneiros na prática do Espiritismo no Brasil, ainda no final do século XIX, o que refletiu na criação de seus filhos e netos dentro de sólidos princípios de fé cristã e de amor ao próximo. A doutrina de Kardec fazia parte da vida de toda a família Figueiredo, pois, além dos pais de Benjamin, D. Judith Gonçalves de Figueiredo e Sr. José Nunes de Figueiredo Filho, participavam das sessões espíritas realizadas na rua Henrique Dias, nº 26 (Estação do Rocha, RJ), seus tios e tias. Foi na mesa espírita na sessão de 12 de março de 1920 que se manifestou, pela primeira vez, Caboclo Mirim junto a Benjamin, arregimentando os seguintes membros da família Figueiredo para organizar e estruturar a chamada "Seara de Mirim": José Nunes de Figueiredo Filho, Judith Gonçalves Figueiredo, Eugênia Gonçalves Figueiredo, Hercílio Latino Gonçalves, Abgail Maria Gonçalves, Davi Latino Gonçalves, Benjamim Franklin Gonçalves, José Fróes, João da Mota Mesquita Filho e, claro, Benjamin Gonçalves Figueiredo.[1]

Como bom capricorniano, Benjamin logo aprendeu a trabalhar em equipe, em um ambiente onde cada um ocupava funções que somavam ao projeto de atendimento fraterno na Tenda, tanto material como espiritual. Se o mentor espiritual da Tenda trabalhava através de Benjamin, a condução material da Tenda Espírita Mirim nas primeiras décadas teve por principais pilares a liderança do pai de Benjamin, o Sr. Figueiredo, e de Eduardo Gonçalves Figueiredo, o irmão mais velho. Ambos

---

1 Disponível em: <*http://www.tendaespiritamirim.com.br*>, 2014.

Reflexões sobre a Escola de Caboclo Mirim

foram também grandes oradores, e diz-se que foi inspirada nas preces feitas de improviso pelo Sr. Figueiredo nas sessões de caridade que se chegou à forma final da oração de abertura/encerramento dos trabalhos utilizada até hoje. Os pais de Benjamin estiveram junto da Tenda até o final dos anos de 1950, quando desencarnaram, mas nem a separação física diminuiu a presença e inspiração de seus pais junto de si.

Nos anos de 1930, Benjamin se casou com D. Assunta Paulini, espetacular médium que trabalhava com o Caboclo Curumataí ("Oxóssi assobiou, toda a mata estremeceu..."), que comandava as sessões às quartas-feiras. Tiveram dois filhos: Mirina e Mirim Paulini (o "Mirinzinho", que conduziu a Tenda Espírita Mirim até agosto de 2015, quando faleceu).

D. Assunta faleceu em 1962. Viúvo por cerca de dez anos, Benjamin acabou por conhecer D. Marlene (médium do Caboclo Jupiraci, que comandou a filial de Parada Angélica). Por esta ser bem mais jovem que ele, e para evitar fofocas, Benjamin, agora primaz do Primado de Umbanda, convocou o Conselho de Morubixabas, a fim de consultar se haveria qualquer impedimento ou constrangimento para os demais comandantes chefes de terreiro (CCTs) se ele se casasse com D. Marlene. Tendo a aprovação de seus pares, o casal constituiu matrimônio no início dos anos de 1970. Dessa união nasceu, em 1973, "Benzinho", o caçula de Benjamin.

O jovem Benjamin

Aos dezessete anos, Benjamin já participava das sessões espíritas da família Figueiredo. Quando Caboclo Mirim se fez presente em uma sessão no ano de 1920, traçou as diretrizes para que fosse fundada a Tenda Espírita Mirim. Para uma família consolidada no Espiritismo de Kardec, seriam exigidas algumas mudanças e adaptações na liturgia e na condução das sessões, bem como a preparação mediúnica de Benjamin para acompanhar Caboclo Mirim em tamanha responsabilidade.

Desse modo, o jovem Benjamin foi encaminhado para uma tenda dirigida pelo Caboclo das Sete Encruzilhadas, do médium Zélio Fernandino de Moraes. Benjamin Figueiredo esteve junto de Zélio por cerca de quatro anos, quando foi considerado pronto para sua missão junto a Caboclo Mirim.

Em entrevista concedida a João de Oliveira (KRITSKI; GUIMARÃES, 2010), **Zélio Fernandino de Moraes** conta que, ao fim desse período, a entidade orixá Mallet (que trabalhava com Zélio) pegou Benjamin e o carregou nas costas por cerca de meio quilômetro, atirando-o na areia da praia próxima. Ali, evocou curimbas que os presentes não entendiam, enquanto Benjamin, em transe, ia rolando na areia até a beira do mar. Então, o orixá Mallet colocou-o nos ombros e adentrou o mar (e ambos não sabiam nadar), atirando-o nas águas mais fundas. Após o fato, foi dito a Benjamin Figueiredo que ele estava pronto para trabalhar plenamente com Caboclo Mirim.

Na entrevista supramencionada, João de Oliveira relata como Benjamin conheceu outra entidade fundamental em seu desenvolvimento, o querido Pai Roberto. Em meus anos na Tenda Espírita Mirim, ouvi várias vezes esse preto velho nos contar que realmente ele era feiticeiro, até que Caboclo Mirim lhe deu a oportunidade de crescer e evoluir dentro da Umbanda. Segundo João de Oliveira, Benjamin conheceu Pai Roberto quando ainda trabalhava com outro médium no bairro de Alcântara (São Gonçalo, RJ). Lá, o preto velho bebia uísque, fazia e desfazia feitiçarias, jogava até ponteiras de aço em seus trabalhos de magia. Certa vez, Benjamin estava visitando aquele terreiro, quando ouviu de Pai Roberto, incorporado naquele médium, que ele abandonaria o "cavalo" atual e iria passar a trabalhar através da mediunidade de Benjamin, largando, também, os trabalhos de feitiçaria que fazia por meio de seu antigo médium, o que de fato ocorreu. Pai Roberto assumiria, a partir daquele momento, o seu lugar junto a Caboclo Mirim no desenvolvimento da Tenda Espírita Mirim.

A Tenda Espírita Mirim foi fundada em 13 de outubro de 1924, segundo seu estatuto original (cuja ata foi registrada em 18/03/1937, sob nº de ordem 16.576, no Livro C-7 do Cartório do 1º Ofício de Registro de Títulos do Distrito Federal). Vale ressaltar que, nesses tempos, a Umbanda e o Candomblé eram tidos como "charlatanismo" e "feitiçaria" pelas autoridades constituídas, enquanto o espiritismo kardecista já se encontrava mais fortalecido e organizado federativamente, o que levava à natural adoção da expressão "espírita" no nome de tendas ou centros de Umbanda que desejassem registro público naquela época. Benjamin Figueiredo se destacou entre os principais expoentes da luta pela legalização da Umbanda junto à nossa sociedade, só obtida no final da década de 1940.

A Umbanda em duas fases distintas

Figura 1: Sessão na Tenda N. S. da Piedade.
Fonte: TRINDADE, 2013.

Em 1924, a Umbanda praticada por Zélio de Moraes era o que podemos chamar de "umbanda de mesa", com forte inspiração do Espiritismo de Kardec. Esse também foi o principal modelo praticado por mais de duas décadas na Tenda Espírita Mirim. Assim, na primeira metade do século XX, não havia na Tenda os sete graus em tupi-guarani e, muito menos, a gira tal qual a conhecemos hoje! Nos anos de 1920-1930, deu-se a consolidação da Tenda como instituição, que começou tendo como primeira sede uma casa na rua Sotero dos Reis, nº 101, Praça da Bandeira (Rio de Janeiro). Mudou-se, posteriormente, para a rua São Pedro e, depois, para a rua Ceará (hoje avenida Marechal Rondon, nº 597, no bairro São Francisco Xavier), local de sua atual sede, inaugurada em 1942. Mesmo nos dias atuais, custa-nos imaginar o esforço e a energia necessários à construção de um imponente prédio como o que abriga a Tenda Espírita Mirim, com seu salão de 20 x 50 metros!

Figura 2: Salão da Tenda Espírita Mirim (década de 1940).
Fonte: Acervo da família Figueiredo.

Claro que a construção da sede da Tenda foi parte de um projeto maior conduzido por Mestre Mirim, mas acredito que esse prédio foi importantíssimo para imprimir uma imagem concreta da grandeza da Umbanda diante da sociedade da capital federal na década de 1950, e de nós mesmos, umbandistas, acostumados à marginalidade de nossa própria fé. Além disso, o enorme terreiro serviu para agregar as casas umbandistas em torno de um ideal maior de valorização e crescimento de nossa religião – uma religião brasileira.

Por esse ideal, Caboclo Mirim aboliu de seu culto diversos elementos que estavam intimamente ligados à noção que se tinha das "macumbas" e feitiçarias reinantes na primeira metade do século XX, bem como de outros relacionados ao culto católico e à cultura africana, em especial. Ainda como parte da ruptura com outras religiões, nos terreiros orientados por Caboclo Mirim não se encontravam altares com as imagens católicas, apenas a de Jesus Cristo, situada acima da altura da cabeça dos médiuns, onde se lia a inscrição "O Médium Supremo". Os atabaques foram trocados por enormes tambores (tocados sentados); "toalhas-de-guarda" e as vestes rendadas coloridas, típicas da Bahia, deram lugar aos guarda-pós femininos e aos macacões brancos nos senhores, todos devidamente calçados, sempre sóbrios, como a lembrar a seus médiuns que todos eram apenas operários da fé, ou melhor, "Soldados de Oxalá", como na letra de um belo hino da Tenda Espírita Mirim. Nenhum ornamento, como guias, colares ou qualquer tipo de ostentação pessoal, era aceito. Antes da abertura dos trabalhos, era difícil para o visitante reconhecer os dirigentes dentre os demais médiuns da Casa. Foi o primeiro passo em busca de uma identidade própria para a Umbanda, objetivando-se dignificar o culto e seus participantes, tendo como base a organização e a disciplina do conjunto do corpo mediúnico da casa umbandista.

Em 1951, um relatório oficial da Câmara de Deputados traçou um perfil dos trabalhos assistenciais prestados pela Tenda Espírita Mirim. O documento afirma que, em sua sede, funcionavam, à época: uma creche para mais de cem crianças; serviço médico, com consultas e tratamentos, com fornecimento de medicamentos aos necessitados; serviço dentário em gabinete próprio, onde o atendimento era feito por três profissionais em diferentes horários; serviço de recreação, que incluía um cinema – exibindo películas como em "qualquer outro cinema desta capital", funcionando quase que diariamente em auditório na Tenda, com capacidade para duas mil pessoas – e teatro de amadores, encenando no mesmo local uma média de quatro peças por mês, sempre com fins educativos, "incentivando nas novas gerações o gosto e a vocação para a arte teatral, sem nenhuma ajuda e sem se valer da subvenção estabelecida em lei para essa atividade artística salutar"; distribuição de cerca de seis mil "cestas básicas" por ano.

A instituição cresceu tanto nos anos de 1950 que não faltaram projetos que visassem ao engrandecimento da Umbanda. Um deles era o da construção de uma nova sede nacional da Tenda no Planalto Central, no embalo dos debates pela futura mudança da capital do país para Brasília. Havia um pôster afixado na Tenda com um desenho desse projeto, que, se minha memória não falha, parecia bastante com o atual "Templo da Boa Vontade", inaugurado somente em 1989. Outro projeto que começou em meados dos anos de 1930, mas que não prosperou, foi o da "Ordem Espírita Mirim", que coordenaria a construção e administração do "Hospital Espírita Mirim" para obsidiados. Esse projeto ganhou novo fôlego no final de 1963, sob o nome de "Hospital Nacional de Umbanda", conforme edição de 18 de janeiro de 1964 do jornal *Diário Carioca*:

> UMBANDISTAS CONSTRUIRÃO HOSPITAL – A "Confederação Espírita Umbandista", a "Tenda Espírita Mirim" e o "Centro Espírita Caminheiros da Verdade", três das principais instituições umbandistas da Guanabara, estão colaborando na campanha do lançamento da construção do Hospital Nacional de Umbanda, que se destina a ser o maior e mais moderno da América do Sul. A cooperação destas entidades e junta administrativa do HNU, além do apoio moral ao empreendimento, se expressa em ajuda material com a instalação de postos de venda de títulos do Hospital entre os umbandistas. Os postos de venda oferecem aos candidatos e sócios fundadores do HNU todas as informações sobre a natureza e finalidade da grande obra que terá início, brevemente, possivelmente em Jacarepaguá, em terreno já escolhido.

Ainda em 1950, Benjamin Figueiredo fora incentivado por seus companheiros a se candidatar a uma cadeira de vereador da Câmara do Distrito Federal, já que era um respeitado líder dentro de nossa religião. Saiu candidato pelo Partido Social Democrático (PSD), mas não conseguiu se eleger.

Foi também a partir dessa década, quando já contava com um trabalho bem consolidado na matriz da Tenda no Rio de Janeiro, que Caboclo Mirim responsabilizou vários médiuns a levar as tendas de umbanda por todo o território nacional. A primeira casa descendente da Tenda Espírita Mirim foi criada em 30 de junho de 1951, como filial, em Queimados, na época um dos distritos de Nova Iguaçu. Depois desta, novas casas foram abertas em Austin, Realengo, Colégio, Jacarepaguá, Itaboraí e Petrópolis. A primeira casa descendente do Caboclo Mirim aberta fora do Rio de Janeiro foi na cidade de Assaí, no Paraná. Até 1970, já tinham sido abertas 32 casas sob a orientação de Caboclo Mirim.

Diga-me com quem andas e te direi quem és.

A família Figueiredo sempre esteve cercada de parceiros leais, que trabalharam juntos para permitir que Caboclo Mirim e Pai Roberto levassem adiante a missão de prática da caridade por meio de um trabalho incessante pelo crescimento do ser humano. Gostaria de citar os diversos irmãos de fé que estiveram junto com a Tenda Espírita Mirim naqueles dias, mas as brumas do tempo fizeram com que muitos nomes fossem esquecidos, o que não diminui sua importância para todos nós, que, hoje, colhemos os frutos da semente tão bem cuidada por eles.

O que diferenciou Benjamin de outras lideranças religiosas foram o pragmatismo e a determinação de ir adiante, o que o levou a uma visão universalista da Umbanda e permitiu que a liturgia da Tenda Espírita Mirim evoluísse para além de uma "umbanda kardecista". Esse processo contou com vários colaboradores que orbitaram o universo da matriz da Tenda Espírita Mirim, junto de seu grande líder, nas diversas fases da Tenda.

Nas primeiras décadas, além da família Figueiredo, destacou-se a atuação de Diamantino Coelho Fernandes, que chegou, inclusive, a ser presidente da Tenda. Nascido em Portugal, Diamantino foi um espiritualista e um dos principais articuladores do Primeiro Congresso Brasileiro de Espiritismo de Umbanda, realizado em 1941, em que representou a Tenda com a tese *O espiritismo de umbanda na evolução dos povos* (TENDA ESPÍRITA MIRIM, 1942a). Nos anos seguintes, visitou dezenas de casas de Umbanda, um trabalho que culminaria com a criação do Primado de Umbanda em 1952. No início dos anos de 1960, segue seu próprio caminho, escrevendo vários livros na missão que chamou de "Grande Cruzada de Esclarecimento". Diamantino faleceu em abril de 1973.

Outro nome que se destacou no referido congresso foi o do

uruguaio Roberto Ruggiero Grimaldi. Ele e sua esposa, Irene Gómez Ruggiero, chegaram ao Rio de Janeiro em 1940, com o propósito de divulgar a Filosofia Rosacruz, por meio da fundação da Fraternidade Rosacruz Max Heindel. É de se imaginar que gozava da confiança de Caboclo Mirim e Benjamin, pois, em nome da Tenda, Roberto Ruggiero defendeu nesse congresso a tese *Christo e seus auxiliares* (TENDA ESPÍRITA MIRIM, 1942b). Nos anos seguintes, D. Irene deu palestras na Sociedade Teosófica, no Centro São Jorge e na Tenda Espírita Mirim, onde, segundo sua biografia,[2] "ganhou a inteira adesão de vários futuros companheiros".

O fascínio que Caboclo Mirim e Pai Roberto causavam naqueles que pisavam na Tenda era retribuído pela contribuição que novos conceitos filosóficos iam sendo apresentados a Benjamin. Soube que não faltavam livros sobre a Filosofia Rosacruz nas estantes desse CCT.

Desse modo, Caboclo Mirim fez Benjamin entender que o futuro da Umbanda seria longe das mesas kardecistas. Com a chegada dos anos de 1950, vários sacerdotes e demais companheiros de jornada reuniram-se nas dependências da Tenda para receber as instruções espirituais de como seria o próximo momento da Escola da Vida. Era chegada a hora de fundar o Primado de Umbanda!

Revendo fotografias antigas, encontrei ainda junto a Benjamin Figueiredo um antigo ocultista, conhecido na Tenda por "Comandante Cícero". O Dr. Cícero dos Santos foi um dos pioneiros da Teosofia no Brasil, pois esteve ao lado de Henrique José de Souza nos primeiros anos da Sociedade Mental e Espiritualista Dhârânâ, ainda em 1924, instituição que, posteriormente, recebeu a denominação Sociedade Teosófica Brasileira.

Para mim, é clara a convergência de tantos obreiros anônimos e desses personagens especiais no Primado da Umbanda liderado por Caboclo Mirim. Foi um momento histórico muito rico, pela união de valores pessoais e espirituais que determinaram novo rumo para toda a religião.

---

2 Disponível em: <*http://www.fraternidaderosacruz.org*>.

Umbanda "de mesa" x Umbanda "de terreiro"

A Umbanda, enquanto religião brasileira e sincrética, é fruto da fé popular que sempre levou para além das igrejas sua devoção aos santos católicos e aos mensageiros sagrados de Deus (e dos orixás), sejam estes beatos, médicos do astral, anjos, caboclos, pretos-velhos, Maria ou Jesus. Mesmo ressaltando que a Umbanda não é fruto do Candomblé, há também de se frisar que, no início do século XX, existiam rituais muito parecidos com os da Umbanda em rincões distantes do Brasil, que nunca tinham ouvido falar em Zélio de Moraes ou Benjamin Figueiredo. Esses dois ícones são parte do processo de institucionalização da Umbanda, levando-a ao reconhecimento como religião fundamentada e organizada. A Umbanda saiu da roça ou do quartinho de "fundo de quintal" para as vias públicas, lado a lado com os templos de qualquer outra fé, em gradativo processo de urbanização e universalização.

A base doutrinária da maioria dos sacerdotes dos primeiros anos dessa "umbanda urbana" foi, sem dúvida, o Espiritismo de Kardec, que, desde o final do século XIX, trazia novo alento para fiéis que não encontravam na estagnada Igreja Católica Romana respostas a seus anseios. Em 1908, Zélio de Moraes e o Caboclo das Sete Encruzilhadas surgiram como uma ruptura religiosa, dessa vez em relação ao mesmo espiritismo que se "elitizava" e que afastava de suas mesas o "simplório" preto velho e as pessoas de fé simples, sem espaço na secular igreja romana nem entre os doutores de fala rebuscada de Kardec. Assim, a umbanda institucionalizada iniciou seus primeiros passos, mantendo o respeito e a fé nos ícones da fé católica – os santos –, ao mesmo tempo em que abria o atendimento fraterno nas mesas espíritas a todas as almas (encarnadas ou não) sedentas de Deus, independentemente de cor, escolaridade ou nível social! Nas duas primeiras décadas de vida da Tenda, a família Benjamin conduziu a Tenda Espírita Mirim da mesma forma que Zélio, pois havia o entendimento geral de que se praticava um "espiritismo de umbanda". Era comum as sessões de caridade terem a mesa espírita como elemento central, mesmo que sob a condução de Caboclo Mirim.

A partir de 1940, o plano astral intensifica um clamor por mudanças, exigindo uma reação dos homens de bem contra as hordas opressoras que se fortaleciam no plano espiritual e que tentavam arrastar a humanidade para um longo período de trevas. A Segunda Grande Guerra chegava ao seu ápice: milhares morriam nos campos de batalha, nas cidades invadidas e nos campos de extermínio em massa criados na Alemanha nazista. Era preciso organizar a reação em todos os níveis, e cada obreiro de Deus arregaçou as mangas e se pôs a trabalhar pela reconstrução de sólidas "frentes de combate". Benjamin e seus contemporâneos não fugiram à luta. É sob essa égide reformadora que acontece o Primeiro Congresso Brasileiro de Espiritismo de Umbanda, em 1941, que tenta arregimentar as casas umbandistas em torno de um só ideal.

O espiritismo kardecista também sentiu que o momento exigia a união de todos em nome do fortalecimento daqueles que, espiritualmente, combatiam as mais baixas esferas do astral. É desse período que se destaca o espírita Edgard Pereira Armond, um dos principais responsáveis pela implantação da Federação Espírita do Estado de São Paulo (FEESP), onde colaborou por mais de três décadas. Autor do famoso livro *Os exilados da Capela* (1949), Armond publicou várias obras que auxiliaram a sistematizar o estudo da doutrina espírita, mas há uma a que eu gostaria de dar destaque: *Passes e Radiações* (1ª edição 1950). Nesse livro, Edgar Armond apresenta a experiência adquirida nos anos de 1940 na Federação Espírita Paulista, conforme escreve na "Introdução":

> A padronização dos passes e outras práticas doutrinárias aqui descritas foram providências adotadas na Federação Espírita do Estado de São Paulo para efetivar a unidade das práticas espíritas, assunto de alta relevância levado ao Congresso de Unificação, realizado em 1947, nesta Capital.

Caboclo Mirim sabia que o tempo da umbanda "de mesa" acabara, mas era preciso que as pessoas envolvidas na condução da Tenda Espírita Mirim acompanhassem os novos tempos e as necessidades que o combate exigia. A proposta de trabalho trazida ao Espiritismo por Edgar Armond tornou possível inspirar os membros da Tenda às mudanças que o momento pedia e que viriam a se consolidar como o principal trabalho de caridade da Escola de Mirim no futuro: o trabalho do médium sentado no banco junto ao médium passista, em pé.

Em *Passes e Radiações* (1ª edição 1950), Armond nos apresenta os "Trabalhos Pasteur", uma série de orientações sobre passes e correntes mediúnicas de atendimento fraterno, assim batizados em homenagem ao cientista francês Louis Pasteur, contemporâneo de Alan Kardec e tido como mentor espiritual de várias casas espíritas:

> O Espiritismo, para atendimento do povo sofredor, age aplicando processos que lhe são próprios, através de médiuns dotados de faculdades curadoras: capacidade espontânea de doação de fluidos magnéticos e de ectoplasma, e teor vibratório suficientemente alto para produzir efeitos benéficos nos organismos doentes. Nestas curas, os médiuns agem individualmente (quando amplamente capazes) em grupos, formando correntes cujos membros, mesmo não sendo propriamente médiuns de efeitos físicos, podem oferecer aos Espíritos que agem no Plano Espiritual os elementos de que carecem para as realizações que têm em vista.
>
> O conceito normal para a realização de fenômenos físicos sempre tem sido a presença de médiuns de efeitos físicos, que são os que fornecem os elementos para sua produção, e isto é plenamente certo. Mas no espiritismo religioso, em que a produção de fenômenos não é assunto de maior interesse, a utilização dos médiuns dessa espécie é de grande valor nas curas, nas quais se incluem as operações mediúnicas.
>
> Como os médiuns desta espécie rareiam, e o atendimento dos necessitados não pode sofrer interrupção, desde há vários anos vimos tentando substituir o médium de efeitos físicos, no seu trabalho individual, pelas correntes de cura; ao invés de um amplo fornecimento de ectoplasma feito por um só médium, opomos a soma de pequenos fornecimentos

feitos por vários médiuns.

Os trabalhos denominados "Pasteur", criados para isso na Federação Espírita do Estado de São Paulo, são uma aplicação do processo e os resultados têm sido bons, conquanto devam ainda sofrer aperfeiçoamento.

Ainda nessa obra, Edgar Armond explica o que conhecemos por "trabalho de banco", em que acontece um avançado trabalho de cura por meio do que ele denomina "choque anímico", procedimento polêmico nas comunidades espíritas da época, mas que agregou qualidade e eficiência às sessões de caridade da Tenda conduzidas por Caboclo Mirim, aonde quase duas centenas de pessoas afluíam em cada noite de trabalho. Reproduzimos as palavras do professor Armond, que melhor do que ninguém detalha o tema:

O CHOQUE ANÍMICO

1) PROCESSO DE DESOBSESSÃO
Para os Espíritos inferiores, a prática do mal resulta da própria ignorância e da impureza dos sentimentos que lhes criam, nos perispíritos, vibrações densas e pesadas, verdadeiras vestes de sombras, constantemente sulcadas de radiações malignas. Apoiados em correntes de forças afins, formadas pelos inumeráveis componentes de suas legiões tenebrosas, adquirem eles grande capacidade de maleficiamento em todas as esferas onde sua penetração não possa ser impedida.
No Umbral, vimos como André Luiz descreve os meios, quase violentos, de contenção desses Espíritos: petardos magnéticos, radiações fluídicas de choque, fogo purificador etc.; mas, aqui na Terra, que recursos temos para nos opor à ação perniciosa dessas infelizes entidades, considerando-se que seu número aumenta constantemente e que a doutrinação clássica somente pode ser empregada em condições muito restritas?
Na realidade, nossa melhor defesa pessoal está, como se sabe, no uso da prece e, sobretudo, na conduta

reta e moralizada, porquanto é certo que o indivíduo suficientemente evangelizado e devotado ao bem torna-se não imune mas resistente às manifestações dos agentes do mal. Entretanto, também é verdade que somente uma insignificante minoria se pode incluir nessa lista, enquanto que a maior parte dos encarnados oferece campo livre e propício à atuação dessas forças negativas. Por isso o número de perturbações aumenta de forma alarmante, tornando-se um problema difícil para as casas espíritas de movimento considerável, como, por exemplo, na Federação, que atende milhares de perturbados todos os meses.

É fora de dúvida que os Espíritos inferiores, quando conscientemente devotados ao mal, são irredutíveis em suas ideias, impermeáveis às doutrinações, rebeldes a qualquer orientação nova, salvo quando já se saturaram de malefícios e intimamente anseiam por uma mudança espiritual. Sua organização, nos planos invisíveis, é extensa e poderosa: legiões disciplinadas e coesas, submetidas a chefes autoritários, impiedosos e eficientes, que agem ativamente na subcrosta (seu habitat natural, muito apropriadamente denominado inferno), no umbral inferior e na esfera dos encarnados. Infestam as sessões de macumba, animam as atividades dos feiticeiros, fazem cerco aos terreiros da Umbanda e investem contra as sessões do verdadeiro Espiritismo quando mal orientadas ou praticadas por pessoas ignorantes que desprezam as realizações fundamentais do Evangelho. E, também na vida comum das ruas, das sociedades, dos lares e dos mais diversos núcleos de atividades humanas, obsidiando e perturbando, de inúmeras formas, milhares de pessoas.

Os processos comumente empregados para contê-los ou neutralizar sua ação deixam muito a desejar, na maioria dos casos, por serem esses Espíritos, como já dissemos, rebeldes às doutrinações e conselhos; por outro lado, como sua atividade é cada dia mais intensa, disso resulta que as casas espíritas estão cada vez mais assoberbadas com o problema doloroso das perturbações, que variam desde os simples encostos até as formas mais graves e avançadas de obsessões.

> Urge, portanto, introduzir nas práticas espíritas processos novos de trabalho, visando combater tais malefícios pelo esclarecimento e o auxílio espiritual ao maior número possível de necessitados nos dois planos. À medida que o tempo passa e que vamos nos aproximando dos momentos decisivos deste período de transição, aumenta sobre nós a pressão dessas forças do mal, como também, como é natural, o esforço dos bons Espíritos que tentam, por todas as formas, nos prestar auxílio.
>
> Assim sendo, julgamos poder sugerir, para todos os casos de perturbações, o seguinte processo avançado, que denominamos "Choque Anímico" (CH) e que representa um desdobramento, uma especialização do trabalho de curas, por cuja aceitação, no Espiritismo, vimos nos batendo há tempos.

Com a introdução do trabalho de banco, foi decretado o fim das mesas nas sessões da Tenda. Havia ainda a "Gira de Pai Roberto", um grande encontro mensal das tendas filiadas e amigas, quando desciam caboclos e pretos-velhos e eram saudadas as Sete Linhas da Tenda Espírita Mirim à época: Oxalá, Oriente, Yemanjá, Ogum, Oxóssi, Xangô e Africanos.

Só que ainda não havia o tradicional movimento da gira que conhecemos. Todos permaneciam à vontade no terreiro, enquanto eram entoadas as curimbas pelo Sr. Belarmino, o ogã-chefe da Tenda. Não raramente, os tambores eram acompanhados da orquestra (isso mesmo!) da Tenda Espírita Mirim. Não tardou e o último passo desse processo de consolidação daquilo que respeitosamente chamamos de "Escola de Mirim" estaria completo, com a fundação, em 1952, do Primado de Umbanda, quando foram implantados os sete graus nomeados em tupi-guarani e a liturgia do Primado, já bem próxima da que praticamos até hoje.

Figura 3: Componentes da orquestra da Tenda Espírita Mirim (década de 1960).
Fonte: Acervo da família Figueiredo.

O Primado de Umbanda

O Primado de Umbanda foi o principal movimento de Caboclo Mirim, através de Benjamin e seus colaboradores, para efetivar um ideal que começou a tomar forma em 1941, naquele Primeiro Congresso de Umbanda. As principais lideranças umbandistas entendiam que era necessário alcançar alguma unidade em nossa fé, para que esta pudesse efetivamente se impor como religião, e até mesmo encontrar e consolidar uma identidade própria que distinguisse a Umbanda de outros cultos sincréticos espalhados pelo país.

O Espiritismo de Kardec foi novamente o exemplo a ser seguido. Em 1949, a Federação Espírita Brasileira (FEB) realizou um encontro dos representantes das federações e demais instituições estaduais em sua sede no Rio de Janeiro, quando acordou com essas lideranças regionais os pontos essenciais sobre os quais se assentaria a estrutura organizacional do Espiritismo no Brasil. Assim, em cinco de outubro de 1949, foi redigida a histórica ata dessa reunião, pouco depois denominada "Pacto Áureo", que explicitava determinados princípios e fórmulas para a unificação e criava o Conselho Federativo Nacional da Federação Espírita Brasileira, que conduziria dali por diante a execução desses princípios.

Da mesma forma, Caboclo Mirim fez seus emissários convencerem dezenas de lideranças umbandistas do Rio de Janeiro para, juntas, tentarem encontrar um caminho próprio, preparando a Umbanda para o século XXI. Sendo a Tenda Espírita Mirim uma das mais antigas e bem-sucedidas instituições de nossa religião, coube a ela coordenar esses encontros, em que a família Figueiredo pôde dividir sua experiência e visão da Umbanda conduzida por Caboclo Mirim. Na introdução do pequeno livro *A Tenda Espírita Mirim e sua escola*, editado no início de 1952, está registrado esse sentimento de compartilhar com a comunidade umbandista um pouco dos fundamentos de Mestre Mirim, esse grande "orixá de umbanda", conforme expressão daqueles tempos:

> Este trabalho foi ditado pelo grande Orixá de Umbanda, Caboclo Mirim, com o único propósito de orientar a armação dum terreiro na parte material.
>
> Diz Mirim que a Umbanda começa na indispensável disciplina física e termina na física da grande disciplina; e enquanto não houver disciplina física na formação material dum terreiro, a desorganização, também material, de cada um, organizará um ambiente de indisciplina, consciente ou inconsciente que, ligada a outras forças iguais, aumenta consideravelmente o potencial de indisciplina física, dando ao ambiente uma depreciação na vibração da vida, prejudicando assim toda e qualquer ação de magia que possa a ser executada.
>
> Assim, pois, este trabalho, que traduz a Escola Umbandista realizada na Tenda Espírita Mirim, será ofertado a todos os MANOS, como prova de solidariedade na Lei de Umbanda.

O Primado teve por base a Escola de Mirim, mas a influência de alguns autores de obras umbandistas dos anos de 1940, como Aluizio Fontenelle e Lourenço Braga, motivou todos que atenderam ao chamado de Mirim. Vejam o que escreveu Fontenelle em seu livro *A umbanda através dos séculos* (1952):

Há muito se fala de uma codificação na LEI DE UMBANDA; entretanto, quem lançará a pedra fundamental? Quem se atreverá a arcar com a enorme responsabilidade que atrairá para si a ira dos potentados das inúmeras religiões que dominam no mundo inteiro? Sim, aquele que se atrever a isso lutará com todas as dificuldades possíveis e inimagináveis contra todos e contra tudo, de vez que não se pode criar uma potência ou edificar-se um majestoso prédio sem um alicerce sólido que possa suportar a fúria de todas as tempestades.

Quando falo em codificação da UMBANDA, não me refiro ao aglomerado que se possa fazer entre algumas tendas espíritas, sujeitas a um determinado "centro" que as possa dirigir. Não é nada disso.

A Codificação a que me refiro é uma luta tremenda que se terá que realizar em torno de milhares de "centros", "tendas", "terreiros", "templos" etc., com a finalidade de separar o "joio do trigo", unificando-se todas as interpretações espíritas em torno de um só poder, de uma só ORDEM, sendo essa ordem incontestavelmente UNIVERSAL.

Numa verdadeira Umbanda, não devem existir absolutamente altares, onde se preste culto aos santos que a Igreja católica canonizou, pois isso acarreta um misticismo incompreensível de adoração a fetiches criados pela Igreja católica, em completo desacordo com as *Leis do Cristo,* que foi bem explícito em determinar: "*Nada se faça à minha imagem ou semelhança*". Portanto, esses bonecos que enfeitam os altares das igrejas e de inúmeros centros espíritas nada mais representam do que uma desobediência às Leis de Deus.

Aluizio Fontenelle (1952) ainda completou, no capítulo "Organização de Templos, Centros, Terreiros etc.":

No meu ponto de vista deveria ser abolido o uso de imagens católicas, e os altares conteriam apenas uma simples cruz de madeira, que simboliza a fé, e os pontos *"esotéricos"* e *"cabalísticos"*, representativos das forças próprias de cada entidade. Entoar-se-

-iam hinos e cânticos próprios, que condizem perfeitamente com a evocação das entidades.

Esses autores, mais do que líderes, foram os porta-vozes de muitos sacerdotes e dirigentes de seu tempo. Foram esses umbandistas, muitos com clara formação esotérica, que se imbuíram da missão de trazer um rumo claro e único para a Umbanda, apresentando, em 1952, a doutrina de Caboclo Mirim somada à escola iniciática (com os sete graus em tupi-guarani) e o ritual característico do Primado de Umbanda, como as giras mensais que praticamos até hoje. Além da própria família Figueiredo e dos já citados Diamantino Coelho Fernandes e Cícero dos Santos, destaco, ainda, a atuação de Narciso Cavalcanti, sacerdote do Grupo Espírita Humildes de Jesus; Henrique Landi Junior, comandante da Tenda Espírita Fraternidade da Luz; major Domingos dos Santos (médium do Caboclo Tupiniquim), que, à época, representava o comandante da Tenda Espírita São Miguel Arcanjo, então dirigida por Luiz Pires Fernandes (médium do Caboclo Pena Branca); capitão Benedito Lauro do Nascimento, diretor da Tenda Espírita Estrela do Mar; D. Marieta Cardoso de Moura Dias, sacerdote do Centro Espírita de Caridade Jesus; D. Martha Justino, sacerdote da Cabana Espírita Pai Joaquim de Loanda; dentre tantos outros. As tendas fundadoras do Primado de Umbanda em cinco de outubro de 1952 foram:[3]

– Tenda Espírita Mirim – Caboclo Mirim
– Tenda Espírita São Miguel Arcanjo – Caboclo Pena Branca
– Grupo Espírita Humildes de Jesus – Mestre Luiz
– Tenda Espírita Estrela do Mar – Caboclo Ventania
– Centro Espírita de Caridade Jesus – Preto velho Pai João
– Tenda Espírita Maria Madalena – Caboclo Juçuruá
– Cabana Espírita Pai Joaquim de Loanda – Preta velha Maria Rosa
– Tenda Espírita Fraternidade da Luz – Vovó Josefa
– Tenda Espírita Perseverantes da Fé – Caboclo Cobra Coral
– Casa de Caridade São Crispim e São Crispiniano – Caboclo Sete Flechas
– Instituto do Templo dos Pobres de Jesus – Caboclo Rompe Mato

---

3 Disponível em: <*http://primadodeumbanda.blogspot.com.br/*>.

– Tenda Espírita Ogum Megê – Caboclo Ogum Megê
– Tenda Espírita São Jorge – Preto velho Pai Tomé
– Centro Espírita São Jorge – Pai Joaquim de Angola
– Tenda de Caridade Filhos de Benedito – Caboclo Taquari
– Caminheiros Anônimos do Bem – Caboclo Arapuan
– Tenda Espírita São Jorge – Caboclo Arruda
– Centro Espírita Pai Benedito – Caboclo 7 Estrelas
– Tenda Espírita Seara de Jesus – Caboclo Estrela Azul
– Tenda Espírita Seara do Senhor – Caboclo Aimoré
– Palhoça do Preto Velho – Caboclo Lagoa Grande
– Centro de Irradiação Antônio de Pádua – Caboclo 7 Estrelas do Oriente
– Tenda Espírita São Benedito – Tia Delfina
– Tenda Espírita Santa Bárbara – Caboclo Flecha Branca

O Primado foi concebido como uma instituição federativa, que visava a estabelecer, o quanto possível, maior uniformidade na prática dos trabalhos espirituais e entendimento entre seus responsáveis e adeptos. A despeito de alguns que sempre rejeitaram qualquer codificação umbandista, o Primado sabia que seria por seu exemplo de organização, disciplina e seriedade que a comunidade umbandista iria se aproximar de um caminho comum. Benjamin Figueiredo foi eleito o primeiro primaz, o que permitiu que Caboclo Mirim consolidasse sua poderosa egrégora espiritual junto a dezenas de tendas alinhadas aos ideais de engrandecimento da Umbanda. Sobre o tema "unificação", assim se manifestou o primaz Benjamin:

> É necessário que cada umbandista não tenha a preocupação exagerada de acreditar que unificar a Umbanda seja o ato de impor, incondicionalmente, a outrem a nossa opinião sobre o assunto.
> O sentido real da nossa Unificação deverá ser iniciado por todos nós sem exceção.
> Sem que tal aconteça, sem que esta cooperação se realize concretamente no íntimo de cada elemento, no desejo dum aprimoramento pessoal, não poderemos de forma alguma confiar na solidez da Cúpula daquele Templo.

> Todos juntos, em espírito e verdade, representare-
> mos uma expressão construtiva, que será, no nosso
> caso, uma verdadeira expressão de amor, que é o
> único caminho que conduz à nossa Umbanda.
> Unificar não é juntar os umbandistas numa só opi-
> nião: é muito mais do que isto; é a interpenetração
> das nossas forças reais numa só, formando a grande
> substância de vida saudável, que então, devidamen-
> te manejada por quem de direito, poderá reunir, de
> acordo com o merecimento daqueles que nos pro-
> curam, o útil ao agradável. (FIGUEIREDO, 1953)

Em 1952, Benjamin Figueiredo contava com quase cinquenta anos de idade, dos quais mais de trinta incorporando
Caboclo Mirim. Mas era preciso estar fortalecido física e psicologicamente para as batalhas que ainda viriam. Nos dez anos
que se seguiram, Benjamin viu partir a mãe, o pai, o irmão
Eduardo e, por fim, sua esposa, apenas para citar os mais próximos. Posto à prova, o filho de Mirim não recuou. Com disciplina e consciência da enorme responsabilidade que repousava
sobre seus ombros, Benjamin manteve o foco, para, junto de
seus companheiros do Primado, coordenar um dos momentos
mais profícuos da Umbanda. O crescimento do Primado conta-
giava a todos! Além de abrir uma delegacia em São Paulo, sob
os cuidados de Félix Nascente Pinto, dezenas de casas nasce-
ram e/ou se filiaram no Rio de Janeiro, em uma fase de clara
expansão da Umbanda.

O processo de expansão de nossa religião não passaria des-
percebido aos dirigentes da principal religião do Brasil. No final
dos anos de 1950, os conservadores bispos católicos brasileiros destacam um aguerrido membro do clero para combater
o carinho com que os brasileiros sempre se relacionaram com
a Umbanda. É nesse período que tomam vulto as acusações
públicas do padre Boaventura Kloppenburg (frei Boaventura),
que, por meio de dezenas de artigos publicados em jornais ou
livros, como "A umbanda no Brasil", faz agressiva campanha
contra o Espiritismo, a Umbanda e o Candomblé. Frei Boaventura foi professor de Teologia Dogmática em Petrópolis entre
1951 e 1971, e dirigiu a Editora Vozes nos anos de 1950-60,

onde publicou a *Revista Eclesiástica Brasileira*. Em suas cartas pastorais, Boaventura deixava claro ser proibido, ilícito e pecaminoso "professar as doutrinas ou princípios do Espiritismo, ou entregar-se às práticas espíritas; defender ou apoiar o Espiritismo ou prestar-lhe qualquer auxílio moral ou material; assistir sessões ou conferências, ouvir rádio, mesmo passivamente, porque isso são coisas injuriosas e perigosas à própria fé". (RODRIGUES, 1998)

A tônica de seus livros dos anos de 1950 era a luta contra o que denominava "confusão religiosa" proveniente de sincretismos religiosos feitos por fiéis cristãos com outras correntes religiosas. Ele se valeu, inclusive, de argumentos médicos, como o de psiquiatras, que atestavam que os médiuns autênticos são tais quais os "neuróticos de certa classe, histéricos e obsessivos".

Claro que a indignação dos espiritualistas foi enorme e o Primado se colocou lado a lado com as principais lideranças da Umbanda, do Candomblé e do Espiritismo, para rechaçar tamanhos absurdos. Entretanto, a década de 1960 traria consigo uma mudança no discurso da Igreja em relação aos cultos mediúnicos, expressada pelas palavras do Concílio Vaticano II (1962-1965), que exortavam a um maior diálogo com as demais igrejas cristãs, com o Judaísmo e as crenças não cristãs. Frei Boaventura saiu de cena, mas continuou próximo da cúpula de Roma, pois foi amigo dos papas Pio XII, Paulo VI, João Paulo II e Bento XVI (cardeal Ratzinger). Ele faleceu em 2009, quando era bispo emérito de Novo Hamburgo, no Rio Grande do Sul.

Eu acredito que a melhor resposta que Benjamin Figueiredo deu aos detratores de nossa fé, naquele contexto histórico, foi a execução da grande gira de aniversário pelos sete anos do Primado e 35 anos de fundação da Tenda, realizada no Maracanãzinho (Rio de Janeiro), em 18 de outubro de 1959. Segundo os jornais da época, estiveram juntos, sob o comando de Caboclo Mirim, mais de três mil médiuns uniformizados! Organizada por Gareaux Moreira ("Garoa" Moreira), um antigo filho da Tenda, o evento foi magnífico e inédito, pois nunca se vira uma gira em "campo neutro"! Passou, certamente, uma mensagem poderosa a quem ainda queria diminuir a Umbanda, tratando-a como um culto inferior, ou "baixo espiritismo". O encontro foi aberto às quinze horas, com a Orquestra Mirim entoando os acordes do Hino Nacional, cantado por todos de pé. A gira, conforme conhecem muitos de meus irmãos de fé, correu na mais perfeita ordem e disciplina, e causou especial espanto à assistência ver Caboclo Mirim, por volta das dezoito horas, mandar os meninos e meninas, "juvenis" e "infanto-juvenis", se dirigirem a um círculo no centro do ginásio para que, sob a supervisão dos caboclos presentes, incorporassem seus próprios guias com a mais perfeita segurança. Depois, dando um merecido descanso à orquestra e ao coro, fizeram os visitantes suas homenagens e encerrou-se a gira, com a subida das entidades cada qual em seu grau.

Em se tratando de visitantes, erra quem pensa que Benjamin e o Primado não se relacionavam com as demais lideranças umbandistas de seu tempo. Nessa gira se fizeram presentes várias delas, conforme os jornais da época, que citaram os diretores da Federação Nacional das Sociedades Religiosas de Umbanda (de Jerônimo de Souza); União Espiritista de Umbanda do Brasil (de Zélio de Moraes); Confederação Espírita Umban-

Figura 4: Aspectos da grande gira de aniversário realizada no Maracanãzinho (RJ) (década de 1960).
Fonte: Acervo da família Figueiredo.

dista do Brasil (de Tancredo da Silva Pinto); Confederação Umbandista das Seitas Afro-Índio do Brasil (de José Francisco de Paula); União de Umbanda do Rio Grande do Sul (deputado Moab Caldas) etc.

Em 1955, fora criado o Colegiado Espírita do Cruzeiro do Sul, uma coalização das cinco federações mais ativas do Rio de Janeiro, dentre elas o Primado de Umbanda, a União Espiritista de Umbanda do Brasil (patrocinada por Zélio de Moraes) e a Confederação Espírita Umbandista do Brasil (do africanista Tancredo da Silva Pinto). Esse colegiado apoia a realização do Segundo Congresso Brasileiro de Espiritismo de Umbanda, evento que teve por presidente o Sr. Henrique Landi Júnior, representante do Primado. Landi viajou pelo país, persuadindo as lideranças locais a formarem comissões estaduais que deveriam trazer ao Rio de Janeiro suas teses, mais uma vez visando a uma codificação mínima para a Umbanda. Aliás, veio da delegacia do Primado em São Paulo a proposta do Hino da Umbanda, composto por José Manoel Alves (com melodia de Dalmo da Trindade Reis). Esse congresso realizou-se também no Maracanãzinho, em 28 de junho de 1961, em uma daquelas formidáveis giras de congraçamento, a que compareceram cerca de quatro mil médiuns uniformizados, além de grande público assistente.

Houve ainda o Terceiro Congresso Brasileiro de Espiritismo de Umbanda, realizado nas dependências da Tenda em julho de 1973, com total apoio de Benjamin Figueiredo. Esse congresso foi presidido pelo almirante-médico Armando Cavalcanti Bandeira, que tentou dar continuidade aos ideais buscados nos dois congressos anteriores. Nesse encontro foi instituído o dia 15 de novembro como o "Dia Nacional da Umbanda", legitimando, assim, a manifestação do Caboclo das Sete Encruzilhadas como marco maior da religião, e Zélio de Moraes como seu pioneiro, dois anos após o seu desencarne.

Conta-se que, por volta de 1974, Benjamin Figueiredo teria abdicado da primazia e se afastado do Primado de Umbanda sob circunstâncias pouco claras. Os relatos de alguns dão conta de que ele não teria conseguido se reeleger como primaz junto ao Conselho de Morubixabas; outros contam que Benjamin, então com 72 anos de idade, acabara de ser pai outra vez, e preferiu ficar mais junto à família. Com a saída de Benjamin, assumiu a primazia o CCT Domingos dos Santos, o "major Domingos", que, desde 1961, era vice-primaz. Ele conduziu o Primado com a colaboração das CCTs Maria Eduarda Pires de Oliveira, Ruth Fernandes e Nair Barreto dos Santos. A separação foi um tanto conturbada, pois, depois de mais de vinte anos à frente do Primado, era difícil enxergar o que era Tenda Espírita Mirim (e suas filiais) das tendas independentes, filiadas à Federação. Talvez, por isso mesmo, muita fofoca foi disseminada, visando a gerar discórdia entre a Tenda e o Primado, a tal ponto que o primaz major Domingos redigiu uma carta em 1975 para Benjamin Figueiredo, seu antigo companheiro e respeitado líder:

> Tem chegado ao meu conhecimento que pessoa (...) mal-intencionada vem propalando que o Primado de Umbanda foi extinto e morreu. V.S. (...) sabe perfeitamente que o Primado existe e bem vigoroso. E como seu fundador e bondoso pai, não poderá concordar que se propale tão cavilosa maldade.[4]

Entretanto, pelo que apurei, parece que ambos mantiveram uma relação cordial e madura, afastando as intrigas de pessoas mal-intencionadas. Encontrei, inclusive, uma declaração de Benjamin ao jornal *Tribuna da Imprensa*, do Rio de Janeiro, em dezembro de 1975, em que ele afirma que "minha casa pertence ao Primado de Umbanda":

> BENJAMIN FIGUEIREDO – funcionário aposentado do HSE – 51 anos servindo à Umbanda – pai-de--santo da "Tenda Mirim" – Coloco-me desfavorável à maneira que festejam este orixá, pois Yemanjá não precisa de cachaça, velas e outros objetos, já que ela se encontra no plano espiritual, representando uma força da vida. Este tipo de celebração *só* colabora para a embriaguez e maleficios (cortam os pés em cacos de vidro) para as pessoas que se dizem "incorporadas". [...] Como minha casa pertence ao Primado da Umbanda, embora não tenha pertinência com a

---

4 Disponível em: <*http://www.tefsma.com.br*>.

Reflexões sobre a Escola de Caboclo Mirim   39

Quimbanda (gira de Exu), pois é puramente brasileira, falando-se apenas o tupi-guarani em nossas giras, nós realizamos no dia 31 de dezembro, das 21 às 6 horas, a gira com saudações (batendo e cantando) a Yemanjá à meia-noite, pedindo-se proteção e agradecendo o ano que passou, augurando nova vida para o ano vindouro, com todos os médiuns manifestados, sem saída para a praia em qualquer data, não objetivamente em 31 de dezembro, para ofertar flores, ajoelhando-se e pedindo forças, pois esta festa não é necessariamente celebrada pelo dia de Yemanjá, mas sim pela passagem do ano, tendo este orixá como símbolo, por representar uma força da vida.

Benjamin Gonçalves Figueiredo conduziu pessoalmente a Tenda Espírita Mirim até 3 de dezembro de 1986, quando fez sua passagem.

Noções de ciências ocultas

Introdução

Para quem quer entender verdadeiramente o ritual da Escola de Mirim, o estudo das ciências ocultas se faz indispensável. E não há como resumir em poucas palavras o conhecimento esotérico antigo, catalogado e ministrado secretamente nos antigos templos iniciáticos de tempos imemoriais!

Vamos tentar recordar alguns desses preciosos ensinamentos em uma linguagem simples, principalmente aqueles que, de alguma forma, estão mais relacionados à magia da Umbanda em sua prática no terreiro.

Antes, porém, vale lembrar que não há "manual de instruções" no que se refere aos mistérios antigos, apenas revelados aos discípulos à medida que estes iam alcançando os graus de iniciação.

Vários autores modernos já nos trouxeram seus estudos e conclusões, relacionando tais ensinamentos esotéricos e a Umbanda. Porém, um em particular merece nossa menção e todo respeito: W.W. Matta e Silva (1917-1988). Estudioso, imbuído pelo ideal de crescimento e maturidade do umbandista e suas práticas, enriqueceu nossa religião com suas pesquisas apresentadas em nove livros que se pautam pela incansável luta em prol da ética, dignidade e integridade do culto na Umbanda.

Matta e Silva fez parte de um grande movimento que aconteceu a partir do Primeiro Congresso Brasileiro do Espiritismo de Umbanda em 1941, quando vários dirigentes umbandistas, estudiosos e escritores se reuniram em torno de debates visando à consolidação da doutrina e, até, de sua codificação. É preciso registrar que Matta e Silva não trilhou sozinho por essas veredas, até porque sua principal obra, *Umbanda de todos nós*, foi publicada somente em 1956. Outro autor pioneiro, mas pouco lembrado, foi Oliveira Magno, que, já nos idos de 1950, publicava o livro *A umbanda esotérica e iniciática*, no qual correlaciona as ciências ocultas e o culto afro-ameríndio, e que certamente inspirou a formação do Primado de Umbanda em 1952.

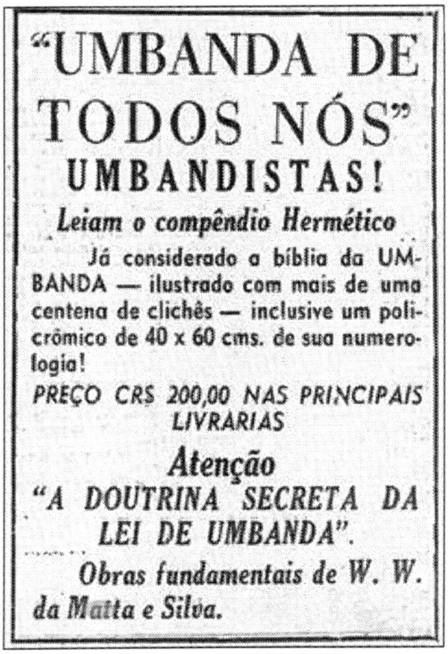

Por isso, cabe-nos lembrar ao leitor que, apesar de Matta e Silva ter bebido da mesma fonte de conhecimento de todas as an-

"UMBANDA DE TODOS NÓS"
UMBANDISTAS!
Leiam o compêndio Hermético
Já considerado a bíblia da UMBANDA — ilustrado com mais de uma centena de clichês — inclusive um policrômico de 40 x 60 cms. de sua numerologia!
PREÇO CR$ 200,00 NAS PRINCIPAIS LIVRARIAS
Atenção
"A DOUTRINA SECRETA DA LEI DE UMBANDA".
Obras fundamentais de W. W. da Matta e Silva.

Figura 5: Propaganda do livro de Matta e Silva no jornal *O Semanário*, ed. 67, 1957.

tigas escolas esotéricas, ele nos apresentou em sua obra apenas o seu ponto de vista, sua maneira de interpretar aquelas verdades. Algumas de suas colocações são bastante particulares, por exemplo, quando classifica as "sete linhas" ou apresenta seus conceitos de "pontos riscados" e "ideogramas dos orixás". Em que pese seu esforço em realizar um compêndio de estudos herméticos, seu livro está longe de ser considerado a "Bíblia da Umbanda".

A interpretação de Matta e Silva difere da visão de Benjamin Figueiredo sobre ocultismo e umbanda em vários pontos. A postura de Benjamin estava de acordo com as antigas escolas ocultistas, em que certos conhecimentos esotéricos eram preservados longe dos profanos, mantidos velados sob o "Véu de Ísis" diante de todos aqueles que ainda não atingiram o grau de maturidade para entendimento desses segredos.

Passados mais de cinquenta anos, vivemos dias em que a informação está aí, disponível a todos. Mas, tal qual pensava Benjamin, sem a maturidade necessária poucos se sentem "tocados" quando certos fatos lhes vêm aos olhos, ou certas verdades lhes banham os ouvidos. Porque não basta possuí-las; não basta um livro dito "revelador" ou um *site* bonito. É preciso ter a chave íntima para o pleno entendimento do sagrado, uma intuição desenvolvida que faz aflorar no ser uma maior percepção aos assuntos transcendentais, e isso só o tempo da iniciação trará:

> Se pusermos à disposição de um ser humano, em particular, ou de uma corrente de seres humanos todos os manuscritos relativos à metafísica das Escolas antigas e modernas, todos os pantáculos e escritos mágicos, e se essa pessoa ou essa corrente a eles não acrescentar sua própria compreensão, sua participação individual, sua própria e inteligente utilização do material recebido, tudo isso permanecerá estéril e nenhuma operação mágica poderá ser realizada por essa pessoa ou corrente. Se temos um alimento, não basta olhá-lo ou segurá-lo para aumentar a provisão da nossa energia orgânica; é preciso ingeri-lo e assimilá-lo e, para isso, geralmente, é necessário prepará-lo e cozinhá-lo previamente. Essa verdade básica é frequentemente ignorada pelos chamados "profanos". Somente a compreensão própria e o trabalho adequado permitem alcançar resultados positivos. A mera possessão dos materiais elaborados por outros é insuficiente. (MEBES, 2010)

Acredito ser importante para o umbandista conhecer sua religião e alguns fundamentos básicos que são comuns a todas as vertentes que compõem nossa religião. Mas há de se tomar cuidado com a qualidade da informação que se consome, pois não são raras as vezes em que o excesso de livros e *sites* acaba por confundir mais do que ajudar o neófito. Quando um médium escolher seguir junto à sua nova família, na tenda onde agora coloca sua roupa branca, deve pacificar seu coração e direcionar seus estudos de acordo com a orientação dos mais antigos e graduados nessa comunidade religiosa, propiciando, assim, melhor conexão espiritual com as emanações advindas do morubixaba da tenda, seu principal foco e exemplo.

Em nossa Escola, o morubixaba e o guia de cada um sabem o momento certo de semear... É preciso estar atento e viver intensamente a experiência de caminhar junto a eles!

Reflexões sobre a Escola de Caboclo Mirim

Convém recordar os belos versículos do livro de Mateus (13:1-9), "A parábola do semeador":

> No mesmo dia, tendo Jesus saído de casa, sentou-se à beira do mar; e reuniram-se a ele grandes multidões, de modo que entrou num barco, e se sentou; e todo o povo estava em pé na praia. E falou-lhes muitas coisas por parábolas. Ele dizia:
> – Eis que o semeador saiu a semear. E quando semeava, uma parte da semente caiu à beira do caminho, e vieram as aves e comeram. E outra parte caiu em lugares pedregosos, onde não havia muita terra: e logo nasceu, porque não tinha terra profunda; mas, saindo o sol, queimou-se e, por não ter raiz, secou-se. E outra caiu entre espinhos; e os espinhos cresceram e a sufocaram. Mas outra caiu em boa terra, e dava fruto, um a cem, outro a sessenta e outro a trinta por um. Quem tem ouvidos, ouça.
> Chegando-se a Ele, os discípulos, perguntaram-lhe:
> – Por que lhes falas por parábolas?
> Respondeu-lhes Jesus:
> – Porque a vós é dado conhecer os mistérios do reino dos céus, mas a eles não lhes é dado; pois ao que tem, dar-se-lhe-á, e terá em abundância; mas ao que não tem, até aquilo que tem lhe será tirado. Por isso lhes falo por parábolas; porque eles, vendo, não veem; e ouvindo, não ouvem nem entendem. E neles se cumpre a profecia de Isaías, que diz: "Ouvindo, ouvireis, e de maneira alguma entendereis; e, vendo, vereis, e de maneira alguma percebereis. Porque o coração deste povo se endureceu, e com os ouvidos ouviram tardiamente, e fecharam os olhos, para que não vejam com os olhos, nem ouçam com os ouvidos, nem entendam com o coração, nem se convertam, e eu os cure".
> – Mas bem-aventurados são os vossos olhos, porque veem, e os vossos ouvidos, porque ouvem. Pois, em verdade vos digo que muitos profetas e justos desejaram ver o que vedes, e não o viram; e ouvir o que ouvis, e não o ouviram.
> – Ouvi, pois, vós a parábola do semeador. A todo o que ouve a palavra do reino e não a entende, vem

o Maligno e arrebata o que lhe foi semeado no coração; este é o que foi semeado à beira do caminho. E o que foi semeado nos lugares pedregosos, este é o que ouve a palavra, e logo a recebe com alegria; mas não tem raiz em si mesmo, antes é de pouca duração; e sobrevindo a angústia e a perseguição por causa da palavra, logo se escandaliza. E o que foi semeado entre os espinhos, este é o que ouve a palavra; mas os cuidados deste mundo e a sedução das riquezas sufocam a palavra, e ela fica infrutífera. Mas o que foi semeado em boa terra, este é o que ouve a palavra, e a entende; e dá fruto, e um produz cem, outro sessenta, e outro trinta.

A semente está por aí... Aprendamos a ser "boa terra"!

A tradição hermética

As verdades eternas, conhecidas unanimemente e expressadas por sábios de todos os tempos e lugares, plasmaram-se no Ocidente em culturas estreitamente inter-relacionadas, que, em distintos momentos, floresceram em regiões localizadas entre o Oriente Médio e a Europa, durante o ciclo denominado "Idade do Ferro" (ou Kali Yuga*)*.

Antiquíssimos conhecimentos foram revelados a sábios egípcios, persas e caldeus. Eles se valeram da mitologia e do rito, do estudo da harmonia musical, dos astros, da matemática e geometria sagradas, e de diversos veículos iniciáticos que permitem acessar os "Mistérios" para recriar a Filosofia Perene, desenhando e construindo um *corpus* de ideias que foi o gérmen do pensamento metafísico do Ocidente, conhecido com o nome de Tradição Hermética, ramo ocidental da Tradição Primordial. Hermes Trimegisto, o "Três Vezes Grande", dá nome a essa tradição. Na verdade, Hermes é o nome grego de um ser arquetípico invisível que todos os povos conheceram e que foi nomeado de distintas maneiras. Trata-se de um espírito intermediário entre os deuses e os homens, de uma deidade instrutora e educadora, de um curandeiro divino que revela suas mensagens a todo verdadeiro iniciado: o que passou pela morte e a venceu. Os egípcios chamaram Thot a essa entidade iniciadora, que transmitiu os ensinamentos eternos a seus hierofantes, alquimistas, matemáticos e construtores, que, com o auxílio de complexos rituais cosmogônicos, empreenderam a aventura de atravessar as águas que conduzem à pátria dos imortais.

Autores herméticos relacionaram Hermes a Enoch e Elias, que seriam, para os hebreus, a encarnação humana dessa entidade supra-humana que identificam com Rafael, o arcanjo, também guia, sanador e revelador. Essa tradição judaica, que se considerou sempre como integrante da Tradição Hermética, conviveu com a egípcia antes e durante o cativeiro (Moisés é fruto dessa convivência) e em tempos dos reis David e Salomão durante a construção do Templo de Jerusalém.

No século VI antes de Cristo nasce a escola de Pitágoras, também herdeira dos antigos mistérios revelados por Hermes, e que alumiará posteriormente a cultura grega, tanto os présocráticos como Sócrates e Platão. Esse pensamento hermético exerceu sua influência notavelmente na cultura romana, nos primeiros cristãos e gnósticos alexandrinos, nos cavaleiros, construtores e alquimistas da Europa medieval e nos filósofos e artistas renascentistas, nutrindo-se ao mesmo tempo dos conhecimentos cabalísticos e do esoterismo islâmico.

Logo, essas ideias hermético-iniciáticas florescem no Movimento Rosacruz, que se desenvolve na Alemanha e na Inglaterra da época elisabetana; formando posteriormente a base doutrinária da franco-maçonaria, que, mesmo contaminada pela vaidade de alguns de seus líderes, conseguiu manter em seus ritos e símbolos a essência dos ensinos ocultistas.

O exotérico e o esotérico

Todos os símbolos sagrados, tanto os expressados pela natureza como os adquiridos pelos homens mediante revelação divina, sejam estes gestuais, visuais ou auditivos, numéricos, geométricos ou astronômicos, rituais ou mitológicos, macro ou microcósmicos, têm uma face oculta e uma aparente; uma qualidade intrínseca e uma manifestação sensível, quer dizer, um aspecto esotérico e outro exotérico.

Enquanto o homem profano unicamente pode perceber o exterior do símbolo, pois perdeu a conexão com sua origem mítica e sua realidade espiritual, o iniciado procura descobrir nele o mais essencial, o que se encontra em seu núcleo, a estrutura invisível do Cosmo e do pensamento, sua trama eterna, ou seja, o esotérico, que constitui também o ser mais profundo do próprio homem, sua natureza imortal.

Ao tomar contato e identificar-se com essa condição superior de si mesmo e do Todo, constata que signos e estruturas simbólicas aparentemente diversas são, no entanto, idênticas em significado e origem; que um mesmo pensamento ou ideia pode ser expresso com distintas linguagens e roupagens sem se alterar, de modo algum, seu conteúdo único e essencial; que as ideias universais e eternas não podem variar, ainda que na aparência se manifestem de modo passageiro.

O Cosmo, a criação inteira, contém uma face oculta: sua estrutura invisível e misteriosa, que o faz possível e que é sua realidade esotérica, mas que, ao se manifestar, reflete-se em uma infinidade de seres de variadíssimas formas que lhe dão uma face exotérica, sua aparência temporal e mutável. No homem sucede o mesmo: o corpo e as circunstâncias individuais são as que constituem seu aspecto exotérico e aparente, sendo o espírito o mais esotérico, a única realidade, sua origem mais profunda e seu destino mais alto.

Se os cinco sentidos humanos são capazes de mostrar o físico, há ainda o sexto sentido, uma intuição inteligente que nos leva a um entendimento interno, que se adquire pela iniciação nos mistérios, nos remete à região metafísica na qual os seres e as coisas não estão mais sujeitos ao seu destino nem marcados pela morte. Essa visão esotérica identifica o homem com o "Si Mesmo", ou seja, com seu verdadeiro Ser, sua essência imortal da qual toma consciência graças ao Conhecimento e ao lembrar-se de Si.

Enquanto o exotérico nos mostra o múltiplo e passageiro, o esotérico nos leva a conviver com uma realidade sensível, matriz do que é único e imutável. Com um olhar esotérico, que se irá abrindo gradualmente em nosso caminho interior, iremos compreendendo e realizando que o espírito do Pai, seu Ser mais interno, é idêntico ao espírito do Filho. Essa consciência de unidade é a meta de todo trabalho de ordem esotérica e iniciática bem entendido. Para ela se dirigem todos os nossos esforços, onde colocamos nosso pensamento e nossa concentração interior.

A linguagem simbólica

O símbolo é a representação visível de uma realidade invisível ou oculta. É a manifestação de uma ideia que assim se expressa em um nível sensível e se faz apta para o entendimento. Em sentido amplo, toda manifestação, toda criação é simbólica, como cada gesto é um rito, seja isto ou não evidente, pois constitui um sinal significativo.

Um símbolo não é apenas visual; pode ser auditivo, como no caso do mito e da lenda, ou absolutamente plástico, que, no entanto, nos marca. Na época atual, convivemos muito mais com sua forma visual, porque a vista fixa e cristaliza imagens de forma mais imediata.

O símbolo funciona tal qual um intermediário entre duas realidades, uma conhecida e outra desconhecida, portanto, é um veículo na busca do Ser, através do Conhecimento. Por isso, acreditamos ser importante que nossos irmãos tenham uma visão suficientemente clara de alguns elementos das ditas ciências ocultas, para se permitir entender e sentir os símbolos além de uma simples interpretação mundana.

Os símbolos sagrados, revelados nas últimas centenas de anos, foram depositados em todas as tradições verdadeiras. Os sábios de diferentes povos, por meio da ciência e da arte, promoveram sempre o conhecimento desses mundos sutis que os próprios símbolos testemunham. Eles permitem que aquelas realidades superiores toquem nossos sentidos e que o homem, a partir dessa base sensível, eleve-se às regiões que constituem seu aspecto mais interno: seu verdadeiro Ser.

O símbolo plasma uma força, uma energia invisível, uma ideia. O que ele expressa e o que contém em seu interior se correspondem em perfeita harmonia. Não deve nunca se confundir com a alegoria, já que esta se correlaciona mais com substituições e suposições e, portanto, carece de conexão clara com o interno e com o verdadeiro. Também é importante apontar que os símbolos aos quais nos referimos não são meras convenções inventadas pelos homens; eles são "não humanos", encontram-se na própria estrutura do Cosmo e do homem. Ao serem os intermediários entre o invisível e o visível, promovem a consciência de mundos superiores e regiões supracósmicas. É notável o fato de que os símbolos principais se repitam de modo unânime em todos os povos da Terra em distintos momentos e lugares. Muitas vezes, essa identidade é inclusive formal, ainda que possamos encontrar símbolos de diferentes formas, mas idênticos significados. De qualquer forma, todos se correspondem com um arquétipo único e universal, do qual cada um desses povos extraiu seus símbolos particulares.

Para completar esse tema, trago um pequeno texto do escritor português Fernando Pessoa (1934), que muito bem ilustra o valor de se entender e interagir com os significados simbólicos que fazem parte da linguagem oculta, tão presente nos estudos dos segredos divinos.

> O entendimento dos símbolos e dos rituais (simbólicos) exige do intérprete que possua cinco qualidades ou condições, sem as quais os símbolos serão para ele mortos, e ele um morto para eles.
> A primeira é a simpatia; não direi a primeira em tempo, mas a primeira conforme vou citando, e cito por graus de simplicidade. Tem o intérprete que sentir simpatia pelo símbolo que se propõe interpretar.
> A segunda é a intuição. A simpatia pode auxiliá-la, se ela já existe, porém não criá-la. Por intuição se entende aquela espécie de entendimento com que se sente o que está além do símbolo, sem que se veja.
> A terceira é a inteligência. A inteligência analisa, decompõe, e reconstrói noutro nível o símbolo; tem, porém, que fazê-lo depois, que, no fundo, é tudo o mesmo. Não direi erudição, como poderia no exame dos símbolos, é o de relacionar no alto o que está de acordo com a relação que está embaixo. Não poderá fazer isto se a simpatia não tiver lembrado essa relação, se a intuição a não tiver estabelecido. Então a inteligência, de discursiva que naturalmente é, se

tornará analógica, e o símbolo poderá ser interpretado.

A quarta é a compreensão, entendendo por esta palavra o conhecimento de outras matérias que permitam que o símbolo seja iluminado por várias luzes, relacionado com vários outros símbolos, pois que, no fundo, é tudo o mesmo. Não direi erudição, como poderia ter dito, pois a erudição é uma soma; nem direi cultura, pois a cultura é uma síntese; e a compreensão é uma vida. Assim, certos símbolos não podem ser bem entendidos se não houver antes, ou no mesmo tempo, o entendimento de símbolos diferentes.

A quinta é a menos definível. Direi talvez, falando a uns, que é a graça, falando a outros, que é a mão do Superior Incógnito, falando a terceiros, que é o Conhecimento e a Conversação do Santo Anjo da Guarda, entendendo cada uma destas coisas, que são a mesma da maneira como as entendem aqueles que delas usam, falando ou escrevendo.

Os sete "princípios herméticos"

Essa expressão advém de seu autor/mentor Hermes Trimegisto, considerado pelos egípcios o Mensageiro dos Deuses, o Três Vezes Grande. Foi assim chamado por ter transmitido os ensinamentos àquele grande povo da Antiguidade, implantando no Egito a tradição e os rituais sagrados das artes e ciências através de suas Escolas da Sabedoria. Segundo os gregos, Hermes Trimegisto (e, provavelmente, seus discípulos) teria escrito 42 livros, onde se ensinavam medicina, astronomia, astrologia, botânica, agricultura, geologia, matemáticas, música, arquitetura etc.

Sua escola era universalista, acessível aos iniciados de qualquer cultura ou religião, de forma que esses princípios pudessem ser aproveitados por todas, por não pertencerem exclusivamente a nenhum credo. De fato, os "Princípios Herméticos" são baseados nas leis da natureza e, como tais, pertencem somente à Ordem Divina. Em nossos dias, o termo "hermético" significa secreto, fechado de tal maneira que nada escapa, significando que os discípulos de Hermes sempre observaram o princípio do segredo em seus preceitos. Os antigos instrutores pediam esse segredo, mas nunca desejaram que os preceitos não fossem transmitidos a ouvidos preparados.

A Ciência Hermética, ou Oculta, é baseada em seus ensinamentos, incluídos no livro *O caibalion* (1978). A palavra 'caibalion', na língua hebraica, significa 'tradição' ou 'preceito manifestado por um ente de cima' (tem a mesma raiz da palavra 'qabala', 'qibul' ou 'qibal'). Suas palavras soam como o plantar de uma semente de verdade no coração dos sábios, que perpetuam e transmitem seus ensinamentos:

> Em qualquer lugar que se achem os vestígios do Mestre, os ouvidos daqueles que estiverem preparados para receber o seu Ensinamento se abrirão completamente.
> Quando os ouvidos do discípulo estão preparados para ouvir, então vêm os lábios para enchê-los de sabedoria.

Porém, suas palavras nos ensinam também que "os lábios da Sabedoria estão fechados, exceto aos ouvidos do Entendimento".

Observa-se, assim, que o precioso conhecimento, verdadeira lei que rege todas as coisas manifestadas, somente era ensinado àqueles que estivessem preparados para compreendê-lo, transmitido de "mestre a discípulo", de iniciado a adepto, dos lábios aos ouvidos. Ainda a respeito dessa lei, consta em *O Caibalion* que, "ainda que esteja escrita em toda parte, foi propositalmente velada com termos de alquimia e astrologia, de modo que só os que possuem a chave podem lê-la bem".

As verdadeiras escolas de iniciação sempre adotaram essa conduta na transmissão de suas doutrinas. Não seria diferente na Escola de Mestre Mirim.

São sete os princípios em que se baseia a filosofia hermética, os quais são descritos a seguir.

Princípio do mentalismo

> O todo é mente; o universo é mental.

Este é, sem dúvida, o mais importante de todos os princípios, já que nele estão contidos todos os outros. Tudo neste Universo tem origem no plano mental, pois somos resultado da projeção de uma mente onipotente, onisciente e onipresente! Essa suprema realidade, fonte de todas as manifestações de nosso universo material, é Espírito, é Incognoscível e Indefinível em si mesmo, mas pode ser considerado uma Mente Vivente Infinita Universal.

E, tal qual veremos no Princípio da Correspondência, do mesmo modo que o Criador é a mente universal do macrocosmo, nós somos senhores do nosso microcosmo, já que nossa mente é que faz e desfaz a realidade em torno de nossa existência. Somos e vivemos aquilo em que acreditamos! Nossa realidade é fruto de nossa percepção do ambiente, seja este físico ou espiritual. Por isso, o Budismo chama essa existência no plano das percepções sensoriais humanas de "A grande ilusão" – o reino de Maia –, o mundo onde nossas mentes indisciplinadas constantemente constroem "verdades" que escravizam nosso espírito divino.

Nem sempre as coisas são como parecem aos nossos cinco sentidos físicos. Um exemplo simples: podemos estar admirando uma estrela que brilha no céu e esta nem existir mais! As estrelas estão a trilhões de quilômetros da Terra, e sua luz caminha pelo espaço por anos até chegar aos nossos olhos. Assim, essa luz que admiramos pode ser, em verdade, uma realidade do passado daquela estrela, que já pode ter "morrido" e nem estar mais gerando luz hoje, mas, devido à distância que nos encontramos, continuamos a ver seu brilho no céu até o dia que chegar a nós o seu "último suspiro", a última emanação que partiu dela antes daquele momento final, ocorrido já há bastante tempo.

A força dos nossos pensamentos é tal qual o brilho das estrelas vagando pelo espaço. Os pensamentos que geramos são quase como criaturas soltas pelo mundo astral, seguindo "vivas" desde que continuamente alimentadas por sua fonte geradora. Quando encontram condições ideais, podem até se "plasmar" e interferir no plano físico. Muitos que chegam às tendas vêm acompanhados de poderosas formas mentais que subjugam até aquele que as produziram. Por isso, costumamos ouvir nossos guias exortarem os consulentes a uma mudança de postura diante de suas vidas, para que estes possam somar esforços, a fim de que tais entidades mentais sejam plenamente desintegradas, pois aquele que as criou será o principal responsável em desfazer a ligação astral entre ambos.

Um dos mais importantes fundamentos de nossa escola reside exatamente na criação de formas mentais positivas, carregadas de energia construtiva em torno de indivíduos e de ambientes, em especial, em torno do espaço religioso que frequentamos – a nossa tenda! A essa aura coletiva que envolve o local e grupos religiosos chamamos egrégora, poderosa força vibratória gerada pelo soma de energias físicas, emocionais e mentais dos seres reunidos em torno de um ideal, em nosso caso, os consulentes, médiuns e os guias espirituais que compõem a corrente astral de nossa escola. Mas essa egrégora não é obtida da "noite pro dia". É fruto de muito trabalho, pela conscientização dos envolvidos para produção de pensamentos elevados, carregados de sinceros desejos de amor fraternal.

Para tanto, a Umbanda faz uso de uma poderosa ferramenta: o ritual. Uma egrégora será formada sempre pela constância e regularidade com que são emanados fluidos mentais positivos em torno do templo, pela geração uniforme e linear da mesma e única energia. Por isso, a escola trazida pelo Primado de Umbanda teve como um de seus objetivos a uniformização da ritualística umbandista, em especial em relação às giras, o mais importante ritual formador e fortalecedor da egrégora de nossa escola! É fundamental que os participantes estejam tranquilos sobre o que vai acontecer no ritual, que não haja "surpresas" por demais, pois assim todos podem acompanhar mentalmente cada momento, já pressentindo o momento seguinte, em um mesmo ritmo, fazendo com que a força do pensamento da coletividade presente funcione tal qual um gerador ou dínamo, que produz energia elétrica pelo girar permanente de seu eixo em um mesmo sentido, velocidade e harmonia! Portanto, será pelo trabalho regular, constante e harmônico, somado aos interesses superiores de seus praticantes, que será produzido verdadeiramente um nível vibratório elevado em nossos terreiros, o que alimentará a egrégora da Tenda, fazendo com que ela seja capaz de gerar paz, evolução espiritual e conhecimento aos frequentadores da Casa.

Segundo Benjamin Figueiredo, em entrevista ao jornal *Diário de Notícias* (edição de 30 de dezembro de 1973):

> A nossa responsabilidade como umbandistas é muito grande, como é também para aqueles que frequentam principalmente o candomblé e a quimbanda, pois nestas duas religiões a *preparação do cavalo* é coisa muito séria e é preciso preparar bem

e certo as pessoas que se destinam para tal. Nós não fazemos cabeça e nem camarinha. Aqui as pessoas vão chegando e encontram esta Tenda com raízes fincadas, há quase 50 anos, e se incorporam ao ambiente espiritual. A formação de cada um está no ambiente. O ambiente é o dono do mundo. Se qualquer pessoa não consegue formar um ambiente sadio e podemos citar num lar qualquer, quando não há ambiente, desarmonia, incompreensão, mal-estar, intrigas e coisas mais vão girar em torno deste lar. Portanto, aqui procuramos sempre conservar o ambiente, inclusive recebendo todos que aqui vêm com muito amor, procurando emancipá-los espiritualmente, pois aqui eles chegam e encontram o ambiente. Portanto, as vicissitudes materiais vão aos poucos sumindo e, cada um por vez, se incorporando à Umbanda, procurando fazer sempre e bem. É o ambiente, e nele acondiciona-se a disciplina, a religiosidade, o comportamento, a necessidade de fazer o bem sem olhar para quem.

Nas palavras de Benjamin fica claro que uma das maiores responsabilidades de um CCT é com o ambiente sereno e harmônico da Tenda, para que esta suporte o choque advindo daqueles que lá afluem a todo momento, fazendo com que o indivíduo que chega possa se integrar à egrégora e vivenciar seu desenvolvimento pessoal e espiritual tranquilamente, por mais forte e indisciplinada que seja sua força mental. Para que não haja enfraquecimento da egrégora, é fundamental que os médiuns tenham uma convivência fraterna, com união e concórdia; assim, não haverá espaço para proliferação de energias negativas produzidas por fofocas, vaidades, disputas egoístas, desentendimentos oriundos de relações desfeitas no campo sentimental, questões comerciais e outras situações próprias da vida mundana. Nosso comportamento em um templo religioso precisa ser compatível com o respeito que o espaço sagrado exige, onde devemos sempre pisar imbuídos das melhores intenções em relação à nossa família espiritual, vibrando com carinho e sincera consideração.

Reflexões sobre a Escola de Caboclo Mirim

Princípio da correspondência

O que está em cima é como o que está embaixo, e o que está embaixo é como o que está em cima.

Essa sentença nos ensina que há vários planos vibracionais na obra do Criador, que não são iguais, mas guardam semelhanças entre si, em essência, pois "o que é verdade para uma gota é verdade para o oceano". Assim, o mesmo poder que é força criadora manifestada nas mais altas esferas do Universo estará, certamente, presente e atuante também nos planos mais densos da existência, mesmo que designado por nomes distintos, em face de uma cultura local específica. Aquele que sabe ver além dessas distinções culturais aprenderá que as diferenças entre as variadas potestades não reside na função, mas no nível em que funcionam. Apesar do espaço/tempo que os separam, podemos encontrar o entendimento sobre as operações de uma mesma força designadas por nomes tão variados como, por exemplo, Ares, Marte, Tyr, Geburah, Davi ou Ogum, que representam a atuação de um mesmo poder sob a ótica de povos distintos, onde assume formas diferentes e manifestações em níveis diferentes.

Esse princípio hermético pode ser chamado também de "Lei da Analogia", pois será desse modo que alcançaremos o entendimento dos mistérios da natureza. Observando e comparando sua atuação, obteremos a chave que nos tornará clara a manifestação universal que explica os diversos planos do universo material, mental e espiritual.

Princípio de causa e efeito

> Toda causa tem o seu efeito, todo efeito tem a sua causa; tudo acontece de acordo com a lei; o acaso é simplesmente um nome dado a uma lei não reconhecida; há muitos planos de causalidade, porém nada escapa à lei.

Esse princípio nos alerta sobre a Lei do Carma e da responsabilidade que temos sobre cada passo que damos, ou deixamos de dar. Para tudo há consequências, benéficas ou maléficas, que, necessariamente, precisaremos assumir. Para cada ação, pode-se esperar uma reação! Muitas vezes, **não percebemos que somos os únicos responsáveis por iniciar uma "reação em cadeia",** pois, se geramos uma causa, esta cria uma reação, que será a causa para uma nova reação, e assim por diante, em uma sequência de causas e consequências, que, muitas vezes, escravizam o ser em uma teia complexa, um labirinto difícil de escapar.

Todo aquele que se inicia nos segredos ocultos deverá exercitar sua vontade e determinação, para que possa, gradualmente, assumir a regência sobre seu próprio destino, posto que só pelo responsável uso de seu livre-arbítrio poderá deixar de ser passageiro da própria vida! Por isso, Caboclo Mirim inspirou seus filhos a que dessem um primeiro passo a fim de romper com os grilhões do determinismo, por meio de um exercício regular, visando a silenciar essa usina desenfreada de força astral que são nossos pensamentos e desejos descontrolados: a prática da "indiferença construtiva".

Somos levados pela vida em sociedade a seguir as tendências e as modas ditadas às massas por alguém. Preguiçosamente, vamos perdendo nossa individualidade, pois ficamos focados sempre no rebanho, passando a depender de outros para nos dizer que igreja seguir, o que comer e o que vestir. Passamos a nos preocupar mais com os dramas da vida alheia, das novelas e do telejornal, esquecendo-nos de manter aquela distância segura que nos permite avaliar e discernir se realmente temos de trazer para nosso lar todas essas angústias do mundo. Indiferença construtiva significa "cuide de sua própria vida", esteja atento a si mesmo, ao que pensa, ao que fala, e, principalmente, aos seus desejos, pois, será que realmente você precisa de tudo que os demais têm para ser feliz? Só com um pouco de silêncio interior poderemos começar a ouvir a voz que vem de dentro, do nosso verdadeiro eu espiritual.

Veremos adiante que o princípio de "causa e efeito" é o que possibilita a movimentação de tantas forças astrais nos trabalhos da Tenda. Quando somamos o respeito ao ritual com uma vontade disciplinada, estamos causando um impacto no ambiente, tornando-o fértil para a manifestação dos nossos guias, que, por sua vez, potencializarão nosso ardor religioso pela evocação e fortalecimento das poderosas egrégoras que atuam na Umbanda! Assim, iniciando essa corrente de forma sincera e humilde, e mantendo-a continuamente alimentada pelos melhores sentimentos de fraternidade e amor ao próximo, teremos multiplicado ós efeitos benéficos sobre todos os presentes de um encontro de fé e religiosidade.

Princípios da polaridade e do gênero

> Tudo é duplo; tudo tem dois polos; tudo tem o seu oposto. O igual e o desigual são a mesma coisa. Os opostos são idênticos em natureza, mas diferentes em grau. Os extremos se tocam. Todas as verdades são meias-verdades. Todos os paradoxos podem ser reconciliados.
>
> O gênero está em tudo: tudo tem o seu princípio masculino e o seu princípio feminino. O gênero se manifesta em todos os planos da criação.

Os princípios da Polaridade e do **Gênero** podem, e devem ser comentados juntos, pois percebemos que onde o gênero se manifesta há polaridade, seja no plano físico, mental ou espiritual. Esses princípios contêm chaves ocultas indispensáveis à prática da magia, que regem a realização de giras e trabalhos sob a condução dos verdadeiros morubixabas da Umbanda.

Em nossos estudos, vamos nos deparar, muitas vezes, com referências ao Sagrado Setenário, que se apresenta nos múltiplos planos da criação, até a composição do próprio homem. No século XIX, a conceituada ocultista Helena Petrovna Blavatsky nos apresentou uma fabulosa obra – *A doutrina secreta* –, um compêndio do antigo e precioso saber do oriente antigo (BLAVATSKY, 1973). Dentre tantos tesouros doutrinários, esse livro relembrou ao mundo ocidental que o ser humano também tem uma composição setenária, simbolizada na conhecida imagem do "triângulo sobre o quadrado", um conceito que vai além da simples sentença ocidental de que somos "corpo, alma e espírito". As tradicionais escolas de estudo esotérico sempre perpetuaram o conhecimento de que, mesmo sendo espiritualmente uma única unidade imortal, cada ser humano é composto por sete princípios. A teosofia de Blavatsky, por exemplo, explica o homem como um ser que tem uma "tríade superior", espiritual, e um quaternário inferior, manifestado no plano da matéria, que serve de veículo para a experiência daquele "homem real" – a tríade superior – neste plano físico. Essa tríade superior é composta por três princípios: "Atma", "Buddhi" e "Manas", nossas imortais "Essência, Alma e Mente Divinas". Já o quaternário inferior seria composto por princípios geralmente denominados "Corpo Astral" (ou Mental inferior), "Duplo Etérico", "Corpo Vital" e "Corpo Físico". Já nos estudos da doutrina Rosacruz, que influenciou Benjamin Figueiredo e vários outros fundadores do Primado, a constituição sétupla do homem se manifesta em dois polos: um tríplice Espírito (Espírito Divino, Espírito da Vida e Espírito Humano) e um tríplice Corpo (Corpo dos Desejos ou Mental, Corpo Vital ou Astral e Corpo Denso ou Material), tendo por grande mediador a Mente, regente da vida no plano físico, mas sempre sob a influência do tríplice Espírito. Então, independentemente de pequenas variações doutrinárias, depreendemos que, apesar de criados como seres de forma sutil e divina, chamados de "mônada" em muitas obras esotéricas, somos hoje criaturas que mantêm uma porção espiritual e divina; mas que têm parte de si que vai se cristalizando nesse plano denso da matéria, desde o plano mental, passando pelo astral, até chegar ao corpo físico e suas emanações vitais. Somos seres espirituais que "descemos" a este mundo e desenvolvemos veículos que permitem a plena manifestação por aqui.

Nossa centelha de vida, ou mônada, foi criada pelo Pai Maior no princípio desse período evolutivo, ou "ronda", como Princípio Único, neutra, andrógina, nem masculina nem feminina. Mas, conforme nos lembram os Princípios Herméticos, toda a forma de vida que se manifesta nos níveis mais densos da existência sofrerá o fenômeno da cissiparidade, ocorrendo a polarização e a divisão nos gêneros masculino e feminino. É a partir desse ponto que podemos encontrar algumas divergências, pois há diversas correntes ocultistas e muitas interpretações de antigos e misteriosos ensinamentos esotéricos. Há aqueles que acreditam que a mônada, ao se aproximar da manifestação junto aos planos menos sutis da matéria, nessa ronda da evolução

Reflexões sobre a Escola de Caboclo Mirim

humana, bifurcou-se em dois seres e em dois aspectos: um masculino (exteriorizado, ativo, "solar", *Kartri*) e outro feminino (interiorizado, passivo, "lunar", *Shakti*), irradiando um ao outro as energias de que ambos necessitam para sua evolução.

Mas há outros, como eu, que acreditam que somos seres únicos, indivisíveis. Novamente, remeto à sábia Sra. Blavatsky, que nos ensinou que a divisão não se dá no ser, mas em princípios manifestados nos diversos planos da existência. Assim, quando encarnamos no plano físico, escolhemos polarizar nossa parte inferior de forma masculina ou feminina, por conseguinte, polarizando nossa tríade superior com o gênero oposto, em fiel cumprimento aos dois princípios herméticos que agora estudamos. Isso faz com que um ser encarnado como mulher seja física e mentalmente "negativa", mas psíquica e espiritualmente "positiva", sucedendo o contrário no homem. No plano físico, por exemplo, o macho fornece o impulso físico que leva à reprodução – uma ação ativa –, mas que depende, para sua consecução, do estímulo concedido pela fêmea – uma atitude passiva. Entretanto, no plano emocional as coisas se invertem: ele depende dela para obter a fertilidade emocional, para se sentir vivo e pleno de criatividade. Lembram-se das "musas inspiradoras", sempre próximas de tantos artistas?

Toda manifestação se produz por meio dos pares de opostos. O princípio da polaridade está implícito não apenas no macrocosmo, como também no microcosmo. É fácil perceber que é amplamente utilizado na configuração de nossa escola, na alternância entre forças de características masculinas e femininas, ativas e passivas, irradiadoras e receptoras. Mas os CCTs podem e devem ir além, pois, ao compreenderem o poder de se estar ativo ou passivo na vida, saberão aproveitar as enormes possibilidades de movimentar as forças em torno de si em prol do desenvolvimento pessoal e dos seres humanos sob sua responsabilidade. Até a moderna psicoterapia alcançou, no século XX, aquilo que os antigos sacerdotes já fundamentavam ao adorarem o princípio criativo e a beleza das forças da fertilidade como parte importante de sua vida religiosa. No trabalho com as forças sutis, o poder deve ser dirigido e manipulado pela vontade, o que faz com que uma pessoa inibida e reprimida psicologicamente só produza formas desequilibradas de psiquismo e mediunidade, o que a torna alvo fácil de espíritos trevosos. Um sacerdote de uma religião que lida com as forças da natureza precisa estar conectado com seus instintos, que são nossas raízes junto à Mãe Terra, sempre de maneira sadia, responsável e consciente, para possibilitar ser um canal através do qual a força, oriunda dos planos sutis, seja trazida à manifestação no plano físico.

Então, não nos fixemos na visão da masculinidade e da feminilidade apenas tal qual as conhecemos no plano físico, princípios fixos devido à estrutura material, onde o potente e o potencial se limitam rigidamente aos seus respectivos mecanismos. Embora o modo de reprodução animal seja determinado em todos os indivíduos pela configuração de seu corpo, suas reações espirituais não são tão fixas. Excetuando o plano físico, essas forças atuam em uma contínua alternação de polaridade sobre todos os demais planos. Portanto, na condução de nossas vidas, somos, às vezes, positivos e, às vezes, negativos, conforme sejam as circunstâncias. Tendemos a ser negativos em nossas relações com aquilo que apresenta um potencial superior ao nosso, e positivos em nossas relações com o que possui um potencial inferior, em um perpétuo estado de flutuação, o qual varia em cada ponto de nossos inúmeros contatos com o meio em que agimos.

O sacerdote experiente, mestre dos elementos ao seu redor, poderá utilizar o meio ambiente como plataforma que potencializa a capacidade realizadora do ser, ensinando, por exemplo, como é possível se colocar passivo diante de bons estímulos que possam fecundar e tornar as pessoas mental, emocional e espiritualmente criativas e dinâmicas. Esse estímulo pode vir de livros, de amigos e colegas que vibram harmonicamente conosco, e, claro, da própria religião. É o que ocorre com o médium em seus primeiros anos de Tenda, que precisa permitir "casar" sua passividade física, emocional e mental com o poderoso fluxo de energia espiritual oriundo da egrégora da Casa, do comandante e de seus próprios guias. Com o tempo, a mesma pessoa que aprendeu a receber bons estímulos saberá também assumir a polarização ativa, de transmissora e ponto referencial de seres

Reflexões sobre a Escola de Caboclo Mirim

em outros ambientes, desde a sua vida pessoal até para seus irmãos na Tenda.

Mesmo inconscientes das constantes flutuações e alternâncias de polaridades pela qual passamos em nossas vidas, estamos sempre sob a variação desse fluxo. A nossa falta de atenção faz com que constantemente nos conectemos em polarizações que ligam "circuitos" energéticos que não nos beneficiam em nada, pois há tanta força polarizante em um ódio sincero quanto no amor! A sabedoria reside em conhecer as marés e utilizá-las corretamente, discernindo quando é melhor funcionar como Sol, para produzir feitos no mundo; ou ser Lua, para fazer o nosso meio ambiente fertilizar-nos, de modo a nos tomarmos produtivos.

Na civilização de hoje não há mais espaço para homens e mulheres puramente masculinos e femininos, hipersexualizados, a fim de atender apenas às exigências de um mundo antigo, povoado por fêmeas férteis, boas reprodutoras, e de machos fortes e viris, destinados apenas à caça e às guerras. Claro que há de se preservar o caráter sexual primário, sem o que não haverá a preservação da raça, mas o ser humano atual sente, mais do que nunca, a falta daquela "parte" do seu ser espiritual que foi deixado para trás quando se veio a esses planos densos de energia, e que faz brotar aquela sensação de "vazio" que muitos sentem. Os seres iluminados que inspiraram a humanidade nos mostraram que só seremos completos quando aprendermos a realizar a mais importante das polarizações, que é a conexão e o reencontro com nossa tríade superior, nossa parte espiritual e imortal. Os grandes iniciados sabem que do equilíbrio dessas tríades, da aproximação e do casamento do nosso eu inferior com nosso eu superior é que advém a iluminação, que faz com que o iniciado se torne o *adepto perfeito*. Seres nesse estado de iluminação se tornam naturalmente andróginos (palavra do grego *andros gyney* ou *angôs jina*, o "gênio vencedor do sexo"), um indivíduo liberto de cadeias ou grilhões do plano físico, que, tendo cumprido sua função natural e vivenciado os aprendizados da carne, sublimou vicissitudes e desejos mundanos para alcançar sua outra metade, atingindo sua plenitude espiritual.

Princípios da vibração e do ritmo

> Nada está parado, tudo se move, tudo vibra.
> Tudo tem fluxo e refluxo; tudo tem suas marés; tudo sobe e desce; tudo se manifesta por oscilações compensadas; a medida do movimento à direita é a medida do movimento à esquerda; o ritmo é a compensação.

Certamente, os leitores deste trabalho são pessoas de fé, o que, por si só, já dispensaria qualquer abordagem científica em nossa apresentação, mas é sempre bom somar nosso sentimento religioso aos estudos dos homens que representam hoje os que foram os grandes iniciados das sociedades esotéricas antigas, detentores dos segredos das ciências médicas, matemáticas, químicas. astronômicas etc.

Os princípios da vibração e do ritmo nos lembram fundamentos básicos quando nos relacionamos com energias sutis, pois nada neste mundo está em repouso, tudo está em constante movimento, sob a força de fluxos e refluxos, ou seja, de fases distintas ou ciclos que se alternam e se equilibram.

Albert Einstein, considerado o mais memorável físico de todos os tempos, demonstrou que a matéria é energia condensada, portanto, tem a sua própria vibração. Tudo no Universo vibra em uma frequência que determinará o quanto de movimento e ritmo a matéria apresentará. Um feixe de luz, por exemplo, é formado por pequenos pacotes de energia postos em movimento pela irradiação rítmica oriunda de uma fonte primária, onde sua intensidade determinará o brilho e sua frequência (ou ritmo), a sua cor. A luz é um tipo de onda eletromagnética, tal quais as ondas de rádio. Essas ondas têm diversas vibrações, mas poucas são percebidas por nós, por estarem em frequências acima ou abaixo de nossa capacidade sensorial. Acima do que nossos olhos podem ver estão os raios gama, raios X e a luz ultravioleta; abaixo estão os raios infravermelhos, as ondas curtas de rádio e as ondas largas de rádio.

Mas, por que lembrar esses aspectos da física, que muitos de nós vimos há muito tempo, lá no tempo da escola? Porque a Umbanda lida o tempo todo com energias sutis, em diversas faixas vibratórias. Os seres imateriais, desde elementares, quiumbas ou os próprios espíritos de Luz, cada qual se encontra em uma frequência própria, e do mesmo jeito que nossos olhos não são capazes de perceber todos os tipos de ondas eletromagnéticas deste plano físico, também nos situamos em uma faixa vibratória que, geralmente, não percebe as demais. Mas nem por isso elas deixam de existir!

Somos pequenos aprendizes daquilo que é simples para os grandes seres da Espiritualidade: a capacidade de se fazer presente onde e como desejar pela alteração de sua própria vibração, interagindo assim com outros que normalmente não os perceberiam.

Há de se lembrar, também, que tudo que fazemos na Umbanda é energia em movimento, manifestada nos três planos da existência:

– No plano espiritual (astral superior), somos envolvidos pela energia gerada pela vibração emitida por nossos guias, que nos inspiram a nos colocar na mesma sintonia deles, ou seja, em ressonância, posto que na Espiritualidade os afins se atraem.

– No plano mental (astral inferior), atuamos pelo direcionamento de nossos pensamentos em um só propósito. Sabemos que somos poderosos geradores de energia mental, que se propagam no éter de forma semelhante às ondas eletromagnéticas, e que podem produzir efeitos em torno de nós, cedo ou tarde. Quando estudamos a formação das egrégoras, percebemos o enorme poder com que estamos lidando.

– No plano físico, pelos próprios aspectos do culto, que envolvem as luzes, o tambor, as palmas e, principalmente, o canto! O som é chamado de onda material, pois precisa de um meio material (sólido, líquido ou gasoso) para se propagar. Quando cantamos com sinceridade e fé, estamos propagando o poder da palavra, criando vida pelas formas mentais que produzimos, moldando e plasmando o astral em torno de nós e da Tenda, posto que nossas curimbas, envoltas em emoção, nos levam à formação de imagens mentais que refletem a beleza, a pureza e a força dos orixás, e nos remetem à lembrança da presença dos nossos iluminados guias de Aruanda!

Portanto, aquele que quer seguir pelo caminho da iniciação deverá conhecer como tudo em torno de si está envolto pelos princípios da vibração e do ritmo, e adquirir a sabedoria do humilde pescador, que conhece os movimentos das marés, a hora de ir e a hora de voltar, o momento de produzir força e aquele que exige o descanso. Assim é a vida! Só pelo equilíbrio desses ciclos o iniciado poderá seguir mais adiante nos mistérios da Criação Divina.

Os quatro elementos

Era normal, ao sábio da Antiguidade, dominar várias "artes" ou "ciências", obtendo uma visão mais ampla de tudo o que se dispunha a estudar. Assim, era bastante comum aos estudiosos daqueles tempos perceberem a matemática na música e na natureza, ou unir medicina e astrologia ao observar um paciente, por exemplo. Os temas se interpenetravam, pois o conhecimento era uno, e não fragmentado em especializações acadêmicas como hoje em dia. O conceito dos quatro elementos primordiais está presente em várias culturas antigas e faz parte de estudos que vão desde a alquimia até a astrologia, o que nos obriga a nos familiarizarmos com essa visão do Universo.

Ao menos para a civilização ocidental, o pai desse conceito foi o filósofo grego Aristóteles, que entendeu que todas as formas da matéria se baseavam na combinação dos quatro elementos primordiais. Em sua obra "Meteorologia", ele sintetiza suas ideias sobre matéria e química, usando as quatro qualidades da matéria e os quatro elementos para desenvolver explicações lógicas relativas a várias observações sobre a natureza. Os quatro elementos – terra, água, ar e fogo – serviriam como base para a manifestação das quatro qualidades primárias: quente, frio, seco e úmido.

Mas, quando estudamos filosoficamente esses elementos, não estamos nos referindo a eles no sentido literal, como elementos químicos deste nosso mundo concreto, mas sim como símbolos de princípios universais. Na sabedoria antiga, estavam relacionados também a quatro faculdades do homem: física (terra), estética e alma (água), intelectual (ar) e moral (fogo).

Partindo das quatro unidades primitivas presentes na natureza – quente, frio, úmido e seco –, podemos entender as propriedades dos quatro elementos. Em termos de polaridade, são divididos em dois grupos:
– (Yang) Fogo e ar: masculinos, ativos, doadores e autoexpressivos. Operam de dentro para fora; sua referência é si mesmo.
– (Yin) Água e terra: femininos, passivos, receptivos e autorrepressivos. Operam de fora para dentro, reagindo mais a partir do mundo externo.

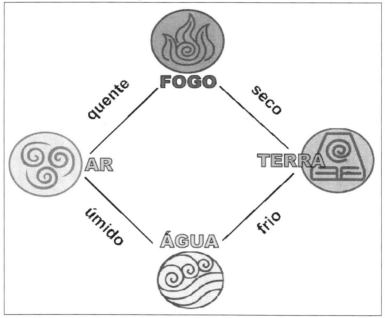

Figura 6: Os quatros elementos
Fonte: O AUTOR, 2013.

Diversas são as correlações possíveis entre os quatro elementos. Portanto, limitar-me-ei a frisar as características essenciais de cada elemento, para reflexão de nossos irmãos.

O elemento terra é o mais concreto de todos, aquele que quase não se move, símbolo das coisas estáticas, lentas ou até fixas. Representa a tradição, a estabilidade, a praticidade e o contato com a realidade. Terra também está associada à força feminina, pois dela provém os alimentos, a manutenção da vida nas antigas civilizações rurais. Entretanto, podemos entender esse elemento também como uma poderosa força de transformação, posto que a matéria que ali "morre" encontrará aberto o "portal" para renascer sob nova forma: seja a semente esquecida nas profundezas do solo, de onde brotará como vida vegetal; seja o espírito então liberto desse mundo material. Esse elemento tem polaridade negativa; na filosofia chinesa, sua cor é o amarelo-escuro.

João Batista Assuramaya (2006), astrólogo, professor, pesquisador e escritor, explica o elemento terra:

> Estado de matéria no qual os átomos se encontram mais agrupados, ou seja, mais estáveis e em menor estado de excitação. A cristalização da matéria encontra no elemento terra sua constituição mais densa, tornando possível a estabilização. Daí o "estado de terra" ser o ideal para o trabalho no seu estágio inicial mais denso. Aliás, é nesse estágio que se torna possível constituir a forma de acordo com o seu grau de individualidade e evolução.
> Nos primórdios da evolução, o primitivo germe da vida surgiu pela primeira vez pelo concurso do elemento terra, que lhe deu a consistência indispensável para seguir sua trajetória evolutiva ao longo do tempo.
> No elemento terra, o ser evolutivo "decide" sua constituição, obviamente debaixo das leis evolutivas e da seleção natural, que vai ditar o aproveitamento dos recursos acumulados ao longo das experiências dos indivíduos durante seu estágio no planeta. Por essa razão, o elemento terra, sob a influência-padrão da matéria planetária, recebe o aval para prosseguir em seu curso para os degraus superiores da evolução. A partir daqui, não podemos deixar de lembrar a contrapartida antimatéria ou espiritual, registrada nas escrituras herméticas do passado.

O elemento água é sinônimo de sensibilidade, emotividade e empatia e nos remete aos processos de purificação e regeneração. Na natureza, é tratada como o princípio de todas as coisas, do início da vida, e, por isso, tornou-se, em tantas culturas, o grande símbolo da força feminina, de sua fertilidade e emoções. Pode ser associada, também, ao "mundo astral", intermediária entre o espírito e a matéria, entre o "Pai" e o "Filho". Mas também são as águas dotadas de grande força decompositora e desagregadora e não por acaso os oceanos são chamados de "calunga grande". Água é ambiguidade: é maré alta ou baixa, é vida e morte, alegrias e tristezas! Na psicologia, as águas nos remetem aos sentimentos, desde aqueles que vagam na superfície de nossa consciência, até os mais obscuros escondidos nas zonas abissais de nosso ser interior. Em magia, a água é simbolizada na taça, cálice ou caldeirão.

A água, segundo o mestre Assuramaya (2006):

> É o mediador plástico por excelência no processo natural da evolução. Por sua constituição, este elemento dá plasticidade à própria natureza, promovendo a interação entre os três outros elementos e, indiscutivelmente, tornando-se o elemento vital para que o projeto evolutivo tenha tido o seu curso natural durante a evolução, desde os seus primórdios. É sabido que onde não há água a vida se torna impossível, assim como o processo da evolução subsequente – pelo menos nos limites como a conhecemos atualmente.
>
> A água não somente alimenta a vida como torna possível o equilíbrio quando as condições dos elementos entram em conflito. Para conter e processar o trabalho alquímico do elemento água, é necessário moldá-la, não permitindo que se debruce sobre as bordas do recipiente em que se encontra contida, a não ser para aproveitamento da energia daí resultante.
>
> Do ponto de vista esotérico, podemos acrescentar que o elemento água tem uma participação fundamental no comportamento dos seres. Promove o equilíbrio no plano atmosférico, ameniza as condições na superfície do planeta e influi poderosamente no psiquismo das criaturas em geral.
>
> A indubitável interação do elemento água com o

nosso satélite, a Lua, é fundamental para o biorritmo e o psiquismo dos seres humanos. E esta interação Lua-água-indivíduo, com sua participação nos mais delicados processos vitais, na arte de viver, nas emoções, nas artes, no amor, podendo-se afirmar sem exageros nos mais singelos acontecimentos do cotidiano das pessoas, faz parte da própria existência, alimentando-a e estimulando-a.

O elemento ar simboliza a instabilidade, a comunicação e o movimento. Representando, também, a força masculina, é sempre associado ao pensar e ao raciocínio abstrato, bem como à capacidade de se comunicar e aos aspectos da interação e sociabilidade. Movimentando-se ao nosso redor, o ar produz correntes e turbilhões de energias que nos conectam com o mundo, que nos inspiram, iluminam e nos estimulam a comunicar nossas ideias aos outros. Comunicação é conexão, é fazer chegar aos outros o que parte de nós, por isso trabalhar com o elemento ar é focar e dirigir energias para uma meta desejada! Completa mestre Assuramaya (2006) sobre o ar:

> Estado de matéria no qual as moléculas se encontram livres, admitindo a liberação e a expansão plenas, sem limitação. O ar é o mais sutil dos elementos por sua natureza volátil. Para conter e trabalhar a matéria do elemento terra, você somente precisa ampará-la, criando uma barreira entre esse elemento e a atração exercida pela gravidade. Por isso, não se torna difícil conter o elemento terra, porquanto você terá maior facilidade de coordenar suas atividades quando lida com material desse elemento. Somente precisa ter perseverança.
>
> Por essa razão, para conter o elemento água você necessita do recurso das leis naturais e uma persistente avaliação no sentido de que não escape por onde você menos espera. Por isso, você necessita do concurso da emoção. Para conter e trabalhar o elemento fogo, você necessita de cuidados especiais, coragem, tenacidade e capacidade de lidar com problemas e encontrar soluções. Para conter e trabalhar o elemento ar, você necessita exercer seu ofício

com perspicácia e arte, porquanto para conter o ar qualquer previsão poderá fracassar.

A inteligência e a arte são os elementos indispensáveis para lidar com o elemento ar. Por conta de sua extraordinária mutabilidade, este elemento encontra-se sempre disponível para acrescentar informações sobre os outros elementos e as reações naturais que resultam dessa composição. Pois é por meio do elemento ar que o movimento torna possível o próprio processo da evolução.

O elemento fogo é símbolo de força que gera a iniciativa, o entusiasmo e a expressividade. É poder regenerador e purificador, capaz de transmutar matéria em energia, pela destruição necessária para o renascimento do espírito. Força masculina por excelência, nos remete ao Sol e à luz, à expressão da vontade e autoafirmação, pois é do fogo que recebemos inspiração e poder pessoal. É o símbolo maior da força criadora do Universo, que motiva e dirige todos os organismos vivos, o próprio Espírito Santo, como na imagem bíblica das "línguas de fogo" que descem sobre os apóstolos!

E, mais uma vez, mestre Assuramaya (2006) complementa:

> Estado de matéria no qual as moléculas se encontram em combustão ocorrida, por exemplo, quando moléculas de carbono (C) combinam-se com moléculas de oxigénio (O_2) para formar moléculas de dióxido de carbono (CO_2), ocorrendo a partir daí uma combustão que se propaga por radiação ou condução. Nesse estágio de matéria, o elemento, por assim dizer, se "desmaterializa", entrando num degrau superior quando as moléculas que o formaram passam para um estado de "antimatéria", atingindo altas temperaturas e entrando em combustão quando sua substância torna-se completamenie imponderável e imensurável – somente podendo ser medida pela temperatura que não permite, em nosso planeta, a "convivência" natural com os outros três elementos.
>
> Para conter e trabalhar o elemento fogo, você necessita de cuidados especiais, coragem, tenacidade

Reflexões sobre a Escola de Caboclo Mirim

e capacidade de lidar com problemas e encontrar soluções. Em contrapartida, o elemento fogo atribui uma tenacidade e resolução impossíveis de ser igualadas nos outros elementos.

O elemento fogo é o mais instável dos quatro elementos, caracterizando o temperamento irascivel e, na nomenclatura astrológica, o temperamento *bilioso*.

Astrologia

É fascinante aprender com as observações que os povos ancestrais fizeram dos céus sobre suas cabeças e que trouxeram fenomenal conhecimento da alma e da psique humana! Tanto faz se citamos essênios, babilônicos, indianos, egípcios, chineses, indígenas das américas, europeus, judeus, árabes ou africanos: todos fizeram suas leituras dos astros e as traduziram pela fé, ciência, religião e filosofia. Se você ainda acredita que astrologia é brincar com os signos, acredite, está na hora de rever seus conceitos, irmão umbandista! No meu caso particular, foi pelo estudo da astrologia esotérica que me reencontrei com os antigos ensinamentos ocultistas, há muito tempo adormecidos nos valiosos livros da estante lá de casa. Foi nesse processo que recebi o "chamado" para escrever este trabalho...

Na Antiguidade, não havia diferença entre astronomia e astrologia. Com o passar dos séculos, a astronomia, ciência que observa e estuda os corpos celestes, assumiu ares acadêmicos, deixando para a astrologia o aspecto oracular, posto que a astrologia afirma poder predizer tendências futuras pelo estudo do "mapa astral", o que não pode ser atestado cientificamente. A verdade é que são duas faces da mesma moeda, pois tanto a astronomia quanto a astrologia têm por base a observação dos céus, diferenciando a interpretação que cada uma faz dessa informação. Como nosso foco é a influência desses estudos na formação religiosa dos povos antigos, não faz diferença.

Algumas civilizações acreditavam que a Terra fosse plana ou que esta era o centro do Universo. Do mesmo modo, outros sabiam da esfericidade do nosso planeta e do equilíbrio harmônico dos corpos celestes. Acho de uma beleza ímpar o desenvolver da cultura e da religiosidade desses povos antigos pela constatação do movimento aparente do céu, do "nascer" e do "morrer" do Sol, e, principalmente, pela observação da regência de certos astros em determinadas épocas do ano. Claro que não poderemos expandir esse maravilhoso tema aqui, mas não deixem de aprofundar seus estudos. Há cursos, bons livros e bons *sites*... Só requer seu interesse!

Enfim, para aqueles povos antigos, a observação dos corpos celestes tinha objetivos bem práticos em sua vida cotidiana, pois fazendo correlações entre os fenômenos terrestres e celestes conseguiram marcar a passagem do tempo (os calendários), registrar as mudanças de estação e prever a melhor época para o plantio e a colheita. Logo perceberam que épocas ou estações diferentes tinham qualidades diferentes, e daí foi natural supor que a qualidade de algo nascido em determinada época, como um ser humano, estava espelhada na maneira pela qual o Sol, a Lua e outros planetas estavam relacionados uns com os outros naquele momento específico. Afinal, se o Princípio Hermético da Correspondência já ensinava que "assim em cima assim como em baixo", por que o Cosmos não espelharia a psique humana, revelada pela estrutura do sistema solar no momento do nascimento?

> O fluido astral que circula nos seres e coisas terrestres passa por sucessivos estados de condensação ou de dissolução, e estes estados dependem, segundo o esoterismo, da posição que tenham então os corpos celestes. (PAPUS, 1997)

As primeiras civilizações conheciam apenas sete planetas: Sol, Lua, Mercúrio, Vênus, Marte, Júpiter e Saturno. Claro que hoje qualquer criança aprende na escola que o Sol é uma estrela e que a Lua é o satélite da Terra, mas na tradição astrológica ambos ainda mantêm o seu *status*, compondo o setenário astrológico conhecido por "Sete Planetas Sagrados". Esse mesmo setenário esotérico será correlacionado em diversos estudos, servindo, inclusive, para nomear alguns dos dias da semana em vários idiomas mundo afora, através de seus nomes litúrgicos em latim, tal qual usados na cultura greco-romana. Interessante perceber que a língua portuguesa foi a exceção.

Dia da Semana	Significado	Outros Idiomas
Domingo	Dia do Sol (Solis dies, Helíou, Apolo/Febo)	Sunday / Dimanche
Segunda-feira	Dia da Lua (Lunae dies, Selénes, Ártemis/Diana)	Monday / Lunes / Lundi
Terça-feira	Dia de Marte (Martis dies, Áreos, Ares)	Tuesday / Martes / Mardi
Quarta-feira	Dia de Mercúrio (Mercurii dies, Hérmou, Hermes)	Wednesday/Miércoles/ Mercredi
Quinta-feira	Dia de Júpiter (Jovis dies, Diós, Zeus)	Thursday / Jueves / Jeudi
Sexta-feira	Dia de Vênus (Veneris dies, Aphrodítes, Afrodite)	Friday / Viernes / Vendredi
Sábado	Dia de Saturno (Saturni dies, Krónou, Cronos)	Saturday / Samedi

O termo *sabbatum* é originado diretamente do hebreu *shabbat*, o dia de descanso e orações dos judeus, simbolizando o sétimo dia bíblico, após os seis dias de Criação, conforme disposto no livro de Gênesis.

São relacionados, a seguir, símbolos e características de cada planeta, segundo o conhecimento esotérico e a Cabala.

♄	**SATURNO**: Saturno é o planeta mais afastado da Terra, mas também o mais "elevado". Na astrologia, costuma-se vê-lo como lento e pesado (a alquimia o equipara ao chumbo) e, portanto, é associado à velhice em seus aspectos negativos, em oposição à agilidade de Mercúrio. As vibrações desse astro são percebidas psicologicamente como um estado de melancolia e desassossego espiritual, porém a presença de Saturno é o preâmbulo de realizações profundas, ligadas ao que está mais além, ao mais elevado, misterioso e oculto. A experiência e a sabedoria são alguns de seus atributos, adjetivos geralmente relacionados aos anciãos, às coisas antigas e tradicionais. Não nos esqueçamos de que todos os planetas têm um aspecto maléfico e outro benéfico!
♃	**JÚPITER**: Entidade generosa e benéfica. Pai dos deuses na mitologia, o filho de Saturno nos transmite a ideia de energias que se estabelecem, hierarquicamente, por níveis que respeitam uma ordem invariável. Seus eflúvios regeneradores alimentam constantemente a fogueira da vida, inspirando continuamente elevados ideais, irrompendo entre os homens como aquela chama iniciada neste mundo advinda do raio lançado dos céus.

Reflexões sobre a Escola de Caboclo Mirim

♂	**MARTE:** Marte destrói no palco do mundo tudo o que já é inútil e desnecessário, ainda que à simples vista não seja sempre claro seu papel regenerador. Deus da guerra, imprescindível para perpétua renovação universal, sua influência pode advertir-se não só nas lutas humanas senão igualmente nas perpétuas batalhas micro e macrocósmicas.
☉	**SOL:** É o intermediário direto entre o imanifestado e a manifestação. Sua energia, extraída do mais oculto das possibilidades do céu, é projetada sobre o plano da criação, produzindo todas as coisas manifestadas, das quais é o Pai no nosso nível criacional, incluído o homem. Sua energia radiante e sua localização central são imprescindíveis à vida, a qual sela e harmoniza.
♀	**VÊNUS:** Leva o nome da famosa "deusa do amor". Encarrega-se nada menos de unir os fragmentos dispersos do ser e do Universo. Em seu aspecto mais alto, relaciona-se aos mistérios espirituais e místicos do amor e ao "coito" com os deuses. Seu aspecto mais baixo se acha em relação com a personalidade e se expressa pela posse do outro e a energia sexual.
☿	**MERCÚRIO:** Emissário dos deuses, suas energias são assimiladas pelos mortais como revelações que sua versatilidade imprime na inteligência. É, portanto, um iniciador e sua rapidez mental – prata viva – permite-lhe valorações intuitivas imediatas, que, às vezes, podem nos complicar. Agente das conexões e da comunicação, deve ser trabalhado como poder ascendente, para não decair como poder inebriador, adjetivo que o fez o eleito dos comerciantes, e até dos charlatões e ladrões.
☽	**LUA:** Astro evidente e noturno, está relacionado à Terra (da qual ela é uma imagem celeste), à fecundação e à potência essencial dos eflúvios vitais. Não é difícil perceber sua identificação com a obscuridade, águas e marés. A Lua reina à noite e a periodicidade de suas fases nos anuncia a presença de outras realidades ocultas, mais além dos fenômenos psíquicos que constituem seu reinado.

Foi o italiano Galileu Galilei o primeiro a apontar um telescópio para o céu noturno, isso em 1609, em plena Idade Moderna, período da cultura renascentista e das Grandes Navegações! Mas, milhares de anos antes, os sábios das antigas sociedades, que só dispunham de bons olhos e muita perspicácia para consolidar suas observações, já faziam estudos sobre o movimento aparente dos astros nos céus.

Eles registraram que o Sol muda sua posição ao longo do ano se movendo aproximadamente um grau para leste por dia, e que o tempo que ele leva para completar uma volta na esfera celeste define o ano. O caminho visível percorrido pelo mesmo

Sol na esfera celeste durante o ano define sua eclíptica – a circunferência imaginária correspondente à sua trajetória no céu. É em torno dessa faixa imaginária do firmamento celeste que se observam as órbitas aparentes das diversas constelações visíveis do solo terrestre.

As doze principais constelações são: Áries, Touro, Gêmeos, Câncer, Leão, Virgem, Escorpião, Sagitário, Capricórnio, Aquário e Peixes, que, dispostas em um círculo imaginário, onde cada qual ocupa uma "casa", formam o que conhecemos por zodíaco (do grego "círculo de animais"), assim chamado porque várias constelações são representadas com formas de animais. O estudo do zodíaco, pela posição ocupada pelos corpos celestes, é uma das principais ferramentas da astrologia. Os sábios da Antiguidade reuniam em si o domínio de várias "artes" ou "ciências"; na prática, era bastante comum elas se interpenetrarem, pois o conhecimento era uno e não fragmentado em especializações acadêmicas como hoje em dia.

Figura 7: Zodíaco.
Fonte: Adaptada de "O círculo dos animais"
(<http://www.zenite.nu/o-circulo-dos-animais>).

Era comum a esses sábios perceberem a matemática na música e na natureza, ou unir medicina e astrologia na busca da cura das enfermidades! Por isso, encontramos documentos antigos que correlacionam partes do corpo humano a diversas constelações (signos), uma interessante visão do homem e do Universo, que influenciou vários estudos esotéricos.

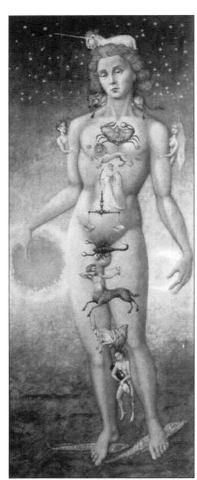

ÁRIES: a cabeça e o rosto

TOURO: o pescoço e a garganta

LEÃO: coração, costas

GÊMEOS: pulmões e braços

CÂNCER: estômago, seios

LIBRA: rins e vias urinárias

VIRGEM: ventre e intestinos

ESCORPIÃO: órgãos genitais

SAGITÁRIO: coxas e nádegas

CAPRICÓRNIO: joelhos

AQUÁRIOS: tornozelos e calcanhar

PEIXES: os pés

Figura 8: Correlação entre a astrologia e partes do corpo humano.

O ano astrológico se inicia por volta do dia vinte do mês de março, quando o Sol ingressa na "casa" de Áries. Esse "caminhar" do Sol pela esfera celeste durante o ano faz com que ele "visite" as doze "casas" astrológicas do zodíaco, cada uma influenciada por algum dos sete planetas da tradição, que, por regerem suas respectivas constelações, regem também os signos relacionados a essas constelações:

Casa do Zodíaco	Planeta Regente Tradicional	Cons-tela-ção	Signo	Período do Ano
1	Marte	♈	Áries	21 de março a 20 de abril
2	Vênus	♉	Touro	21 de abril a 20 de maio
3	Mercúrio	♊	Gêmeos	21 de maio a 20 de junho
4	Lua	♋	Câncer	21 de junho a 21 de julho
5	Sol	♌	Leão	22 de julho a 22 de agosto
6	Mercúrio	♍	Virgem	23 de agosto a 22 de setembro
7	Vênus	♎	Libra	23 de setembro a 22 de outubro
8	Marte	♏	Escorpião	23 de outubro a 21 de novembro
9	Júpiter	♐	Sagitário	22 de novembro a 21 de dezembro
10	Saturno	♑	Capricórnio	22 de dezembro a 20 de janeiro
11	Saturno	♒	Aquário	21 de janeiro a 19 de fevereiro
12	Júpiter	♓	Peixes	20 de fevereiro a 20 de março

Mesmo não sendo a astrologia um ramo da "ciência oficial", não esqueçamos que somos sacerdotes traduzindo aspectos da religião e da fé para nossa gente. Essa nova geração de CCTs deve sempre conhecer a essência dos antigos saberes e da tradição, para conectá-los ao nosso tempo e à nossa humanidade contemporânea. Vejamos o exemplo do renomado psiquiatra Carl Gustav Jung (1875-1961), o discípulo mais famoso de Freud. Em vários artigos escritos ao longo de sua vida, Jung sempre demonstrou profundo respeito pela astrologia como ferramenta para explorar as profundezas da psique. Claro que todo ser humano é único, moldado por sua educação familiar, suas experiências, sua cultura e seu tempo. Mas somos espíritos encarnados, caminhando junto com nossos irmãos de jornada terrestre há séculos, o que faz com que tenhamos vivido muita coisa juntos, que tenhamos uma percepção semelhante dos fatos que se desenrolam em torno de nós! Deve ser isso que faz com que tenha tanta força o chamado "inconsciente coletivo", que se torna evidente nas ideias inatas da consciência humana. Jung considerava os signos e os planetas da astrologia como

Reflexões sobre a Escola de Caboclo Mirim

símbolos de processos arquétipos, oriundos do inconsciente coletivo. Percebendo que os arquétipos (imagens primordiais universais) carregavam padrões que influenciavam psicologicamente os indivíduos, sentenciou que uma configuração astral poderia mesmo definir a predisposição inata do indivíduo diante das diferentes condições externas, ou experiências, pelas quais o indivíduo iria passar.

Tenhamos em mente que o perfil clássico característico de cada signo não foi consolidado tendo em vista um povo ou cultura específica, pois colaboraram na evolução dos conceitos da astrologia árabes e europeus, indianos, chineses, judeus e tantos outros que viram sua gente além das raças e suas culturas, apenas como seres humanos! É impressionante que nossos ancestrais tenham podido conhecer tanto da psicologia do ser humano, apenas relacionando as forças astrais que regem o nascimento de um novo ser!

Portanto, é interessante conhecer o próprio horóscopo, como meio indireto e sugestivo de perceber nosso caráter e circunstâncias temporais. Além do "signo solar", determinado pelo dia em que se nasce, devemos ainda observar o "signo ascendente", relacionado à hora do nascimento, e também com o lugar em que este se deu. As posições da Lua e dos outros planetas também contêm uma importância chave em sua carta natal. A astrologia ensina que as características gerais do signo indicam seu perfil e seus talentos naturais. Já o signo ascendente seria a "roupagem", ou os instrumentos que serão utilizados na manifestação do signo solar, a maneira que o indivíduo interage com o mundo. É comum a crença que as características do ascendente se tornam mais evidentes a partir dos trinta anos de idade, pois Saturno, o mais lento dos planetas, demora todo esse tempo para retornar ao "ponto de partida", ou seja, ao ponto do mapa que ocupava quando o indivíduo nasceu. Assim, essa fase da vida, influenciada por esse astro – o senhor da maturidade e da transformação –, torna-se também um momento de inventário e de reflexão. Até essa idade, você ainda está tentando fazer algo, mas, a partir dela, você tem de fazer algo. Mesmo que não perceba, nessa idade são comuns os questionamentos a respeito do que se fez ou não se fez da própria vida, pois já não se é mais um jovem de dezoito anos, que ainda é uma promessa...

Não acho que seja fácil transportar o conhecimento primevo da psicologia humana para o universo umbandista. Chamo a atenção que há autores que tentam, por meio da astrologia e de diversas "tabelas" com "horários vibracionais", afirmar que um médium tem este ou aquele "orixá de cabeça". Cuidado! Isso não pertence à Escola de Mirim, inclusive porque o conceito de "raios" difere completamente da simples associação orixá x signo solar do zodíaco. Obviamente, há relação entre os astros e os orixás, mas de forma extremamente complexa. Por exemplo, há guias que vibram com Ogum, mas uns são "cruzados" com Oxóssi, e outros, "cruzados" com Yemanjá, e isso fará com que haja enormes distinções no campo vibracional e na forma de atuação de cada um, mesmo ambos sendo da "linha de Ogum", o que nos lembra que são possíveis várias combinações quando estudamos as vibrações divinas. Na chamada astrologia tradicional isso fica bem claro, pois também há elementos que farão toda a diferença na interpretação sobre as vibrações cósmicas no instante do nascimento, pois, além do óbvio signo solar, há de se observar as "dignidades planetárias", o "termo", as "triplicidades", os "decanatos", as "exaltações" etc., o que distinguirá dois nativos de um mesmo signo.

Para fins apenas de ilustração, são relacionados os aspectos clássicos dos nativos dos signos, o que nos traz uma boa noção do perfil psicológico dos nativos de cada um!

PRINCIPAIS CARACTERÍSTICAS

Signos do Elemento Fogo

ÁRIES

Pessoas com muita convicção, coragem, determinação e entusiasmo. Gostam de iniciar as coisas, mas nem sempre terminam. São imediatistas, querem tudo na hora e muitas vezes acabam agindo com impulsividade. Necessitam de aventuras, pois querem alterar o mundo à sua volta. O ariano é uma eterna criança; são muito ingênuos e, também, generosos e leais; não são de guardar rancor. Serenidade e monotonia causam certa agonia psíquica aos arianos. Possuem ataques de raiva momentâneos, mas quando acreditam em uma causa, defendem-na até o último momento. São individualistas e gostam de ditar regras à sua maneira. O ariano tem de ter a sua opinião como a correta, não gosta de chefes e tem de mandar. Têm necessidade de ter alvo, desafio e muita liberdade pessoal – é preciso que se sintam livres! Para o ariano, ação é o sinônimo da vida!

Palavra-chave = Eu sou.

Rege = Cabeça e têmporas.

LEÃO

O leonino tem uma percepção em preto e branco, objetivo, por isso não distingue bem a complexidade e sutileza da natureza humana. Tem tendência para se apegar a um ideal e se enfurece quando este não se ajusta à sua realidade. Tanto no trabalho como no amor, Leão fica frustrado pela mesquinhez e ambiguidade, típicas da psique humana, até porque Leão é centrado nele mesmo. Regido pelo Sol, astro da luz e do brilho, ele quer aparecer, quer mostrar que é importante, ainda que precise dramatizar um pouco as coisas. Quer atenção, detesta o pouco caso, sempre fazendo esforço para sentir-se honrado em seus contatos. Tem necessidade de aprovação e aplausos para desenvolver sua autoconfiança. Lealdade e honra são importantes nesse signo. O leonino é muito pessoal em suas ações, o contrário de Aquário, que é impessoal. É extravagante, gosta de coisas grandiosas, joias e luxo. Tem necessidade de criar algo que seja completamente dele, e é possessivo com os filhos. Dá muita importância ao papel social, à tradição e ao conservadorismo, até porque Leão nasceu para ser rei, para mandar e se sentir bem na posição de destaque.

Palavra-chave = Ação.

Rege = Coração, coluna e costas.

SAGITÁRIO

A vida é uma aventura, uma viagem, uma busca e o verdadeiro jogo da vida é fazer com que essa viagem seja o mais interessante possível. Gostam de explorar, mas a chegada não é tão importante quanto o meio do caminho. Não se contentam com pouco e, ao mesmo tempo, procuram alguma coisa no infinito. Querem muita coisa e a grandiosidade. Gostam de tudo que é novo e inexplorado. Têm muita intuição e são capazes de descobrir uma possibilidade antes de qualquer outra pessoa. Com audácia e impulsividade, Sagitário encontra forças para conseguir algo inédito. São rebeldes contra algumas regras sociais, onde transparece sua personalidade poderosa e explosiva, mesmo que não guardem rancor por muito tempo. Sonham em alterar o mundo à sua volta, com uma visão filosófica sobre a vida, onde tudo tem relação com algo maior. Sagitário costuma ser religioso, um tanto ingênuo e adora elogios.

Palavra-chave = Expansão.

Rege = Coxas, fígado, sangue, quadris e artérias.

Signos do Elemento Terra

TOURO

Tem forte desejo de segurança e estabilidade material. É preciso estar apoiado naquilo que se possa confiar, o que significa tudo aquilo que não muda nem desaparece repentinamente. O elemento terra faz com que lidem com a realidade concreta e tangível de forma realista. Taurinos gostam de colecionar coisas, acumular bens e sentimentos, inclusive rancor. É signo tradicional, possessivo, teimoso, esforçado e concentrado, mas vê as coisas sob um prisma simples e primário. É bastante motivado por seus instintos, o que o faz um signo sensual. Como tudo está ligado aos seus sentidos aguçados e intensos, para atendê-los imediatamente acabam não enxergando seus planos e metas mais distantes. Isso também os afasta do contato com algo mais profundo e coisas mais subjetivas. Possuem muito bom gosto, são sensíveis a cheiros e essências, mas preocupam-se demais com a beleza física, às vezes se esquecendo de enxergar outras qualidades, como imaginação, inteligência e sensibilidade.

Palavra-chave = Eu tenho.

Rege = Corpo, garganta, pescoço, tireoide, cordas vocais e paladar.

VIRGEM

São estudiosos, observadores, astutos e muitos hábeis, principalmente com o trabalho. São detalhistas, perfeccionistas, críticos e céticos. Gostam de tudo que é prático e eficiente e têm fama de serem obcecados por ordem e limpeza. São tão eficientes que têm dificuldade de relaxar. Gostam de seguir normas e regulamentos e rejeitam quaisquer elementos com os quais não conseguem lidar. Virgem é prestativo e está sempre pronto para colocar ordem onde exista o caos. Mas a ordem que exige do mundo exterior é um desafio em sua vida íntima, já que dentro deles há um verdadeiro caos emocional, com sensibilidade e romantismo em plena desordem. Por isso, costumam se tornar obsessivos por não deixarem transparecer suas fraquezas emocionais. Sua aparente dureza e seus modos rudes são muitas vezes uma forma de proteger a sua sensibilidade. Planejar e garantir a segurança de seu futuro é muito importante; também se preocupam com a saúde e a alimentação.

Palavra-chave = Eu descrimino.

Rege = Intestino, umbigo, abdômen e sistema nervoso.

CAPRICÓRNIO

É um signo realista, desconfiado, obstinado e perseverante. Para Capricórnio, é fundamental ter sempre objetivos em mente, dando ênfase em consolidar seu *status* e estabilidade. Não faz nada sem pensar e não costuma demonstrar abertamente o que vai fazer, ou faz e "esconde o jogo". Age lentamente, mas com segurança nas decisões, para ter o devido reconhecimento posteriormente. É responsável e muito pontual. O signo de Capricórnio gosta de controlar tudo à sua volta e detesta delegar responsabilidade para outros, o que o faz trabalhar muito e ter dificuldade para relaxar e ter prazer. Não admite ser contrariado e se ofende facilmente. Fica aterrorizado quando perde o controle de si mesmo, principalmente no nível profissional, pois são muitos sérios. Isso também os torna muito sensíveis à opinião pública e ao que os outros vão pensar. São preocupados com a família e não têm problemas em demonstrar o que sentem. Geralmente, o capricorniano é mais feliz após os trinta anos.

Palavra-chave = Eu faço, eu realizo.

Rege = Joelhos, ossos e juntas.

Signos do Elemento Ar

GÊMEOS

São versáteis, dinâmicos e curiosos. É um signo que se interessa por vários assuntos ao mesmo tempo. Para o geminiano, o campo das ideias é o seu lugar preferido, mas sem perder muito tempo em um mesmo assunto, pois se distrai facilmente e perde as associações e conexões. Gosta de juntar as coisas, mas de forma superficial. Devido à pressa em novidades, acaba por buscar o conhecimento sem entrar em detalhes. Sua ansiedade em se comunicar e conhecer pessoas, em fazer novas conexões e manter vários contatos o leva a querer "ficar bem" com todos e, talvez por isso, tende a ficar em cima do muro, sem tomar partido. Não alimenta preconceitos nem tradicionalismos. Preserva muito sua liberdade individual, a ponto de "abandonar o barco" se essa liberdade for ameaçada em suas relações pessoais. Não gosta de falar sobre suas emoções e, quando o fazem, disfarçam por meio de brincadeiras ou piadas. Não são de guardar rancor, já que os estados emocionais dos geminianos não duram muito. Eterna criança, jovial, gosta de coisas novas. Tem necessidade de descobrir algo por si próprio, inventar e criar, sem que se coloque muita responsabilidade sobre ele. É o signo menos introspectivo do zodíaco. Gosta de apreender culturas e línguas e está sempre envolvido em, pelo menos, duas coisas ao mesmo tempo: dois empregos, dois *hobbies*.

Palavra-chave = Eu conheço.

Rege = Sistema nervoso, braços, mãos e aparelho respiratório.

LIBRA

Regido pelo planeta Vênus, é um signo que luta pela justiça e equilíbrio, pois adora a ordem e a perfeição. Procura o belo, o bonito e o verdadeiro. O libriano tem dom de criar classe e harmonia por onde passa. Tem iniciativa e necessidade de ter metas, mas, mesmo assim, consegue controlar a impaciência. Por ter um perfil diplomático, Libra não é dado a brigas e demonstrações de agressividade com os outros; ouve as pessoas, para, ao final, convencer a fazer da forma que ele quer. Mas são indecisos, tendem a não concluir nada sozinhos, daqueles que botam em votação tudo. Para o libriano, a vida tem de ter lado belo, charmoso. É um idealista, mesmo em relação às pessoas. Precisa estar sempre, em um relacionamento, com um parceiro que o ajude a realizar as coisas. Por isso, muitas vezes acabam se machucando afetivamente e se enganando para não verem sua realidade pessoal. Vênus em Libra é mais requintada, intelectual. Vênus em Touro é mais Terra, sensual, ligada aos prazeres físicos, mais básicos.

Palavra-chave = Nós, eu me relaciono com os outros.

Rege = Rins, vesícula e suprarrenal.

AQUÁRIO

É um signo que vê coisas e pessoas de forma objetiva, sem maiores considerações e sentimentos, frio e impessoal, tentando não se envolver muito emocionalmente. Isso acontece porque os aquarianos ficam desconcertados quando precisam lidar com as emoções, o que os faz tentar sempre lidar com tudo de um modo lógico, racional e analítico. Tudo que pode ser entendido pela mente é seguro para o aquariano, mas ele pouco mergulha no conhecimento sobre si próprio. Gostam de ser diferentes, originais e intelectuais. Têm enorme necessidade de fazer parte do grupo, de ter sua aprovação e respeito, pois sabem interagir melhor coletivamente do que com o ser humano individualmente. Como todo signo de ar, o aquariano é um tanto distraído e repentino e encontra sua realidade nos ideais. Possui convicção inabalável – tem forte senso de justiça e integridade –, mas não gosta muito de regras, criando um perfil rebelde e reformista, desapegado às tradições. Pode, muitas vezes, se tornar fanático devido à sua fixação nas ideias.

Palavra-chave = Eu descentralizo.

Rege = Calcanhar e tornozelos.

Signos do Elemento Água

CÂNCER

É muito emotivo, sensível e perceptivo. Possuem grande imaginação e estão por demais imersos no mundo de sonhos e desejos. Têm forte necessidade de segurança, por tudo que é conhecido e familiar. A sua motivação é emocional, não prática. Câncer é um signo conservador, apegado ao passado, e também gosta de guardar coisas e objetos antigos. O sentimento de continuidade é muito importante, o que os torna tradicionais e muito apegados à família. É o mais sensível e vulnerável signo do zodíaco e, por isso mesmo, vestem facilmente a "carapuça", se magoam sempre e tendem a ser rancorosos. Analisando o caranguejo, podemos ter uma ideia melhor a respeito desse signo: Primeiramente, ele nunca vai direto ao que quer, ou seja, anda de lado; e, quando se magoam, refugiam-se para o seu esconderijo. Nos dias da mudança de fase da Lua, próximo ao seu pico, é que se tem uma boa noção do humor desse signo. Câncer manipula as pessoas por meio do sentimento, de chantagens emocionais mesmo e gosta de se fazer de vítima. Mas são gentis, delicados, sensíveis e amorosos. Têm necessidade de fazer o papel de mãe, nutrindo e cuidando das pessoas. É quase impossível o canceriano revelar seus profundos segredos, pois é um signo reservado emocionalmente, chegando a exagerar em sua autoproteção. Ele só se abre depois de se sentir seguro.

Palavra-chave = Eu sinto.

Rege = Seios e aparelho digestivo.

ESCORPIÃO

É um signo que traz muita força de vontade, paciência, persistência e introspecção. Quando decidem por algo, ninguém os detém, pois se entregam emocionalmente, indo fundo em tudo que fazem. Profundamente sentimentais e sensíveis, são facilmente afetados pelas correntes emocionais que fluem neles e à sua volta, ou seja, são bastante suscetíveis aos sentimentos alheios e facilmente magoáveis. Anseiam por união, profunda e íntima, mas são muito desconfiados com relação às pessoas. Captam facilmente o que os outros estão pensando e têm visão aguçada dos pontos fracos das pessoas. O escorpiano gosta de poder, o que o faz muito controlador, tanto de si mesmo quanto sobre os outros, o que acaba causando problemas nos relacionamentos mais íntimos. Seus relacionamentos são fortes, dramáticos e intensos. Há vários níveis em todos os signos, por isso encontraremos, sob a regência de Escorpião, desde pessoas cruéis e vingativas, sempre a espalhar seu veneno; até aquelas que usam sua intuição para descobrir mistérios ou curar doenças, pois são *experts* em adentrar a alma humana.

Palavra-chave= Eu desejo.

Rege = Órgãos genitais.

PEIXES

Esse signo está em conexão com um reino que não tem limites ou profundidades mensuráveis, por isso, não entende como discriminar, limitar ou escolher. Isso também dificulta adquirir um senso de moderação. Por ser uma criatura de outro mundo (simbolicamente, o mar), o pisciano é inseguro, pouco acostumado com as leis que regem o frio mundo da matéria. Há nos piscianos uma maravilhosa fluidez e complexidade que tanto podem encantar como irritar, já que eles podem ser várias pessoas, dependendo do humor; aliás, Peixes tem a tendência de ficar muito parecido com a pessoa a quem está intimamente ligado. Durante uma crise, demoram em tomar decisões e ficam em estado de inércia, típico de quem não gosta de se sentir limitado por tempo e espaço. Piscianos aspiram a outra realidade e desejam algo transcendental, mágico e intangível, o que os fazem sonhadores, transitando fácil no mundo das artes, da música e da dança, das poesias; e perigosamente nas "viagens" das bebidas alcoólicas e drogas. Em geral, encontramos em Peixes pessoas calmas, mas indisciplinadas. A percepção de universos distintos os faz entender tudo com certa relatividade e facilita que integrem coisas opostas, inspirando-os a terem profundo sentimento religioso. Perdoam as pessoas e não se importam muito que os outros o ataquem, mas também sabem se fazer de vítima quando querem atenção.

Palavra-chave= Eu sinto.

Rege = Pés e sistema linfático.

Reflexões sobre a Escola de Caboclo Mirim

Ao ler essas características, certamente muitos tentaram encontrar os "filhos" de Ogum, de Xangô, de Yemanjá etc. Na Umbanda é muito comum o interesse primeiro do neófito em saber quem é o seu "pai de cabeça". Mas para a Escola Iniciática do Primado de Umbanda, liderada por Caboclo Mirim, isso está longe de ser importante, pois, nas etapas a serem conquistadas pelos médiuns, muitos serão os mestres, cada qual desenvolvendo um aspecto do ser humano em evolução. Para o autoconhecimento do médium, a configuração astral que vibrou sobre si no instante de seu nascimento é, sem dúvida, uma informação preciosa, mas tenha certeza de que mais importante será o laço espiritual que se formará entre o médium e seu principal mentor espiritual, com sua vibração própria, que guiará seu filho na trilha da iniciação.

Max Heindel (1908), ocultista, astrólogo e místico cristão, fundador da Fraternidade Rosacruz, escreveu:

> Os sete planetas (...) são os corpos físicos de sete grandes Anjos Estelares, conhecidos em todas as religiões como os Sete Espíritos diante do Trono; como os Sete Arcanjos dos maometanos; como os Sete Rishis dos hindus; os Sete Amshaspands dos persas etc. Atuam consoante a Lei de Consequência, são ministros de nosso Senhor, o Deus solar, e encarregam-se de uma parte definida da vontade de Deus. Como Espíritos, deles procedemos em sete "raios". *Um* deles é, pois, o nosso "Pai Estelar" e sob esta condição permanecemos por todas as nossas vidas. Isto não impede que possamos nascer e viver em diferentes épocas sob a influência de outras estrelas, de modo a adquirir experiências variadas. Nosso horóscopo mostra qual "estrela" é o nosso "regente" particular nessa vida, mas não podemos nunca conhecer nosso Pai Estelar antes da última Iniciação.

Esta também era a visão de Benjamin e seus companheiros junto ao Primado de Umbanda. Portanto, somos todos filhos de um dos Sete Raios, onde atuam os orixás da Umbanda.

Arquétipos psicológicos & "orixá de cabeça"

Entre todos os povos, encontramos maneiras de traçar o perfil das pessoas. Na cultura clássica ocidental, desde a Antiguidade reconheceu-se a existência entre os homens de vários temperamentos, ou humores, e várias classificações foram tentadas. Basta que mencionemos a classificação (ainda hoje cotada) do médico grego Hipócrates (exposta há mais de 2.000 anos), que subdividia os homens em quatro temperamentos – sanguíneo, fleumático, colérico e melancólico –, baseando-se, de forma simplista, em diferenças fisiológicas. A criação do conceito de temperamento também relacionava cada um dos quatro humores a cada um dos quatro elementos da natureza classificados pelo filósofo Empédocles: fogo, água, ar e terra.

Temperamento deriva do latim 'temperamentum', que significa 'mistura em proporções'. Seria a resultante da mistura dos quatro elementos, ou mais especificamente, dos quatro humores relacionados aos elementos, que existem em nosso corpo: cólera/fogo, sangue/ar, bile negra/terra e fleuma/água. Cada ser humano prefere um humor a outro, mas, na teoria, o melhor seria ter uma combinação perfeita dos quatro humores. Essa combinação definiria o caráter de um indivíduo, o conjunto de seus traços psicológicos e que o distingue dos outros, condicionando-lhe a constituição física, o comportamento e as emoções.

No final do século XIX, o hoje famoso médico neurologista Sigmund Freud (1856-1939), fundador da psicanálise, trouxe nova abordagem sobre a formação do caráter do homem na sociedade. Pela observação dos sonhos, Freud percebeu que muitas vezes sonhamos com elementos recorrentes, que nada têm a ver com a experiência pessoal. Denominou 'resíduos arcaicos' tais formas mentais, cuja presença não encontra explicação alguma na vida do indivíduo e que parecem ser traços primitivos representantes da herança comum ao espírito humano.

Figura 9: Sigmund Freud (1922).

Seu discípulo, o psiquiatra Carl Gustav Jung, chamou de arquétipos (imagens ou padrões primordiais) os tais resíduos arcaicos apontados por Freud. Jung traduz a personalidade como um produto do passado ancestral dos povos, sendo o homem moderno concebido e moldado pelas experiências acumuladas de gerações passadas, recuando até as origens obscuras e desconhecidas da humanidade. Segundo ele, o homem nasceu com muitas predisposições (legado de seus ancestrais), que dirigem sua conduta e determinam, em parte, aquilo de que ele tomará consciência e a que responderá em seu próprio mundo de experiências.

Para Jung, o comportamento humano é condicionado não somente por sua história individual e racial (causalidade), como também por seus alvos e suas aspirações (teologia), que transmitem à mente, de geração a geração, uma tendência ao formar representações simbólicas, padronizadas em seu sentido genérico, mas extremamente variáveis em seus detalhes. Esse fenômeno origina um inesgotável universo de formas míticas comuns a toda espécie humana: os arquétipos.

Figura 10: Carl Gustav Jung.

O universo dos orixás, com seus mitos e lendas, foi forjado exatamente por esse inconsciente coletivo dos diversos povos africanos, passado de pais para filhos. Tais quais muitas das histórias do povo hebreu narradas na Bíblia, as lendas e os mitos serviram para nos passar exemplos e ensinamentos, dentro da forma oral de transmissão do conhecimento. Quando nos referimos ao culto aos orixás, temos de ter em mente que a África é um grande continente, onde existiram nações outrora ricas e poderosas. A expressão 'orixá' vem da língua iorubá, da cultura nagô; mas não devemos esquecer o importante culto aos 'inquices' na cultura dos povos bantos.

Para fins de estudo, podemos dividir o continente africano em duas partes, cortado à altura do golfo da Guiné. Dessa linha para cima, as culturas negras são chamadas sudanesas e, desse paralelo para baixo, de bantos. Dos negros sudaneses, as culturas que mais se fizeram presentes no Brasil foram a nagô e a jêje, provenientes da Nigéria e Daomé, respectivamente. Coube à cultura nagô (iorubana) a hegemonia em todo o Brasil, de norte a sul. Mas, mesmo antes de misturadas nas senzalas brasileiras, essas culturas já se influenciavam mutuamente.

O famoso sincretismo religioso, tão presente no Brasil, foi fruto da chegada do navegador branco em terras africanas, acompanhado de "missões" evangelizadoras, com suas crenças e rituais cristãos (católicos). A ostensiva presença do branco europeu no solo africano fez com que se iniciasse a gradativa "contaminação" da religiosidade africana pela cristã, principalmente dentre os bantos, que, mais tarde, em terras brasileiras, ainda iriam se amalgamar com a cultura xamânica indígena, tornando-se a base do futuro culto umbandista.

Mesmo levando em conta a diversidade étnica da África, encontramos conceitos religiosos comuns a muitos povos africanos. Em geral, acreditavam que a força criadora se manifestava neste mundo e no cotidiano ao seu redor por inúmeras formas, cores e perfumes. Segundo a tradição iorubá, há mais de quinhentos orixás, guardiões dos elementos da natureza, que têm os seus domínios no *Aye,* a realidade física em que os humanos estão inseridos. Por isso, é fácil entender por que lhes atribuíam a personificação antropomórfica, trazida até hoje na cultura arquetípica dos orixás, uma mitologia que, fundamentalmente, conta a historia de todos nós, que, errando e acertando, guerreando e conquistando, vamos aprendendo a crescer, felizes e prósperos. No Candomblé, crê-se que nascemos sob a influência principal de três orixás, que nos regem e guiam durante nossa existência na Terra, e com os quais mantemos íntima ligação, carregando, inclusive, suas principais características psicológicas e emocionais. Conhecer os arquétipos dos orixás é conhecer mais sobre o próprio ser humano, cada qual trazendo um modo de agir e pensar, mas permeados por um padrão universal de comportamento, encontrados em tantos povos e tantas culturas distintas.

É preciso ressaltar, entretanto, que a Escola de Caboclo Mirim nunca incentivou alguém a procurar saber seu "orixá de cabeça", pois o processo de iniciação requer desenvolvimento lento, fazendo com que o médium viva experiências sob a vibração de todos os raios, ou seja, cresce-se pela luz e aprendizados de vários orixás em nossa Umbanda. Não é producente ao médium se fixar em um arquétipo, justificando e apoiando sua conduta na vida diária à influência do orixá A ou B. Aprendemos que é o guia de cada um que irá, no momento certo, trazer maiores detalhes sobre a coroa de seu filho.

A Umbanda é fé de gente simples, de amor sincero e reverencial ao sobrenatural. Entendemos o enorme fascínio que os arquétipos exercem sobre a cultura popular, e que esta devolve aos seus símbolos religiosos com toda força e poder. Quanto mais simples e direta a mensagem que o símbolo arquetípico carrega, mais forte será seu magnetismo e sua penetração no inconsciente coletivo. Lembremos-nos de São Jorge/Ogum e o símbolo clássico do guerreiro destemido, vencedor glorioso sobre o mal. A imagem diz tudo, nem precisaria de palavras. Mas estas existem e reforçam a fé no mito, por meio da oração cantada por ícones da cultura popular, ou das várias curimbas enaltecendo o cavaleiro vencedor de demandas! Veja como faz sucesso entre as massas as "aparições" dos orixás diante dos filhos de fé, mostradas em filmes onde se "materializam" tais homens e mulheres vindos do astral...

Não estamos criticando a fé popular, mas essa forma de devoção se encontra em um primeiro estágio no entendimento das manifestações das forças sagradas. Ao adentrarmos uma escola iniciática, é nosso dever estudar e despertar de nossa infância emocional. É direito de todo CCT vibrar com fé e amor às potências espirituais maiores, mas é dever transmitir aos iniciantes as noções de que a experiência religiosa vai além do amor contemplativo e passivo às forças que parecem residir fora do médium, mas que, em verdade, estão adormecidas, em todo o seu potencial, dentro de cada um. Urge preparar o neófito para um mergulho no desconhecido, nas águas do infinito, na compreensão de que viverá experiências muito íntimas, apesar de estar no terreiro cercado por seus irmãos. A caminhada espiritual é assim: pessoal, cheia de descobertas, de revelações que nos remetem a um profundo respeito aos mundos sutis das esferas divinas, que nos transformam e nos permitem seguir serenos nessa jornada, sem roteiro predefinido, sem "receita de bolo", mas com segurança e fé de que não caminhamos sozinhos.

De forma complementar, recomendo o aprofundamento dos estudos dos aspectos psicológicos que envolvem os signos na astrologia. Aliás, estudar a psicologia humana foi, inclusive, orientação do próprio Benjamin Figueiredo no capitulo "Para ser Comandante Chefe de Terreiro" do livro *Umbanda na Escola da Vida* (1953). Na página 22, o então primaz define os "Deveres" de todos aqueles filhos que exercerão a incumbência de ser um CCT, dentre elas:

> Escola material de Umbanda:
> Conhecer organização administrativa duma Tenda; conhecer psicologia da humanidade para escolher pessoas capazes; nunca tomar atitudes pessoais; saber estar sempre presente nas ocasiões de desentendimento sem molestar os culpados para que estes se possam corrigir.
> O nosso ritual utiliza-se, portanto, das irradiações projetadas pela fonte de vida e por nós sentida através das suas sete formas de manifestação e componentes da Lei de Umbanda.

Árvore da vida: a influência da cabala

Em nossa jornada em entender um pouco mais a Escola de Mirim, depara-se o nosso irmão umbandista com um tópico sobre "Cabala", no que muitos irão se perguntar: "O que tem isso a ver com umbanda?" Iremos nos aprofundar devagar nos mistérios antigos e perceber que também a Umbanda – como todas as verdadeiras religiões ocidentais – é filha da Tradição, é fruto da antiquíssima árvore do conhecimento, outrora guardado longe dos olhos profanos pelas escolas de iniciação nos mistérios. Esse conhecimento, antes difundido oralmente, foi depois preservado em manuscritos pelos iniciados de diversas eras, cujos fragmentos foram gradativamente compilados em livros, muitos considerados sagrados. Os patriarcas do povo judeu souberam preservar sua antiga tradição em três grandes escrituras: os Livros da Lei e dos Profetas, que conhecemos como Velho Testamento; o Talmud, ou coleção de comentários eruditos sobre aquele; e a Kabbalah, ou interpretação mística do mesmo livro, o nosso foco neste estudo.

É fato que o misticismo hebraico interpenetrou a religiosidade do mundo ocidental, ecoando até nossos dias. Mesmo na Umbanda, cujos rituais e teologia são resultado da mistura de influências diversas, há a presença de milenares segredos esotéricos advindos do cristianismo europeu, da religiosidade oriental e, claro, do misticismo africano. Não esqueçamos que o Egito, base do esoterismo ocidental, foi vizinho de ricos reinos no apogeu da antiga África!

Dion Fortune, psicóloga e ocultista britânica, faz interessante explanação sobre a influência hebraica na religiosidade ocidental, em seu livro *A cabala mística* (1985):

Poder-se-á perguntar por que as nações ocidentais teriam qualquer razão para procurar a sua tradição mística na cultura hebraica. A resposta a essa questão será facilmente compreendida por aqueles que estão familiarizados com a teoria esotérica relativa às raças e sub-raças. Tudo tem uma fonte. As culturas não brotam do nada. As sementes de cada nova fase de cultura devem surgir necessariamente da cultura anterior. Não podemos negar que o judaísmo foi a matriz da cultura espiritual europeia, quando recordamos que tanto Jesus como São Paulo eram judeus. Nenhuma outra raça além da judia poderia ter fornecido a base para uma nova revelação, visto que nenhuma outra raça abraçava um credo monoteísta. O panteísmo e o politeísmo tiveram seus dias de esplendor, mas uma nova cultura, mais espiritual, se tomou necessária. As raças cristãs devem sua religião à cultura judia, assim como as raças budistas do Oriente devem a sua à cultura hindu.

Um pouco de história

De forma resumida, vamos mostrar como o conhecimento ancestral dos povos "pagãos" veio compor o conjunto das chamadas "ciências ocultas", juntamente com a Cabala. Há milhares de anos, nos primórdios da civilização ocidental, vários povos antigos – com destaque para egípcios, persas e caldeus – já desenvolviam formidáveis estudos sobre os astros nos céus, as práticas de cura do ser humano, sobre a vida e a morte dos seres vivos. Sejam pelas relações comerciais e culturais amigáveis, ou pela dominação advinda das guerras, muitas civilizações se viram integradas em um só território em alguns momentos da história antiga. Dessa maneira, a troca de informações e conhecimento se espalhou e integrou a visão de mundo desses povos da Antiguidade. O povo judeu foi um dos primeiros que teve a habilidade de sintetizar e preservar em seus pergaminhos muito do conhecimento milenar, que, em eterno movimento, ecoou até os povos vizinhos depois de formatados pela visão religiosa judaica desses mesmos fundamentos esotéricos.

Com o amadurecimento da cultura grega do outro lado do mar Mediterrâneo, enriqueceu-se ainda mais o já efervescente "caldeirão cultural" da Antiguidade. Pouco antes da era cristã, já era essa cultura grega (ou helênica) a predominante naquela região, inclusive no Egito e no Oriente Médio. Esse ambiente de intensa interação e troca de conhecimentos propiciou o surgimento das escolas iniciáticas da Antiguidade, como a famosa "Escola de Alexandria", onde iniciados de várias partes da Europa, Oriente Médio e dos reinos da África, futuros sacerdotes e doutores de seus povos, aprofundavam-se nos mais diversos mistérios e ciências antigas. De volta a seus povos, tornavam-se multiplicadores do conhecimento adaptado às suas próprias culturas.

No decorrer dos séculos houve a ascensão de Roma, que não demorou a subjugar os povos em torno do Mediterrâneo e a eles impor seu poderio. No início da era cristã, reinava absoluto nessa região o Império Romano, o que propiciou um período conhecido por *Pax Romana* (Paz Romana), quando coexistiram diversas civilizações e culturas sob sua dominação. A religião oficial de Roma prestava culto a grandes deuses, mas, nas colônias, havia relativa tolerância com os cultos locais, o que permitiu a consolidação do Judaísmo e o inicio da prática de uma nova seita judaica – o Cristianismo. Nesse período, a Escola de Alexandria encontra novo fôlego após uma fase de ostracismo e volta a ser importante ponto de convergência das mais diversas filosofias religiosas e culturais. Esse novo momento propicia o surgimento do misticismo filosófico dos neopitagóricos e neoplatônicos (aqueles que promoveram uma releitura das obras de Pitágoras e Platão, dentre outros daqueles tempos) e, em especial, da filosofia religiosa dos gnósticos.

A palavra 'gnose' tem por origem etimológica o termo grego *gnôsis* 'conhecimento', mas não aquele meramente intelectual, mas um conhecimento de caráter intuitivo e transcendental, mais profundo e superior até ao do mundo dos homens.

Os gnósticos alexandrinos registraram em seus manuscritos muito da sabedoria antiga do chamado "mundo pagão", pois absorveram influências do pensamento árabe, grego, egípcio e, claro, judaico. O pensamento gnóstico teve forte presença no cristianismo primitivo, nas primeiras décadas após a morte de Jesus. Entretanto, com a consolidação da Igreja Católica, organizada e vinculada ao Estado, foram considerados hereges, pois sua doutrina não se alinhava com a da cúpula doutrinária da Igreja em Roma. Por isso, os gnósticos foram perseguidos e seus trabalhos banidos, tendo sido preservados apenas em círculos iniciáticos.

Inacessíveis aos religiosos de seu tempo, os escritos gnósticos e neoplatônicos permaneceram desaparecidos por toda a Idade Média, até a conquista de Constantinopla pelos turcos otomanos (em 1453), última cidade a ser sede do Império Romano e importante centro religioso. Nos anos de reinado do sultão Maomé II, são fundadas ali diversas universidades e colégios, e são revirados os arquivos de antigas bibliotecas, onde são reencontradas as obras de autores neoplatônicos, logo traduzidas. Tal material chega, posteriormente, à Europa renascentista, onde desperta enorme interesse em eruditos cristãos, estudiosos da Cabala, que percebem que havia aspectos místicos da *Kabbalah* judaica compatíveis com o pensamento gnóstico cristão. Assim, eclodiu um crescente desejo de reinterpretar certos aspectos da doutrina cristã de forma mais mística do que a teologia tradicional. Da conciliação entre o cristianismo gnóstico e determinados aspectos ocultos do Judaísmo, surgiu o que os estudiosos denominaram "Cabala Cristã" ou "Cabala Esotérica", escrito propositalmente com "C" para distinguir da *Kabbalah* hebraica.

São esses fundamentos esotéricos, com raízes em filosofias religiosas de vários povos da Antiguidade, que formaram a base do ocultismo europeu, preservado com zelo pelos iniciados de lojas, fraternidades, sociedades secretas e demais escolas de mistérios.

Por falar em iniciados, não é demais lembrar que, mesmo em ambiente propício à manifestação da fé popular, como acontece na América Latina, espera-se que uma religião séria seja conduzida apenas por iniciados em seus mistérios, o que não é diferente na Umbanda ou no Candomblé. Muitos sacerdotes seguem a "receita de bolo" e, humildemente, não inventam moda... O que já é ótimo! Há de se tomar cuidado com quem não conhece ou pouco estudou de sua própria raiz religiosa, mas que logo se catapulta a doutor da fé, substituindo fundamento por "pompa e circunstância"!

A Árvore da Vida na cabala esotérica

Como vimos, a *Kabbalah* é o conhecimento místico do Judaísmo, fruto da tradição de seu povo, cuja crença ensina que foi enviado por Deus a seus antigos patriarcas e profetas. Oriundo de uma sabedoria espiritual, esse conhecimento só se faz revelado àqueles que se permitem viver a experiência religiosa verdadeira, percebendo, assim, as chaves do mistério da vida. Este é o princípio que também inspira o sistema ocidental de iniciação, em que a Cabala esotérica conduz o neófito ao "levantar dos véus" que velam o conhecimento aos olhos curiosos dos profanos. É preciso que o candidato amplie sua consciência pessoal e sua noção de Universo, para então começar a perceber o que está além do óbvio. Só se compreende plenamente a Cabala com muito estudo e constante meditação sobre a antiga sabedoria, aplicando-a em seus próprios pensamentos, palavras e ações do cotidiano.

O tema Cabala por si só tem material para vários livros, pois nele há estudos que envolvem a compreensão mística do alfabeto hebraico, de interpretações numerológicas, bem como profundos tratados que investigam a natureza divina, a complexidade do universo material e imaterial e aspectos da natureza física e metafísica de toda a humanidade. Aqui, vamos apenas tecer alguns comentários sobre temas que, de certa forma, estão presentes na cultura esotérica de diversas religiões, dentre elas, a própria Umbanda.

Para seguir em nosso breve estudo, não há maneira melhor do que explorar a fabulosa mandala conhecida por "Árvore da Vida". Esse diagrama contém, em sua simplicidade gráfica, fabulosas correspondências que nos levam a entender como interagem as forças universais que trabalham na formação da própria vida. Basicamente, retrata as dez esferas, ou emanações, chamadas *sephiroth* (plural de *sephirah*), que são conectadas entre si por doze "caminhos". Cada *sephirah* é por si só também

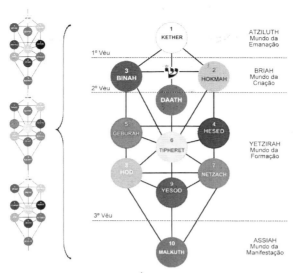

Figura 11: Árvore da Vida.

um "caminho" ou "portal", e cada uma recebe um "título" que resume a interpretação de seu poder. Não devemos entender as dez esferas como sendo dez diferentes "deuses", pois há de se lembrar de que o Judaísmo é uma religião monoteísta, ou seja, estamos tratando de dez manifestações, de dez níveis da criação emanados diretamente do Criador. Cada caminho corresponde a uma letra do alfabeto hebraico, mas os ocultistas europeus também associaram as esferas aos planetas, aos elementos, aos signos do zodíaco e aos arcanos maiores do tarô.

Utiliza-se a Árvore da Vida para demonstrar o processo de descenso da matéria, o modo como o fluxo da vida chega até o nosso plano de existência oriundo de mundos muito "acima" de nossa compreensão. Reparem nas pequenas "árvores" ao lado da árvore principal na ilustração: elas indicam que há muitos planos de existência e que a nossa humanidade mal consegue perceber um plano, digamos, intermediário. A Árvore da Vida está também subdividida em planos ou "mundos":

– **Atziluth e Briah:** Atziluth é o mundo arquetípico ou Mundo da Emanação, onde Kether canaliza de planos infinitos a inspiração ou a ideia da criação. É o retrato de Deus dentro das restritas possibilidades de compreensão humana. Em Briah, o

Mundo da Criação, o Criador se manifesta com poder ativo e poder passivo. O conjunto das três esferas superiores compõe o que conhecemos por "Santíssima Trindade": o Pai Supremo (Kether – Tupã), o Filho (Hokmah – Oxalá) e a Mãe Suprema – o Espírito Santo (Binah – Yemanjá).

Logo a seguir, a Árvore nos indica a presença de um dos "véus" que limitam nossa percepção dos planos maiores, também conhecido como "o abismo", expressão que vem reforçar a ideia de que somos incapazes de superá-lo simplesmente pelo nosso entendimento material do Universo. Percebam que nessa fronteira se encontra a misteriosa *sephirah* Daath, a "esfera invisível", cujo título é "Conhecimento". É Daath o portal entre o macrocosmo e o microcosmo, entre as almas deste plano e o plano maior da existência, onde há apenas a Luz.

– **Yetzirah, o Mundo da Formação:** Nesse nível, o que foi emanado pelo "triângulo superior" começa a "tomar forma" no plano astral de nosso Universo. As esferas Daath, Hesed e Geburah formam o que os ocultistas denominam plano da "Mente Superior", que governa o nosso Universo, projetando sobre as criaturas as mais poderosas emanações de ordem evolutiva, com metas, direção e equilíbrio. É o mais "alto" que pode um ser espiritual chegar no plano sutil desse nosso Universo, onde apenas os iluminados mestres ascensionados conseguem habitar, tal qual Cristo, o Senhor do Mundo. Em outro nível vemos as esferas Hod, Netzach e Yesod formando o plano da "Mente Inferior", onde habitam os guias e mentores espirituais próximos ao nosso orbe, e são concentradas as forças espirituais, formas astrais e demais emanações mentais plasmadas pela humanidade.

– **Assiah, o Mundo da Manifestação:** Representado pela *sephirah* Malkuth, a esfera da matéria e do resultado. Este é o nosso mundo físico, o plano concreto da existência, onde imperam nossos cinco sentidos. Como no mundo vegetal, aqui temos a "raiz" da árvore.

Voltando ao diagrama da Árvore da Vida, visualizamos que esta se divide verticalmente em três grandes "pilares": Severidade (à esquerda), Equilíbrio (ao centro) e Misericórdia (à direita).

Em sua jornada de crescimento espiritual, cabe ao iniciado buscar o equilíbrio entre os poderes que atuam sobre si, em cada degrau ou grau iniciático, em sua caminhada evolutiva pelo pilar central, onde brilha o Sol de Tipheret. Um pilar representa a força; outro, a forma: força gerada indistintamente é tal qual uma explosão espalhando estilhaços para todos os lados; forma sem essência é casca oca! No equilíbrio de ambos, a força segue com direção e sob controle, canalizando a energia para um foco produtivo e real.

Completo citando Dion Fortune (1985), que tão bem ilustra o tema:

> A primeira, a mais óbvia divisão da Árvore, é em três pilares, e isso nos lembra imediatamente os três canais do prana descritos pelos iogues: Ida, Pingala e Sushumna; e os dois princípios, o Yin e o Yang, da filosofia chinesa, e o Tao ou Caminho, que é o equilíbrio entre eles. O testemunho universal estabelece a verdade e, quando descobrimos três dos grandes sistemas metafísicos do mundo em completa concordância, podemos concluir que estamos tratando com princípios estabelecidos, devendo aceitá-los como tais. Kether diferencia-se numa potência ativa masculina, Chokmah; e em uma potência passiva feminina, Binah; e ambas as potências situam-se no topo de duas colunas laterais formadas pelo alinhamento vertical das Sephiroth em seu enquadramento na Árvore da Vida. A coluna da esquerda chama-se Severidade; a da direita, sob Chokmah, chama-se Misericórdia; a do meio, sob Kether, chama-se Suavidade, e recebe também o título adicional de Coluna do Equilíbrio. Essas duas colunas representam os dois pilares encontrados no Templo do Rei Salomão e também em todas as Lojas de Mistérios, constituindo o próprio candidato, quando permanece, entre eles, a Coluna Medial do Equilíbrio. Deparamos, aqui com a ideia expressa por Mme. Blavatsky, segundo a qual a manifestação não pode ocorrer antes da diferenciação dos Pares de Opostos. Kether diferencia seus dois aspectos com Chokmah e Binah, e é então que ocorre a manifestação.

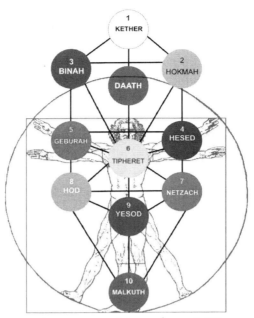

Figura 12: O homem arquetípico e a Árvore da Vida.

Cabe esclarecer que, quando nos referimos aos lados direito e esquerdo da Árvore, estamos observando o diagrama de frente, como observadores do macrocosmo diante de nós. Assim, vemos Binah, Geburah e Hod à nossa esquerda; e Hokmah, Chesed e Netzach à direita. Mas, quando nos colocamos na Árvore tendo em vista o nosso próprio ser, representando, portanto, o microcosmo, devemos dar-lhe as costas, de modo que o pilar medial se equipare à espinha, o pilar que contém Binah, Geburah e Hod corresponda ao lado direito do corpo e o pilar que contém Hokmah, Hesed (Chesed) e Netzach, ao lado esquerdo.

É possível utilizar essa árvore para inúmeras correlações que muito nos auxiliam em nossos estudos. Os ocultistas europeus associaram às *sephiroth* os sete planetas sagrados da tradição dos povos da Antiguidade, que, por sua vez, já os correlacionavam às mais influentes divindades do panteão daqueles tempos. Claro que seria ótimo exercício correlacionar os orixás às *sephiroth*, mas, no momento, vamos apenas apresentar as características tradicionais de cada esfera da mandala cabalista e deixar que nossos irmãos busquem seu próprio entendimento, à medida que avançam na leitura deste singelo livro:

- Kether: é o catalizador de planos maiores da criação "acima" deste, representados por três véus: Negatividade, Ilimitado e Luz Infinita. Kether é onde essa luz se "cristaliza" em um "ponto" e que, humildemente, poderíamos definir como sendo Deus.

- Hokmah: é a reação ao impulso inicial de Kether, pois, depois de cristalizado, um "ponto" deve deixar sua latência e se mover, o que, na grafia sagrada, é representado pelo traço. Essa esfera simboliza a força criadora por excelência, pura energia cinética geradora de vida, em constante ebulição e movimento.

- Binah: é a esfera que atua como canalizadora da força criadora de Hokmah, que limita o ilimitado e o direciona para os planos mais densos da existência. Para alguns, pode ser visto como a "Grande Mãe", que irá reter em seu "útero" a força masculina de Hokmah e, em continuidade, "dar à luz" a vida; para outros, Binah pode ser associada à morte, pois consegue "domar" a virilidade e o ímpeto criador sob seu poder, enclausurando a luz – antes livre – em uma forma mais estática e, portanto, "escravizante" dos planos densos da existência. Mas podemos também interpretar como sendo a primeira cristalização da ideia do Criador, que ainda se fará presente em nosso Universo. É associada ao planeta Saturno.

- Daath: localizada às portas do abismo, uma esfera simbólica, por isso nem sempre representada graficamente na Árvore. Ela é relacionada ao desconhecido, um portal para a Vida e/ou a saída para a Morte. Sua localização na Árvore, logo acima de Tiphereth (o Sol), nos remete à ideia da ressurreição do filho de Deus encarnado em nosso plano que volta aos braços do "Pai", ou seja, o passo seguinte daqueles que atingiram a iluminação neste mundo. São Francisco já ensinava: "É morrendo que se vive para a vida eterna!".

- Hesed (ou Chesed): sua posição, no centro do Pilar da Misericórdia, nos faz perceber que Hesed é o reflexo de Hokmah em um plano inferior (em Briah), transmitindo a ideia do pai amoroso, protetor e preservador, assim como Hokmah é o grande gerador da vida. Hesed é o grande soberano, cuja majestade inspira a organização e continuação da obra do Criador junto às coletividades. É sob a influência dessa esfera que o iniciado consegue concatenar ideias, imaginar e antever o que muitos ainda não alcançaram, formulando conceitos ainda abstratos que serão trazidos aos planos da mente humana. Os ocultistas associaram Hesed a Júpiter, que irradia sua grandeza de espírito, compaixão, misericórdia e generosidade ao nosso mundo.

– Geburah: localizada no Pilar da Severidade e associada ao planeta Marte, essa esfera trabalha sob a emanação direta de Binah (a "Grande Mãe"), encontrada em um plano acima. Geburah irradia força diretora e propulsora da criação, promovendo a ação nos planos inferiores. Lembram-se da característica de Binah em concentrar e focar o poder criador? Em Geburah ocorre a aplicação desse princípio diretor, promovendo o foco que potencializa o poder criador divino, impondo a ordem no caos.

– Tipheret: associada ao Sol, imagem central da consciência crística em nosso Universo, essa esfera é o símbolo da beleza, da harmonia absoluta e do amor universal, que renasce no coração de todos os iniciados como fruto do equilíbrio das demais esferas em Yetzirah, onde Tipheret atua como o reflexo do Pai Maior nesse nível. Está no meio do pilar central da Árvore, ou seja, no coração da própria Árvore, onde todas as demais esferas manterão direta conexão, irradiando e sendo irradiadas pela luz e pelo calor desse Sol espiritual. Para refletirmos, cito as palavras de Jesus: "Eu sou o caminho, e a verdade e a vida; ninguém vem ao Pai, senão por mim".

– Netzach: é o mundo da "Mente Inferior", próxima à nossa humanidade e, por que não dizer, instintiva. É associada a Vênus, deusa da natureza, símbolo da feminilidade e da nutrição, onde vibra a força elemental latente em todos nós, que alimenta a matéria e que rege nossos instintos e emoções. É aqui que trabalha nosso subconsciente, morada do famoso "inconsciente coletivo" das obras de psicologia de Carl Jung. Vibrar em Netzach, esfera de forte apelo magnético, é sentir a necessidade de viver e interagir coletivamente, de seguir a tribo, de ser parte de um todo maior. Nessa esfera, a espiritualidade é sentida por meio da dança, do som e das cores, trabalhando em ritos que tenham movimento e ritmo, e onde a devoção pelas divindades possa ser expressa por meio das artes, simbolizadas em imagens que façam a conexão mágica deste mundo com o mundo divino. Na verdade, não podemos considerar as esferas Netzach e Hod em separado, pois são faces de uma mesma moeda: para evoluir, o iniciado precisa viver o misticismo de Netzach, complementado pelo estudo e amadurecimento intelectual irradiado por Hod.

– Hod: é a esfera de Mercúrio (ou Hermes), onde a semente vive a iniciação pelo despertar por meio do conhecimento. Não por acaso localizada na coluna da Severidade, essa *sephirah* canaliza a força cinética, instintiva e altamente emocional irradiada de Netzach, por meio do uso racional do intelecto e do pensamento concreto. Essas duas esferas se complementam e se polarizam. Se é Hod que adestra a energia primeva gerada em Netzach, sem esta não haveria "combustível" para a viagem, e Hod continuaria estéril, apático e imóvel. Para crescer, é preciso que a semente tome consciência da vida real, se alimente e desperte o poder da natureza latente em si, realizando, assim, o casamento alquímico perfeito, a união do masculino e do feminino, o "coitus" ou "matrimonium", cujo resultado chegará ao "ventre" de Yesod.

– Yesod: essa *sephirah* funciona como um portal, ou um canal pelo qual necessariamente transitarão as forças sutis que se manifestam no plano da matéria e as emanações de fé e espiritualidade oriundas de toda a humanidade. A esfera de Yesod atua sobre o nosso psiquismo, pois reina no plano de Maia, a ilusão. É a senhora do plano astral, do Éter espiritual, receptáculo das emanações de todas as outras esferas. Foi associada à Lua, que reflete em nosso mundo a luz maior do astro-rei e, por isso mesmo, nos remete ao poder mediador entre a luz irradiada dos planos maiores da existência e o nosso plano, tais quais as divindades lunares de todos os tempos, operando na promoção do crescimento e da reprodução, plasmando e dando forma a pensamentos e às novas formas de vida densa.

– Malkuth: aqui, a ideia emanada dos mais altos planos da existência encontra sua concretização. Essa obra realizada, ou matéria viva, é representada por Malkuth, a esfera de Assiah, o plano físico tal qual o conhecemos, e por isso mesmo associado ao planeta Terra, berço da humanidade. A principal lição vivida nesta *sephirah* é que nela se completa a jornada descendente criadora, que, se realmente plena, pode agora repousar e viver toda sua plenitude. Como tantos outros ensinamentos cabalistas, este também está nos Evangelhos (GÊNESIS, 2:1-3):

> Assim os céus, a terra e todo o seu exército foram acabados. E havendo Deus acabado no dia sétimo a obra que fizera, descansou no sétimo dia de toda a sua obra, que tinha feito. E abençoou Deus o dia sétimo, e o santificou; porque nele descansou de toda a sua obra que Deus criara e fizera.

Mas, após algum tempo, será preciso ir além, não esquecendo que a vida é eterno movimento. Quando atingimos o equilíbrio e a estabilidade em Malkuth, naturalmente a corrente evolutiva busca o retorno ao ponto de partida, ao plano espiritual, libertando-se da prisão da forma, carregando consigo todas as experiências vividas. E de nada adiantará nos escondermos sob dogmas infantis para fugir de nossa realidade, pois somos os únicos responsáveis por nossas realizações. Só com a plenitude atingida no nível de Assiah é que estaremos prontos para a viagem evolutiva. Todo peregrino, diante de uma longa caminhada, sabe que só se leva na mochila o essencial. Então, é preciso discernir o que não tem valor e deve ser sacrificado, para carregar consigo os verdadeiros tesouros. Alcançada a plenitude da forma, esta certamente terá atingido seu propósito, portanto, será hora de "romper a casca" e libertar a força ali aprisionada, submetendo a matéria às forças desintegradoras da morte transformadora: que fiquem para trás as velhas ideias, um velho mundo, o que se foi e sinceramente não se deseja mais ser...

Veremos, no decorrer deste livro, como a Escola do Primado, idealizada por Caboclo Mirim e brilhantemente formatada por Benjamin e seus contemporâneos, utilizou-se de várias ferramentas cabalísticas para dar condições ao iniciando de vivenciar a experiência religiosa de maneira prática, canalizando sua energia, dons mediúnicos e força de vontade para um equilíbrio íntimo que se concretizasse em um ser humano maduro em relação às suas responsabilidades e com sua própria vida manifestada nesta Terra.

A Cabala ensina como a vida espiritual se manifesta emanada de planos maiores até os planos mais próximos da matéria, em níveis que vão se condensando gradativamente. Entretanto, é de suma importância os irmãos CCTs perceberem que, do mesmo jeito que a "cabeça" da Tenda recebe poderosos influxos de luz emanada pelo morubixaba e sua falange de trabalho, depende da vontade deste impulsionar e polarizar os graus abaixo, como daqueles de impulsionar os seguintes, em um fluxo constante de energia que chegará até os bojás-mirins. Esse constante fluxo ascendente e descendente é também a "peça-chave" da gira da nossa Escola. Para completar, vejamos o que diz a ocultista Dion Fortune (1985):

> A polaridade significa essencialmente o fluxo de força de uma Esfera de alta pressão para uma Esfera de baixa pressão, sendo os termos "alto" a "baixo" relativos. Toda Esfera de energia precisa receber o estímulo de um influxo de energia da pressão superior e enviá-lo a uma Esfera de pressão inferior. A fonte de toda energia está no Grande Imanifesto, e ela segue seu Caminho para baixo, de nível em nível, alterando sua forma de uma Esfera a outra, até se converter, finalmente, em força "terrestre", em Malkuth. Em toda vida individual, em toda forma de atividade, em todo grupo social organizado para qualquer propósito, exército, igreja ou companhia comercial, vemos a exemplificação desse fluxo de energia percorrendo o circuito. O ponto capital que devemos entender é que, na Árvore microcósmica, há um fluxo descendente e ascendente dos aspectos positivo e negativo de nossos níveis subjetivos de consciência, em que o espírito inspira a mente, e a mente dirige as emoções, e as emoções formam o duplo etéreo, e o duplo etéreo molda o veículo físico, que é o "fio terra" do circuito.

Reflexões sobre a Escola de Caboclo Mirim

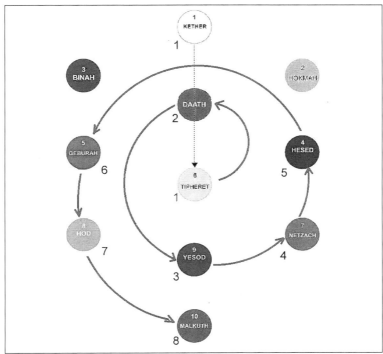

Figura 13: Etapas da oração de abertura e encerramento
dos trabalhos da Escola de Mirim.
Fonte: O AUTOR, 2013.

Encontramos a fixação desse circuito em outro ponto da ritualística de nossa Escola, de forma discreta, como sempre. Conforme já expusemos, a Árvore apresenta três pilares, onde podemos entender os dois pilares laterais como fatores positivo e negativo da manifestação, e o pilar central, o caminho da consciência humana ascendendo a níveis superiores, tal qual o canal central do *Shushumna* por onde flui a energia da *Kundalini* em nossa espinha dorsal. Ora, o *Shushuma* nada mais é do que o campo eletromagnético que se situa entre Daath e Yesod, ou seja, a nuca e a base da coluna. Com essa informação, é interessante rever a tradicional oração de abertura e encerramento dos trabalhos da Escola de Mirim. Segundo soube dos mais antigos, essa oração foi criada pelo pai de Benjamin, o Sr.

Figueiredo, que fazia a cabeceira da Tenda há décadas. Vamos seguir as etapas, conforme a numeração ordenada na figura:

1. Saudação ao Pai Maior, o Criador manifestado em três aspectos, mas de uma só essência. Refere-se, também, ao "Senhor do Mundo", a manifestação do Pai em um plano abaixo, onde o Filho (o Cristo) ilumina nossa existência:

> Permiti, Tupã, nosso Pai Maior, que vos agradeçamos a graça de haverdes consentido baixasse sobre os nossos guias e nossas cabeças a irradiação do Sol de Oxalá, possibilitando a boa execução dos trabalhos realizados neste Terreiro.

2. Iniciamos o "circuito" por Daath, o "portal" por onde a luz maior desce aos planos mais densos do Universo:

> A Xangô Caô, que, do Oriente, fez vibrar aqui sobre nós os seus ensinamentos, mantendo as nossas mentes em absoluta firmeza e segurança.

3. Fechando o campo eletromagnético de *Shushuma*, para que flua a energia ascendente, vamos direto à base da "coluna vertebral", na região do ventre, em Yesod:

> A Yemanjá, consentindo que, na prodigiosa força de purificação de suas Águas, lavássemos todas as impurezas dos nossos corações.

4. "Subimos" pelo Pilar da Misericórdia (à direita), no sentido da gira:

> À nossa Mãe Oxum, permitindo que o seu bondoso coração extraísse, do íntimo dos nossos, o fel dos maus instintos.

5. Chegamos ao nível maior da Árvore, no alto da Pedreira de Xangô, o plano da "Mente Superior":

> A Xangô, que, do alto de sua Pedreira, projetou em nossas mentes luminosas irradiações, que nos permi-

tirão tratar com mais serenidade e justiça os nossos semelhantes.

6. No eterno movimento da gira de fluxo ascendente e descendente, seguimos agora pelo "Pilar da Severidade", que direcionará novamente a luz maior ao nosso plano de existência:

A Ogum, que nos protegeu com a sua Flamejante Espada, defendendo-nos de todas as influências perturbadoras, anulando a maldade e fazendo predominar o Bem em todas as situações por que passamos.

7. Chegamos a Hod, a esfera que trabalha junto a Netzach no plano da "Mente Inferior" da humanidade:

A Oxóssi, que nos enviou de suas matas o bálsamo consolador extraído de suas ervas, ungindo as nossas mentes para a missão de bem fazer ao próximo.

8. Enfim, chegamos ao nosso orbe, evocando a luz dos Mestres de Aruanda, que vêm nos ensinar os caminhos da liberdade do cativeiro deste plano material:

A Yofá, pela paciência, bondade e carinho com que os seus velhos africanos nos ajudaram a manter em paz e harmonia o nosso terreiro, de onde sentimos irradiar a felicidade para todas as almas.

Pode haver quem não concorde com essas observações (aliás, não ignoro o "relâmpago brilhante" aplicado na Árvore), mas foi no dia em que me foi mostrada a correlação de nossa oração com a Árvore da Vida que comecei a despertar para a enorme quantidade de aspectos de nossa Escola que estavam fundamentados na Cabala e demais ensinos esotéricos. Pode ser polêmico? Sim, mas é apenas a visão deste aprendiz. Poderia ter aproveitado as últimas linhas deste capítulo para analisar a mais famosa oração cristã – o "Pai Nosso" –, totalmente cabalista e há séculos explicada em diversas obras esotéricas. Porém, nosso foco é a umbanda trazida por nossos patriarcas,

110   Sérgio Navarro Teixeira

os primeiros morubixabas de nossa Escola! Então, vamos continuar nossos estudos, e cada questão levantada neste capítulo irá ficando gradativamente mais clara aos nossos irmãos, à medida que avancemos na leitura.

O triângulo da vida

Sabemos que a criação se faz em níveis que em muito transcendem a limitada capacidade de abstração e compreensão humana. Os estudiosos ocultistas, inspirados pelos diversos mestres espirituais que guiam a evolução do nosso planeta, há muito revelaram tratados profundos acerca dos aspectos da manifestação divina em nosso Universo. Nossos patriarcas aprenderam que o Ser Supremo irradia sua vontade e poder através de três aspectos da criação, que se faz presente nos muitos planos cósmicos (ou "mundos"), sendo o nosso apenas o sétimo! Então, há a manifestação da eterna Trindade desde o nível maior, a Trindade do inominado Absoluto, superior e exterior a todos os universos, até a Trindade manifestada no Logos de um Sistema Solar, que, mesmo altíssimo para nosso nível de consciência, é apenas uma manifestação relativa do Ser Supremo Absoluto.

Muitas das antigas religiões se consolidaram apresentando sua interpretação dos três aspectos do Criador Maior. No Cristianismo, por exemplo, há o "Pai, o Filho e o Espírito Santo", partes de uma só fonte primordial da Vida, Deus Absoluto. Mas, quando iniciamos um estudo comparativo sobre as sagradas trindades, percebemos que há algumas diferenças na comparação com a trindade cristã, com a qual estamos nós, ocidentais, mais familiarizados. Por exemplo, no Egito, havia Osíris, Ísis e Hórus; na mitologia hindu, Brahma, Vishnu e Shiva. Nesses dois exemplos há o "Pai, a Mãe e o Filho" como aspectos do Criador, a mesma linha teológica que nos trouxe Caboclo Mirim quando revelou, para a Umbanda, Tupã, Oxalá e Yemanjá. Mas, onde estaria o "Espírito Santo"? Veremos adiante...

Figura 14: Triângulos da filosofia Mirim.
Fonte: O AUTOR, 2013.

Caboclo Mirim apresentou a doutrina da sagrada trindade representando-a pelo Triângulo Supremo da Realidade da Vida e, em paralelo, com o Triângulo Religioso.

No Supremo Triangulo da Vida temos os três aspectos da manifestação do criador, ou seja, AÇÃO, REAÇÃO e CONTINUAÇÃO.

"Ação" é o atributo característico de Deus-Pai, Tupã, o primeiro aspecto do Logos, que pensa ou imagina o Universo antes do começo da manifestação ativa. Tupã é a própria Vontade Cósmica, que se manifesta no plano mental cósmico, cuja irradiação permite a existência de tudo em nosso Universo.

Gosto muito da descrição dada por Van der Leeuw, em seu livro *O fogo criador* (1964), sobre a onipresença de Deus:

> Não há Deus de um lado e de outro lado o Universo. Não há um Ser Divino acima e um mundo sem Divindade abaixo, mas Deus está presente em cada ponto do Seu Universo e pode ser alcançado e sentido em qualquer um desses pontos.

"Reação" significa a própria vida manifestada na matéria, como reflexo irradiado a partir de Deus-Pai. É o Verbo, é o Cristo Cósmico, Deus-Filho, Oxalá, refletido também como o Sol da Árvore da Vida. Seu poder combina as diversas manifestações da criação em várias classes e formas, pela atuação de forças de atração e coesão que se harmonizam e nos trazem a vida em nosso plano da existência.

A humanidade foi privilegiada pela excelsa presença de um de seus representantes.

Nosso iluminado irmão Jesus cedeu voluntariamente seu

corpo físico, permitindo a manifestação direta neste orbe do próprio Cristo cósmico. Mestre e discípulo realizaram tamanha fusão de consciências que Cristo-Jesus pôde se unir à grande hierarquia divina que governa nosso planeta, tornando-se o Instrutor do Mundo. Assim, mesmo sendo o Cristo-Oxalá a própria vida manifestada, aspecto relacionado à mais elevada esfera do Segundo Logos, é também no nível do nosso mundo o Cristo-Filho de Deus, inspiração a tantos que buscam evoluir espiritualmente!

Caboclo Mirim denominou "Continuação" ao terceiro aspecto do Logos, Deus-Espírito Santo. Continuação, porque tudo que é criado, e tem vida, pulsa e precisa estar em movimento! O Espírito Santo é a própria chama criadora atuando, energia que se mescla e flui em todas as direções, é dar e receber! Como força em movimento, motiva a humanidade dos novos tempos a buscar dentro de si mesma todo o poder de se reinventar, de transformar o velho e de fomentar novos paradigmas éticos e morais que façam com que as formas de viver sejam mais conscientes, indo além do espírito de fraternidade, alcançando um verdadeiro sentimento de que somos todos UM, centelhas de vida emanadas do Criador!

Quando nos colocamos em contato com o poder de Deus-Espírito Santo, somos movidos pela própria capacidade divina de criar, pois tamanha energia em movimento se faz presente desde a inspiração que nos penetra, que nos traz a visão do futuro e nos enche de entusiasmo, até a habilidade de atuar e transformar a realidade do plano físico.

Percebam, irmãos, que só vamos começar realmente a compreender o poder do terceiro aspecto da Suprema Trindade quando nos desfizermos de alguns conceitos que nos limitam a uma visão apenas masculina do Espírito Santo. O Supremo Criador traz em si ambos os gêneros: é Deus-Pai e Deus-Mãe, unidos na obra da criação. Por isso, não há de se buscar dois aspectos diferentes no ato criador, posto que há uma só atividade criadora, que, segundo o ponto de vista do espectador, apresenta-se como Deus, o Espírito Santo ou Mãe Eterna, Yemanjá! É força ativa e passiva, é doadora e receptora, posto que ambas são imprescindíveis para que haja energia em movimento, integradas em um circuito perfeito. Cito novamente Van Der Leeuw (1964), que nos auxilia com um exemplo sobre a "Maternidade de Deus":

> Falando da luz solar, pensamos em certa realidade bem característica; contudo, podemos considerar essa luz como irradiação do Sol, ou como ela é recebida pela Terra, tudo aquecendo, despertando a vegetação, transformando-se em abundância e crescente fertilidade. E, nos dois casos, é a mesma luz. A luz surgida do Sol, sua irradiação dando vida ao universo, pode ser comparada à atividade criadora sob o aspecto de Deus o Espírito Santo. Ainda graças a esta luz solar, quando recebida pela Terra e suas imensuráveis criaturas, toda a natureza e vida se regozijam e expandem com mais vigor; ela simboliza assim o lado feminino da criação. A luz solar transforma-se em crescimento e expansão, transmutada em formas que se manifestam mais ricas e belas. A Terra maternal recebe a luz do Sol, conserva-a, por assim dizer, e a restitui transformada em natureza, abundância e fecundidade; elas formam uma só Realidade, encarada sob dois ângulos diferentes.
>
> Paternidade e Maternidade, Espírito Santo ou Mãe Eterna, são maneiras de considerar e compreender o Único, a eterna realidade da Criação.

Assim também acontece em nossas vidas, onde cada um de nós precisa ser pai-mãe para se tornar verdadeiramente criador. Quando estamos com a mente ativa, fértil, significa que estamos vibrando com o fogo criador e inspirador, mas que precisa ter continuidade na etapa de maturação das ideias e da produtividade que nos levará até a concepção da obra ou à própria ideia trazida ao plano físico.

No momento em que voltamos a citar os aspectos esotéricos da concepção, lembrei-me da Trindade Superior da Cabala: Keter, Chocmah e Binah. Na Árvore da Vida, Binah é a mãe de todas as formas, a raiz da água ou "Marah", o grande mar. Os antigos simbolizaram no mar a substância virgem intocada espalhada espaço afora, pois que a água é plástica, assumindo a forma de qualquer recipiente em que seja despejada. Um símbolo perfeito para o plano astral, de característica também fluida, a partir da qual todas as formas devem ser compostas. E, a despeito de ser passiva, é uma energia ininterrupta, em eterno movimento, tais quais as ondas que vêm e vão à beira do mar, símbolo do reino de nossa mãe Yemanjá!

Caboclo Mirim nos deu uma bela noção dessa força em movimento e de transformação, quando disse que "Yemanjá é aquela canoa que, navegando pelo grande oceano da vida, procura dar sua mão amiga para que nada se perca, podendo tudo se transformar, prosseguindo no seu caminho". (FIGUEI-REDO, 1983)

Esse oceano nada mais é do que o plano astral, o ventre de nossas inspirações. Suas águas sagradas envolvem toda a forma de vida, inclusive no plano das ideias, criando o ambiente saudável para que estas amadureçam e caminhem efetivamente com suas "próprias pernas", ou seja, que venham a "nascer" para nosso plano de existência e consciência. Daí Mestre Mirim afirmar ser Yemanjá "a própria vitalidade da vida espiritual".

Os sete raios

A nossa Escola, iniciada há mais de seis décadas, entendeu a Umbanda no contexto universal da criação. Em que pese esta ter em sua estrutura teológica alguns elementos dos antigos cultos africanos, dentre os quais a designação dos orixás, na Umbanda tais nomes ganharam significação e profundidade que vão além dos mitos e da visão de universo do africano.

Todas as verdadeiras religiões antigas beberam das mesmas fontes do conhecimento sobre Deus e o Universo. Os sábios patriarcas da humanidade fizeram de suas vidas a busca pelo entendimento da obra maior do Criador, possibilitando-nos herdar tais sementes de sabedoria, passadas de geração a geração, cada qual ao seu povo, enriquecendo a cultura e a espiritualidade de sua gente. Tais sementes frutificam através dos tempos em forma de ideais, de inspiração ao crescimento e ao aprofundamento nos mistérios maiores da vida. Assim foi, mais uma vez, com o advento da Umbanda no Brasil, há mais de cem anos!

É mister que nós, espiritualistas do século XXI, entendamos e sintamos as manifestações do criador em nosso mundo por um novo paradigma, em que haja menos espaço para tanto raciocínio cartesiano, onde se classificam por demais aquilo que seria o modo de operar de Deus! Há uma profusão de "tabelas" sobre orixás, regrinhas fixas de como são ou não são as manifestações divinas, inclusive com a prepotência de alguns autores que realmente acreditaram serem "donos da verdade", por terem tido um livro mais popular do que de outros pesquisadores umbandistas que traduziram, a seu modo e impressão, a realidade transcendental e abstrata das esferas celestiais.

Também acreditamos na fé racional, em que a iluminação se faz precedida e acompanhada de estudo constante, visando ao entendimento de códigos sagrados básicos, que irão pavimentar uma viagem segura pelo universo místico, afastando os perigos e as tentações dos "mercadores da fé". Somos filhos de um novo tempo, onde a ciência e a fé deverão caminhar para a convergência, ou, ao menos, para o respeito mútuo pela área de atuação de cada uma.

Os últimos séculos da história da humanidade fizeram da ciência acadêmica uma máquina de produção de verdades, onde a razão humana se autoelege porta-voz do conhecimento, responsável por decifrar os mistérios da natureza. E é nessa armadilha que o sacerdote não pode cair. O modelo cartesiano-newtoniano (em referência ao filósofo René Descartes e ao físico Isaac Newton) tenta traduzir o Universo tal qual uma máquina, com relações de causa e efeito que podem ser descritas objetivamente, desassociando os homens da natureza, cujas leis passaram a ser decifradas com o objetivo de dominá-la.

O pensamento cartesiano nos leva a crer que, pela análise, pelo processo lógico de fragmentação e decomposição do objeto em seus componentes básicos, é-se capaz de mostrar o verdadeiro caminho pelo qual uma coisa foi metodicamente inventada. René Descartes inaugurou um modo de pensar que vê o corpo humano como um conjunto de órgãos funcionando de modo complementar, mas ignora o ser que o carrega. Assim, seria viável a figura do "frankenstein", ou seja, um quebra-cabeças de membros e órgãos tomando vida pela vontade da ciência! Mas o espiritualista sabe que a complexidade humana vai além da manifestação física, pois somos corpo, mente e espírito!

O pensamento científico sempre afirmou que a única realidade é a realidade concreta, absoluta e permanente, tal qual a física newtoniana. Aliás, de todos os cientistas, os físicos são os que mais buscaram explicar a realidade tendo por base a lógica científica. Esse pensamento perdurou durante séculos, até o aparecimento de Einstein e sua Teoria da Relatividade, demonstrando que o espaço e o tempo não são absolutos, que eles podem ser contraídos ou expandidos, contrariando a lógica de espaço e tempo absolutos das teorias do físico Isaac Newton.

Com as descobertas dos físicos quânticos, nossa noção de realidade foi ainda mais afetada. Estes nos mostraram que a matéria, aparentemente tão sólida, é constituída em seu âmago por átomos que são, em sua maior parte, enormes espaços vazios! Os elementos constitutivos do átomo têm propriedades que contradizem a razão: têm comportamento dual onda-matéria, efeitos de tunelamento e são regidos por uma incerteza intrínseca que obriga a representá-los em termos de probabilidades, dentre outros efeitos que ferem o bom senso.

Os físicos quânticos estão demonstrando que a realidade, em sua essência, não é nem lógica nem sólida, não existindo essa concretude sonhada pelo cientificismo. E se até a ciência está caminhando para um entendimento maior de que a realidade física não é tão estável como se supunha, o que dizer das coisas do espírito? Definitivamente, é preciso maturidade dos futuros sacerdotes ao olhar o próximo modelo de fé que irá se amalgamar nas próximas décadas, quando teremos de lidar com a certeza de que tudo é incerto e instável, pois lidamos com forças e movimentos repletos de elementos variáveis, que fazem com que fórmulas prontas não respondam por completo aos anseios da humanidade, sedenta de estabilidade e segurança!

Já nos ensinava o iluminado Sidarta Gautama, o Buda, quando dizia que a mente faz a sua própria realidade pelas interpretações que dá aos fatos da vida. Nossa fé define a tênue linha que separa o sagrado do profano, fazendo com que lembremos que a eficácia de um ritual religioso não está no ato em si, mas no sentido que damos a ele, pois sua força vem da crença no transcendente!

Os guias espirituais que orientaram os pioneiros da Umbanda mostraram que a manifestação da obra do Criador vai muito além de nossa consciência. Deus-Pai é a própria Vontade Cósmica, da qual Sua irradiação e pensamento permitem a existência de tudo no nosso Universo. Na doutrina oculta, ensina-se que essa fonte primeira, primordial, se desdobra e interpenetra os vários níveis da criação. Assim, "um torna-se três, e os três tornam-se sete". São essas sete irradiações projetadas pela fonte de vida que serão sentidas por nós, já que permeiam todos os

Reflexões sobre a Escola de Caboclo Mirim
119

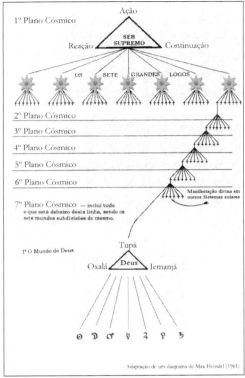

Figura 15: Diagrama 6.
Fonte: Adaptado de HEINDEL (1909). Disponível em: <*http://www.fraternidaderosacruz.com.br*>.

planos da manifestação, inclusive o que vive a nossa humanidade.

Por isso, Benjamin lembra que podemos sentir a presença da força criadora em nossas vidas desde seus aspectos mais sutis, manifestados como expressões de "Inteligência", "Amor", "Lógica", "Ciência", "Justiça", "Ação" e "Filosofia", pois muito antes do mundo da concretização física, plasmada em nossa realidade, a força dos raios do Criador, da fonte de vida maior, já nos inspira para que sejamos também parte da criação. Criaturas, mas também criadores, já que somos centelhas de vida criadas à "imagem e semelhança" de Deus.

Sob a vibração dos Sete Raios do Criador atuam os vários orixás e sob a luz destes formam-se as egrégoras em que trabalham diversos espíritos de abençoada força vibratória, responsáveis pelo equilíbrio da natureza. São conhecidos em outras partes do mundo como "ministros" ou "devas", portadores da mais alta vibração evolutiva que cooperam diretamente com Deus, fazendo com que Suas leis sejam cumpridas constantemente:

Sabemos que a vida é essência suprema, e que, como

essência, naturalmente é composta de elementos substanciais que são os sete princípios fundamentais que a compõem. (FIGUEIREDO, 1953)

Queridos irmãos umbandistas, foi-nos dito que é hora de aumentar o grau de entendimento sobre o Logos, a fonte de vida manifestada em nosso plano e que se faz presente neste mundo pela irradiação da essência suprema: os Sete Raios. Quando falamos 'raio', vem-nos à lembrança força, luz, som, cores, vibrando em uma gama de frequências que só sentimos quando nos colocamos em sintonia com essas forças. Tais vibrações nos envolvem todo o tempo e, dependendo do estado aflorado de percepção do indivíduo, fazem-se sentir por determinados chacras. Os sete chacras maiores estão associados, especificamente, a cada uma das sete glândulas endócrinas, que fazem com que tais forças etéricas se transformem em forças tangíveis dentro do corpo. Serão essas glândulas endócrinas que, adormecidas ou estimuladas para a atividade, liberarão hormônios na corrente sanguínea, agindo como catalisadores para o crescimento fisiológico e promovendo diversas influências diretas no comportamento psicológico dos seres humanos.

Assim, entendam que, quando estudamos os Sete Raios da Criação, estamos nos situando em um "degrau" acima na concepção da vida manifestada em nosso plano, pois há em cada raio a presença de vários orixás, nas mais diversas vibrações ou oitavas, usando da analogia com as notas musicais. No teclado de um piano, por exemplo, temos vários conjuntos de sete notas que se sucedem de "dó" a "si", recomeçando ao final em um novo "dó", só que em uma oitava acima, ou seja, em um tom acima. Serão as mesmas notas musicais, mas com uma percepção diferente aos nossos ouvidos! Não deve ser surpresa para ninguém perceber que forças vibracionais distintas (enquanto classificadas como orixás), manifestadas na Umbanda pelos guias de Aruanda, atuam com características semelhantes por serem aspectos do mesmo raio, mas com abordagens diferentes, até porque dentro do mesmo raio há aqueles que atuam no elemento fogo, outros no elemento água etc.

Há centenas de orixás no panteão africano e há, ainda, a

classificação de orixás em maiores e menores, pelo que, neste trabalho, citaremos apenas aqueles evocados dentro da nossa Escola, usando como referência os que vibramos nas giras, ou seja: Oxóssi e Jurema, Ogum, Yemanjá, Oxum, Iansã, Nanã, Xangô e Yofá.

Há muitos conceitos sobre "sete raios", apresentando características daqueles que vibram sob a influência do "1º raio", ou do "2º raio", assim por diante. Ressalto, então, que não estamos fazendo qualquer correlação com esses estudos, já que o "1º raio" de um pode ser o "5º raio" de outro autor. Optamos por designá-los pelos sete planetas sagrados da tradição esotérica, que nomeiam essas influências cósmicas desde tempos remotos, e que sintonizamos no movimentar da gira cósmica da Umbanda.

O raio de Mercúrio

É o primeiro a ser evocado na gira cósmica praticada na Escola de Mirim. O conhecimento sobre os aspectos de Mercúrio é fundamental para o sacerdote, posto que se relaciona com as forças em movimento, de despertamento, rumo à ascensão e evolução.

Por atuar com a ação magística do movimento, Mercúrio se relaciona com toda a forma de comunicação – falada, escrita, ensinada, pensada e, claro, mediúnica! Comunicação importa, necessariamente, em dois polos (pelo menos), que interagem entre si. Dualidade e interatividade são as marcas registradas de Mercúrio! Por isso, nos escritos antigos ele é relacionado a nossas mãos, braços, pulmões, órgãos sensoriais e alguma influência na glândula tireoide. Mercúrio é ainda aquele que emana e transporta a cura e a saúde, do plano espiritual à matéria, energia em movimento que se renova sempre.

Em termos mitológicos, Mercúrio foi conhecido no Egito como Thot, sabedor dos segredos e mistérios, o escriba dos deuses e responsável pelos livros divinos. Na Índia, é associado a Shiva, a divindade da transformação. Já entre os gregos, foi chamado de Hermes, filho do grande deus Zeus e da misteriosa ninfa Maia, a mais jovem das plêiades, chamada também de Mãe Noite.

Sabemos que os mitos, arquétipos ancestrais, servem como "chaves de interpretação" das percepções humanas sobre o universo ao seu redor. Revendo algumas passagens da vida mitológica do deus Mercúrio, temos várias informações que nos mostram suas características clássicas, sendo fácil reconhecermos as similaridades com os arquétipos de alguns orixás africanos.

Mercúrio nasceu no alto de um monte, dentro do vão de um salgueiro, o que já é carregado de significado, pois tal qual a arruda e a figueira, esta é uma árvore "apotropaica", daquelas que se acreditam afastar a desgraça, a doença, ou qualquer outro tipo de malefícios. Ao nascer, Mercúrio estava enfaixado e imediatamente desatou sua faixa e seus nós, ficando livre. Ora, aquele que ata e desata é poderoso, pois pode prender ou soltar alguém.

Ainda um bebê, Mercúrio saiu pelo mundo e foi a Tessália, onde estavam os mais belos rebanhos, que pertenciam ao deus Apolo, seu irmão. Lá, os roubou, apagou as pistas de seu delito, subornou as testemunhas e ainda sacrificou duas novilhas aos deuses. Então, matou uma tartaruga, da qual fez uma lira (um instrumento musical), escondeu o resto do gado e voltou ao berço como se nada tivesse acontecido. Percebe-se que essa criança já detinha enorme versatilidade, rapidez e, principalmente, astúcia!

Ao descobrir o roubo, Apolo levou Mercúrio a Zeus, o maior dos deuses, que não acreditou que um simples bebê pudesse causar tanta confusão. Por fim, para fazer as pazes e conquistar Apolo, Mercúrio tocou a lira feita da tartaruga, encantando-o. Apolo, então, concordou em trocar os rebanhos pela lira. Daí o simbolismo do comércio e da troca. Mercúrio se tornou o protetor dos comerciantes e também dos viajantes, que pediam sua proteção, reverenciando-o, jogando pedras à beira dos caminhos. Na Grécia, esses vários montes de pedras à margem das estradas nos remetem à presença divina, como um altar. Mercúrio tornou-se, então, o "Mensageiro dos Deuses", o senhor dos caminhos, o intermediário pelo qual sua oração chega ao Altíssimo.

Na imagem clássica, Mercúrio (ou Hermes) usa um chapéu que lhe dá invisibilidade, sapatos com asas que lhe dão rapidez, uma bolsa para guardar seus lucros e um caduceu, que é uma espécie de bastão (com duas serpentes enroscadas) que narcotiza, mas também símbolo da sabedoria. Mercúrio conhece as ervas e o seu poder mágico curador, tendo por isso seu caduceu sido adotado como símbolo dos médicos.

A mitologia simboliza como ninguém as várias expressões do Raio de Mercúrio, ao mostrar o ser aparentemente infantil, mas já de pensar rápido, dominando as relações de intercâmbio e de troca, transitando fácil no universo dos homens, sem perder o acesso e a comunicação com os deuses.

Por ser força em movimento, vitaliza e rege o mental de todos aqueles que despertam do sono da ignorância, dos que se levantam da inércia e se põem a caminhar. Pode ser simbolizado na semente, que, adormecida na terra (plano material), impulsiona-se, por sua vontade e determinação, a buscar o sol e a vida espiritual. Nesse momento de infância espiritual, o neófito pode canalizar seu potencial para uma vida devotada ao Eu Superior ou ser dominado pelas paixões da natureza inferior, já que a mente é o elo entre aquele e esta. Simbolicamente, o ser humano parece viver uma nova etapa evolutiva, tal qual estivesse agora no reino vegetal, após despertar do aparente sono estático do mundo dos minerais. Mercúrio atua nesse limiar, entre a Terra e o céu, impulsionando o espírito humano a expandir sua mente em um maior entendimento do infinito, apesar de ainda preso por suas raízes aos instintos no reino da matéria. Pela vibração de Mercúrio sentimos a vida pulsar vibrante, e aprendemos o verdadeiro valor de nossa existência.

Seguindo na analogia com os vegetais, lembramos outra fundamental intermediação de Mercúrio atuando no ser humano: a transmutação da densa energia telúrica em energia vital, a nossa divina força criadora e geradora da vida, acumulada em nossas raízes, "enroscada" em torno do nosso plexo do cóccix: é a famosa serpente *Kundalini*, tão descrita nos escritos da filosofia hindu.

Como são poderosos os simbolismos envolvendo a serpente! Existe a serpente tentadora do Éden (que a cultura cristã associou ao mau, já que sexo seria pecado); a serpente de cobre de Moisés, entrelaçada no Tau, isto é, no *lingam* sexual (no

Tantrismo, *lingam* é o falo e *yoni* é o útero); bem como as diversas referências às cobras nas evocações ao Povo da Mata, nas nossas curimbas. Não à toa temos "caboclo, quando vem das matas, ele traz na *cinta* uma cobra-coral..." ou "Se a coral é sua *cinta*, a jiboia é o seu laço..."

As serpentes são o principal símbolo de Mercúrio, presentes em seu caduceu, onde são sempre duplas, o próprio símbolo do encontro das forças ativas e passivas, masculinas e femininas, enroscadas em ascensão pelo bastão (nossa coluna vertebral). Se sobem pelo canal medular, despertam nossos chacras e nos guiam à iluminação, mas se descem para os infernos atômicos do homem, pelo mau uso dessa força apenas para a fornicação, transformamo-nos em demônios, ou anjos caídos!

Todo aquele que inicia sua jornada de crescimento espiritual deverá, obrigatoriamente, aprender a trabalhar com tamanho poder, que nos faz também parte e coautores da obra do Criador: a força sexual. O intercâmbio bioeletromagnético entre homens e mulheres não pode ser substituído, por isso acreditamos que não será renegando essa força que o iniciado encontrará sua harmonia interior. A palavra-chave é transmutação, é amar e ser amado de forma responsável, canalizando toda essa vitalidade para a criatividade, para o entusiasmo e para a alegria de viver!

Na Umbanda, temos diversos orixás que atuam nos Sete Raios do Criador, vibrando ainda nos cinco elementos esotéricos clássicos, ou seja, terra, água, fogo, ar e éter.

No raio de Mercúrio, talvez por estar tão relacionado ao despertar e à expansão da consciência da raça humana, encontramos a atuação de alguns dos mais importantes orixás. Temos, dentre outros, o orixá Exu, senhor da vitalidade; Oxóssi cuidando do despertar das consciências e, ainda, a força das Ibeijadas (ou Iori), elevando a dualidade de Mercúrio a níveis de total sintonia com o mental superior, com a luz do Cristo.

O raio de Marte

Marte é força, luta, empenho, ação e direção. Tem por qualidades a coragem, o destemor, a iniciativa e a capacidade de liderança. Na mitologia, Marte era o deus romano da guerra, equivalente ao grego Ares. Está associado ao ferro e à cor vermelha, por esta ser a cor do sangue, também associado à violência. Aliás, é com o ferro que são fabricadas as armas brancas e os instrumentos utilizados na indústria, na medicina cirúrgica e na agricultura. O ferro do arado que fende a terra é um símbolo fálico e marciano, pois é ele que abre o caminho onde a semente será colocada para fertilizar, tornando-se nova vida.

Daí o porquê de, alquimicamente, esse raio ser evocado após o enlace de Mercúrio e Vênus, já que será a atuação viril de Marte que fecundará a alma na direção correta rumo à iluminação. Astrologicamente, Marte rege Áries e Escorpião, signos de fogo e água, respectivamente, o que nos faz lembrar (novamente recorrendo à mitologia) que Marte foi irmão de Minerva, que representa a guerra justa e diplomática. São polos da mesma força, na ação determinada expressa no campo da manifestação física e da atividade mental.

Devemos tomar todo cuidado ao lidar com a natureza destrutiva de Marte. Em nosso organismo, esse raio atua de forma catabólica, ou seja, trabalhando em todo procedimento vital que se relaciona com a liberação de energia. Enquanto Júpiter é anabólico, atuando nas reações que acarretam o armazenamento de energia e construção de tecidos, Marte faz o caminho oposto e complementar, agindo no organismo a fim de desmembrar moléculas mais complexas para, assim, obter as moléculas mais simples, e, por intermédio disso, aumentar a disponibilidade de nutrientes no corpo humano. É o que acontece, por exemplo, no processo de digestão dos alimentos, em que o organismo realiza o "desmonte" dos nutrientes presentes nos alimentos em moléculas mais simples, que serão posteriormente usadas pelo metabolismo (o conjunto das reações anabólicas e catabólicas).

No Raio de Marte encontramos um dos símbolos universais mais claros e, por isso, um arquétipo de tanta penetração popular, posto que nos remete às imagens dos vencedores. Temos os guerreiros, os soldados, os gladiadores, os aventureiros, e até os atletas. A associação com o orixá Ogum é instantânea, o senhor da guerra justa, que nos ensina o lado espiritual da luta e da vitória. Como Marte é ação, vibramos determinados, rumo ao nosso alvo, para que qualquer dificuldade seja superada.

sa inspiração que vivemos em nós o mito do herói, que, mesmo sem buscar a guerra, não foge à luta.

Na Cabala, Marte está associado à *sephirah* Geburah. Dion Fortune (1985) nos dá a seguinte definição do iniciado nessa *sephirah*:

> Geburah é a mais dinâmica e violenta de todas as sephiroth, mas é também a mais altamente disciplinada. Na verdade, a disciplina militar, regida pelo deus da Guerra, é um sinônimo da mais rigorosa espécie de controle que pode ser imposto sobre os seres humanos. A disciplina de Geburah precisa adequar-se exatamente a essa energia; em outras palavras, os freios de um carro devem ter uma relação direta com a potência do motor se quisermos dirigir a salvo na estrada. É essa tremenda disciplina de Geburah que é um dos pontos de teste dos mistérios. Empregamos a expressão "disciplina de ferro", pois ferro é o metal de Marte.
>
> O iniciado de Geburah é uma pessoa muito dinâmica e severa, mas é também uma pessoa muito controlada. Suas virtudes características são a calma e a paciência sob a provocação.

Portanto, o verdadeiro guerreiro é nobre, respeita as batalhas e os adversários, nunca levantando a sua espada como arma de vingança pessoal, já que esta é consagrada à manutenção do bem e da ordem, tanto *íntima* quanto universal. Já diziam os gladiadores da Roma antiga, em seus treinamentos: "Ira est mort" (A ira é a morte).

Em *O poder do mito* (1988), o escritor e pesquisador Joseph Campbell nos narra uma bela história que ilustra a nobreza e o controle que há no coração de um verdadeiro soldado de Ogum:

> Um samurai tinha o dever de vingar a morte do seu senhor. E, de fato, depois de algum tempo, ele encontrou e acuou o assassino. Quando já estava prestes a liquidá-lo com sua espada, o homem acossa-

do, enlouquecido pelo terror, cuspiu na sua cara. O samurai embainhou a espada e foi embora... [...] Por que ele fez isso? Porque isso o deixou enfurecido! Se ele matasse o homem naquele momento, teria sido um ato pessoal, de outra natureza, não a que ele se propôs a fazer.

A irresponsabilidade de se partir para a ação de forma desmedida, sem considerar o que é necessariamente justo, termina em guerra! Ao longo da vida, nós nos deparamos com batalhas pessoais e guerras coletivas, tudo sob a ação desconsiderada de Marte.

Por isso, pesa sobre os CCTs da Escola de Mirim o dever de evitar tanta atenção dos médiuns aos sentimentos de luta contra um inimigo exterior, em uma guerra sem fim contra as forças do mal! Devemos focar na guerra íntima, em alcançar a disciplina física, assumindo cada um sua responsabilidade pelo que planta e colhe, pelo que diz e pensa, e as consequências disso em suas vidas.

Em nossa Escola, Ogum é a força bem canalizada, é Marte da *sephirah* Geburah trabalhando em perfeito equilibrio com a *sephirah* oposta, Chesed, a Justiça. Por isso, chamamos Ogum de o guerreiro que "combate o bom combate", pois em equilíbrio nos traz um julgamento mental correto e uma ação positiva que nos permitem atingir nossos objetivos. Em outras palavras, nos dá a direção correta a seguir em nosso desenvolvimento, indiferente às nossas vontades pessoais ou nossos interesses profanos desta encarnação.

O raio da Lua

Escrever sobre os simbolismos das forças que envolvem a Lua é adentrar nos mistérios do sagrado feminino, que chega até nós em duas grandes modalidades: a maternidade e o amor, relacionados a Lua e a Vênus, respectivamente. Essa força majestosa vibra no Universo em todas as esferas da Criação, em todos os planos de Deus, pois, o que sentimos em nossa realidade como a doçura do feminino partindo da Mãe eterna é muito maior e completo. É a fertilidade e o poder de síntese, é força em movimento na Sagrada Trindade Criadora!

Nossa cultura religiosa é impregnada de poderosos arquétipos que nos chegam de tempos imemoriais, como é a imagem da mãe, geradora da vida e transmissora da divina compaixão. Nos primórdios da humanidade, nas sociedades agrícolas que floresciam nos vales dos grandes rios, foi fácil associar os mistérios da terra fértil e os da mulher, ambas doadoras da vida. Nilo, Tigre e Eufrates, ou o Ganges, da Índia, dentre outros, foram o berço do culto às grandes deusas da Antiguidade. No antigo Egito, por exemplo, Deus-Mãe foi adorada sob o nome de Ísis, esposa divina de Osíris, e que serviu de modelo para todo o culto a Nossa Senhora no Cristianismo. Ísis era a natureza sob seu aspecto produtor e criador, fundamental para manutenção da vida naquela cultura, já que protegia o plantio às margens do Nilo, garantia de alimento dos egípcios. Do ponto de vista do fiel, em seu culto individual, era evocada como mãe zelosa, reguladora dos partos e da gravidez, o próprio ideal da meiga maternidade, de amor incondicional.

Na Grécia, dentre tantos deuses, destaco Deméter, a grande mãe-terrestre. Na Ásia Menor, era popular o culto à grande mãe, com belos templos a Artemisa, em Éfeso, ou ainda a Cibele, na Antioquia, ambos transformados pelos cristãos em santuários consagrados ao culto de Maria, Nossa Senhora. E quantas bênçãos nos traz mamãe Yemanjá, mãe sagrada de todos nós, umbandistas, e de fiéis de vários cultos afro-brasileiros!

No Catolicismo, diz-se que Maria é a grande intercessora da humanidade junto ao mundo celestial, representado por seu filho Jesus. Essa "posição privilegiada" de Maria, enaltecida no culto popular, exotérico, vem do conhecimento oculto, esotérico. O Cristianismo nasceu do seio da cultura judaica, onde, pelo estudo da Cabala e sua Árvore da Vida, reconhecemos a *sephirah* Yesod como a representação da Lua. Localizada logo "abaixo" da *sephirah* de Tiphereth, o Sol (o Cristo-Jesus) recebe sua luz e a reflete para a Terra, representada pela *sephirah* Malkuth, mais "abaixo". E, pelo mesmo "caminho", recebe as vibrações e orações de súplica ao Pai oriundas da Terra, levando-as ao plano maior.

Esse simbolismo vem nos ensinar que a Lua esotérica é, ao

mesmo tempo, canal da luz divina e ventre que recebe nossas orações, nossas emanações mentais de criação e desejo, onde são "gestados" e poderão ganhar "vida", definindo sua "forma" e sua força, o que permitirá que retornem ao nosso mundo, atuando de maneira a influenciar nosso universo íntimo, nosso microcosmo! Fica claro, portanto, que também somos responsáveis, em nosso plano de existência, de atuar junto ao Criador, pois somos o pequeno sol do nosso universo particular, que pensa e imagina sua própria vida, inseminando as águas sagradas com a força de nossa vontade.

O ocultista Papus descreveu a Lua como sendo a própria "matriz astral de todas as produções terrestres". Por isso, é tão relacionada ao que se refere à nossa memória emocional, tudo aquilo que nos remete à base das nossas origens, à família a que pertencemos e à nossa história pessoal, desta e de outras encarnações (memória *akáshica*). Na Antiguidade, pessoas com grandes variações de humor e/ou estabilidade psicológica eram taxadas de "lunáticas", já que a Lua está intimamente relacionada ao psiquismo, principalmente naquelas pessoas diretamente suscetíveis à sua influência.

Sabe-se que o plano astral é o universo das forças espirituais em movimento, com variados planos ou subplanos de energia vibratória com os quais nos sintonizamos de acordo com nossa capacidade de consciência. Cada uma dessas subdivisões tem um grau de materialidade que lhe é próprio e corresponde a certo estado de agregação de matéria, todos se interpenetrando em níveis que vão de um astral "superior" até outros bem próximos da terra física. Enquanto matéria delicada, o plano astral é essencialmente fluido, que nos lembra das marés nos oceanos, fluxos e refluxos onde atuam diretamente as entidades ligadas à mãe Yemanjá. É nesse oceano de fluido sutil que as emanações geradas pela mente (nossos pensamentos e ideias) gradualmente se plasmam e "ganham vida", tornando-se as tão importantes "formas-pensamento"!

Apenas para uma breve abordagem sobre o tema, transcrevo algumas observações de C.W. Leadbeater no livro *Compêndio de teosofia* (1997):

> Quando um homem dirige o pensamento para um objeto concreto, uma caneta, uma casa, um livro ou uma paisagem, forma-se na parte superior de seu corpo mental uma pequena imagem do objeto, que flutua em frente ao seu rosto, ao nível dos olhos. Enquanto a pessoa mantiver fixo o pensamento sobre o objeto, a imagem vai permanecer, e persiste mesmo algum tempo depois. O tempo de duração desta imagem dependerá da intensidade e também da clareza do pensamento. Além disso, essa imagem é inteiramente real e poderá ser vista por aqueles que tenham desenvolvido suficientemente a visão de seu próprio corpo mental.
>
> Cada pensamento produz uma forma. Quando visa uma outra pessoa, viaja em direção a esta. Se é um pensamento pessoal, permanece na vizinhança do pensador. Se não pertence nem a uma, nem a outra categoria, anda errante por um certo tempo e pouco a pouco se descarrega, se desfazendo no éter. Cada um de nós deixa atrás de si, por toda parte onde caminha, uma série de formas-pensamentos. Nas ruas flutuam quantidades inumeráveis. Caminhamos no meio delas.

Benjamin Figueiredo sempre frisou o quanto a força do pensamento merece de todos os umbandistas um conhecimento mais aprofundado, o que não será possível neste estudo. Portanto, recomendo veementemente aos meus irmãos CCTs que não sejam negligentes, buscando se interar e ensinar aos médiuns sob sua reponsabilidade a trabalhar de forma mais eficaz com essa poderosa força, gerada a partir de um pensamento mais disciplinado:

> Assim, nós, umbandistas, devemos nos despir cuidadosamente das vibrações impostas pelo nosso pensamento, para que, libertos, com naturalidade saudável, cada um de nós se torne inteiramente útil à vida da nossa matéria, que, por sua vez, irá se descondensando, pela sua própria liberdade de ação, e assim, cada um de nós, então, será o que é em verdade, embora a nossa confusão mental, por

enquanto, não o permita.

O pensamento, quando em ação, provoca reações correspondentes que passam a ter existência, embora de forma sutil, mas de um poder de energia que dificilmente se decompõe, a menos que encontre onde possa localizar todo o seu poderio, e assim, dar a descarga completa do seu potencial. (FIGUEIREDO, 1953)

A fim de completar os nossos estudos, precisamos ir além da envolvente emoção que nos desperta o culto à maternidade, na vibração do Raio da Lua. Temos de lembrar que, do mesmo modo que Deus não é um "velho barbudo" sentado em seu trono celestial, Seu aspecto criador feminino também não pode ser personificado apenas pelas representações de Maria, Yemanjá, ou todas as deusas da Antiguidade. Temos de ter a maturidade de entender os símbolos e os mistérios que eles carregam por detrás da imagem popular. Claro que Yemanjá, atuando no Raio da Lua, é também mãe sagrada que recebe as súplicas de seus filhos da Terra, devolvendo-nos em harmonia e beleza. Mas seu poder é muito maior e abrangente, pois o sagrado feminino atua em diversos planos da Criação, como parte importante da Sagrada Trindade, que contém em si ambos os gêneros.

Nos poucos escritos que nos deixou, Benjamin Figueiredo nos trouxe algumas explicações trazidas por Caboclo Mirim, que nos revela essa Trindade Maior na Umbanda, por meio da apresentação do Triângulo Supremo da Realidade da Vida, Triângulo Religioso e Triângulo das Representações Planetárias. Caboclo Mirim já nos mostrava ali o importante papel ocupado por Yemanjá, ou melhor, a força de "Continuação da Vida". Vale a reflexão.

O raio de Vênus

Continuando a estudar os aspectos do sagrado feminino, abordaremos agora sua outra faceta, de poder atrativo e magnético, emanado em várias faixas vibratórias pelo Raio de Vênus. Este é o raio do amor, em todas as suas modalidades, manifestado no plano inferior pela forma das emoções; ou se elevando até o amor superior, universal, que é energia dinamizadora e criadora.

Muitos segmentos religiosos evitam contato maior com emanações oriundas do Raio de Vênus. Temem, com alguma razão, pelas consequências do mau uso dessa poderosa usina de força, quando direcionada para o simples gozo carnal, o que levará certamente à bestialização do ser. Lembramos, entretanto, que a energia em si é pura, o veículo que a canaliza é que pode ser impuro. No plano da humanidade, um raio toma o colorido de qualidades em diversas vibrações, segundo o grau evolutivo do indivíduo que delas é a expressão, e conforme a maneira que esse indivíduo está polarizado. No homem ainda primitivo, polarizado na matéria, o raio se manifestará por meio do veículo físico, tingindo-se da qualidade desse veículo e se contaminando pelo contato com as limitações e impurezas do indivíduo.

Assim, o mesmo Raio de Vênus pode vibrar em homem santo, levando este a um estado tamanho de integração e comunhão com o divino, que, ocasionalmente, faça sua confissão de fé chegar às vias do martírio; pode vibrar, também, no fanático que comete crueldades e injustiças em nome de seu ideal e de sua visão egoísta do divino. No santo, a energia da devoção encontra um canal já purificado e elevado; no fanático, encontra um instrumento ainda imperfeito e manchado de impurezas.

O que faz a vibração de Vênus tão perigosa é o fato de ela interagir em nosso plano de existência diretamente com a energia natural do nosso orbe, com a força bruta dos instintos latentes em nosso ser. Parte primordial em qualquer operação magística eficaz, essa energia alimenta e polariza os elementos envolvidos, colocando as forças astrais em movimento. Usando uma analogia com os princípios da eletricidade, podemos dizer que nossa vida flui através de um "circuito", que, necessariamente, precisa de dois polos para que circule a corrente. Se um desses polos for isolado, a corrente se tornará inerte. Tal qual um motor elétrico, o ser humano precisa estar ligado à "casa de força" que é Deus – a fonte primordial de toda a vida – para funcionar; mas precisa igualmente se conectar com a Terra, com a plenitude da matéria; caso contrário, seu mecanismo não poderá ser posto em movimento! Dominar isso é fundamental para qualquer sacerdote umbandista.

Diz Papus (1997), o ocultista, sobre Vênus: "É a estrela da manhã. A juventude feminina com todas as suas faceirices, suas seduções e seus perigos, a deusa do amor em todas as suas modalidades". É claro que ele está falando de Oxum, Afrodite, Hathor, Ishtar, dentre outras!

A fama de Vênus como "deusa do amor", a Afrodite dos gregos, ecoa até os dias de hoje, estimulando a imaginação de muitos. A obsessão do mundo moderno com os encantos físicos de Vênus se reflete na maneira com que os meios de comunicação de massa a idealizam, tal qual uma deusa do prazer e do sexo, atiçando nos subconscientes imagens que vão da prostituta ao *glamour* de uma estrela de Hollywood, da mulher (ou homem, por que não?) linda e liberada quando o assunto é realizar fantasias. O mundo de hoje não entende que, na Antiguidade, a sexualidade era tratada como um dom sagrado, não um bem a ser explorado. No conceito grego da vida, o amor abrangia muito mais do que o relacionamento entre os sexos. Há amor desde os laços que uniam os guerreiros até o relacionamento entre um mestre e seus alunos.

Dion Fortune (1985) assim descreve o culto à deusa, nos tempos da antiga Grécia:

> O culto de Afrodite era muito mais do que o cumprimento de uma função animal, relacionando-se, ao contrário, com a interação sutil da força vital entre dois fatores; o curioso fluxo e refluxo, o estímulo e a reação, que exerce um papel tão importante nas relações dos sexos, mas que ultrapassa, e muito, a esfera do sexo.
>
> A hétera grega era uma mulher culta; evidentemente, havia distinções entre elas, desde a categoria mais baixa, semelhante à da gueixa japonesa, à mais elevada, que mantinha salões, à maneira das famosas escritoras francesas. Eram mulheres de reconhecida virtude física, a quem nenhum homem ousava fazer propostas sensuais; devido à reverência com que a função do sexo era encarada entre os gregos. É provável que, em sua época e sociedade, a vida da hétera grega em nada se aproximasse da

degradação da moderna prostituta.

Nos templos de Afrodite, a arte do amor era cuidadosamente cultivada, sendo as sacerdotisas treinadas desde a infância em sua habilidade. Mas essa arte não consistia apenas em provocar a paixão, mas em satisfazê-la adequadamente em todos os níveis de consciência; não simplesmente pela gratificação das sensações físicas do corpo, mas pela troca etérea sutil de magnetismo e de polarização intelectual e espiritual.

Tal processo elevava o culto de Afrodite acima da esfera da simples sensualidade e explica por que as sacerdotisas do culto inspiravam respeito e não eram em absoluto consideradas como prostitutas vulgares, embora recebessem todos os que chegassem. Elas procuravam suprir certas necessidades mais sutis da alma humana por meio de suas hábeis artes. Nós, os modernos, superamos em muito os gregos na arte de estimular o desejo, criando o cinema, os espetáculos e a música, mas não temos a menor noção da arte muito mais importante de despertar as necessidades da alma humana por um intercâmbio etéreo e mental de magnetismo, e é por essa razão que nossa vida sexual, tanto fisiológica como socialmente, é tão instável e insatisfatória.

Aliás, já passou da hora de alguns umbandistas reverem seus conceitos. Será que alguém ainda acredita que as pombas-gira saíram diretamente dos cabarés para aconselhar os fiéis umbandistas em nossos terreiros?

Que os nossos sacerdotes estejam alertas para não cair mais na armadilha teológica que insiste em que a mulher foi a grande responsável pela queda do homem (Adão), repetindo por séculos a equação "mulher = sexo = fertilidade = deusas da terra úmida = onde há sujeira". Tamanha distorção da verdade, perpetuada principalmente pelos cristãos, tem origem nos patriarcas do Judaísmo, religião matriz do Cristianismo. Os primeiros hebreus eram pastores nômades cujas tribos, sempre em busca de novas terras, precisavam manter o ímpeto conquistador. Daí surge o culto a deuses guerreiros como Zeus e

Jeová, que trouxeram a cultura da "espada e morte" ao invés de "amor e fertilidade". Quando se depararam com o culto às grandes deusas, veneradas pelos povos vizinhos às margens de rios como os da Mesopotâmia, foi difícil aceitar alguns dos aspectos dessas religiões. Se as deusas femininas eram a própria representação da vida para os povos inimigos, a propaganda dos hebreus conquistadores precisava ser direcionada para desclassificá-las com citações depreciativas, como as encontradas em textos antigos que as adjetivavam por "abominação", ou de "A grande Meretriz" (em relação ao culto na Babilônia), por exemplo. Esses textos antigos contaminaram várias vertentes religiosas, que vieram a pregar a aversão ao sexo e à mulher, incentivados ainda pelo repúdio aos muitos excessos observados nas orgias de povos mais modernos, como os romanos. O fim dessa história foi a subjugação sociocultural da mulher na sociedade ocidental.

Joseph Campbell, do alto de décadas de estudo das antigas culturas, lembrava: "A libido é o impulso da Vida". Os povos da Antiguidade compreendiam isso muito bem, mas foi preciso a obra de Freud para o Ocidente começar a compreender que o dinamismo fundamental de um indivíduo está estreitamente associado à sua vida sexual. O Raio de Vênus, atuando no nível físico de nossa existência, vibra e atiça essa energia elemental de nossa natureza instintiva, fazendo par energético com Mercúrio, a fim de que sintamos o pulsar da vida, ascendendo e acendendo todo o nosso ser em inspiração e motivação, força criadora em homens e mulheres. É com esse poder vivificante, devidamente canalizado na esfera da matéria, que seremos compelidos ao alto, a querer mais do que o contato físico com o outro, e sim um contato extrafísico com o mundo espiritual, com a divindade maior.

O símbolo de Vênus na astrologia nos dá a exata noção da real vocação desse raio. O círculo sobre a cruz é um símbolo claro da vitória do espírito (o círculo) sobre a matéria (a cruz), mas pode ainda ser interpretado como se fosse um espelho na mão da deusa. Assim, entende-se que será por Vênus que estaremos face a face com a nossa realidade mais íntima, a qual todos nós precisamos encarar para crescer. É o "conheça-te a ti mesmo" levado em uma viagem interior até as profundezas escuras de cada um de nós. É um processo de encontrar nossa identidade manifestada nesta realidade, aquilatando nossos valores, descobrindo em nós o que gostamos daquilo que queremos distância. Caboclo Mirim advertia: "Aquele que não tiver disciplina para entender a si próprio, nunca poderá entender os outros".

Mirim designava como "corpo emocional" a porção de nosso ser que vibra instintivamente no Raio de Vênus, que vive ainda na fase de experimentações, satisfazendo caprichosamente a sua personalidade. Dizia que os homens acabam por se tornar escravos desta, deixando-se divagar no "labirinto de seus sentimentalismos tolos".

Por isso, o caminho exige responsabilidade. Não podemos perder o foco e o equilíbrio, não nos podemos deixar levar pelos extremos dessa vibração e acreditar que as coisas se dividem apenas em "perfeitas" ou "intoleráveis", tais quais os fanáticos. Nessa jornada, devemos estar alerta para não vivermos em função de nosso "próprio umbigo", achando que só tem valor a "minha" verdade, o "meu" mestre ou o "meu" caminho. Crescer e amadurecer espiritualmente não é caminho fácil, e muitos ficarão pela estrada, pois o "meu" é toda a referência daquele que vive extremado no Raio de Vênus.

Caboclo Mirim ensinava que o indivíduo só terá condições de deixar aflorar a luz do espírito de sua própria centelha divina ao aprender a serenar as intensas paixões e as ligações emotivas com as coisas deste mundo físico, vivendo sua própria vida longe das "novelas" alheias. Será pela "indiferença construtiva" com o mundo ao seu redor que conseguirá olhar para suas próprias ações, assumindo suas responsabilidades consigo mesmo. Com essa postura diante da vida, o indivíduo aprende a ser indivíduo, centro de seu microcosmo. Aprende a superar a necessidade de viver para os outros e em função dos outros. Isso também se refletirá em sua religiosidade mais íntima, pois levará o indivíduo além da devoção a um distante deus exterior, percebendo que a verdadeira luz está dentro de cada um, pois somos todos parte Dele. Daí nascerá o verdadeiro amor, abrangente, magnético e universal. Este é o ágape cristão, um amor divino, incondicional, com autossacrifício ativo, pela vontade

Reflexões sobre a Escola de Caboclo Mirim

e pelo pensamento. Amor arrebatador, que pulsa nos corações dos seres iluminados que inspiram a humanidade a crescer: de Buda a São Francisco, de Krishna a Jesus, todos souberam canalizar a devoção ao divino, ensinando-nos a ir além do "meu" para um amor fraternal ao "nosso" Pai Maior!

O raio de Júpiter

Aqui vibra a misericordiosa luz de equilíbrio e da Justiça, que defende a lei e traz estabilidade ao mundo. No majestoso Raio de Júpiter, brilha forte a imagem arquetípica do soberano que governa para o bem dos governados, o pai justo e amoroso, protetor e preservador da ordem. Certamente, estaremos descrevendo o reino de Xangô, o Zeus do universo iourubá.

Zeus (Júpiter para os romanos) morava no topo do monte Olímpo, a morada dos deuses da Grécia. E não por acaso a morada de Xangô é o alto da montanha, ou da pedreira. Tanto a relação com a pedra quanto a posição geográfica, nas alturas em relação aos seus governados, são símbolos da atuação do Raio de Júpiter em nosso plano de existência.

> E Eu te declaro: tu és Pedro, e sobre esta pedra edificarei a Minha Igreja; as portas do inferno não prevalecerão contra Ela. Eu te darei as chaves do Reino dos céus: tudo o que ligares na terra será ligado nos céus, e tudo o que desligares na terra será desligado nos céus. (MATEUS, 26, 18-19)

São Pedro, São José, São João Baptista e, claro, São Jerônimo, são alguns dos personagens envolvidos no sincretismo afro-católico tão conhecido dos umbandistas, cada qual assumindo uma "qualidade" de Xangô. Novamente, o mitológico nos traz preciosas lições, como vemos no trecho bíblico citado: Lá está Pedro, do grego *Pétros*, 'pedra', significando solidez e estabilidade, onde o Cristo assentará sua "Igreja", ou seja, a fé viva estabelecida em todos os nossos corações. Chamado de "dono das chaves dos céus", transparecem os ensinamentos da Cabala hebraica, profundamente estudada por aqueles patriarcas do Catolicismo. Pedro, atuando como senhor do Raio de Júpiter, representa a ligação (ou conexão) da luz do Cristo, segunda pessoa da Suprema Trindade Criadora, com a obra criada pelo Pai, concretizada em nosso plano.

Na Cabala, isso significa dizer que esse raio vibra no limiar entre o plano espiritual maior, ali chamado de Briah (o Mundo da Criação, que representa o berço das Ideias e Inspiração divinas), e as "planícies" de nosso plano astral, Yetzirah na Cabala (o Mundo da Formação). Será, portanto, através de Júpiter que nossas mentes limitadas poderão conceber a criação divina, concretizar o abstrato em realidade no nosso Universo.

Essa concepção teológica é bastante presente nos ensinamentos de Mestre Mirim, que fez clara a distinção entre Xangô-Kaô e Xangô-Agodô, esse último o Xangô/Júpiter tradicional. Por isso, ficou parecendo que na nossa Escola há dois xangôs entre os orixás maiores. Ambos são aspectos do mesmo raio, um mais próximo da realidade do umbandista, o Xangô tradicional, força agregadora e organizadora, e o outro, Xangô-Kaô, atuando como divino intermediário das irradiações do plano superior, das esferas criadoras do Universo, do Pai, do Cristo e do Espírito Santo. Xangô-Kaô merece um espaço próprio em nossos estudos; pela maior complexidade que o envolve, deve ser tratado em um capítulo à parte.

É no Raio de Júpiter que vibra, principalmente, Xangô-Agodô, a importante energia condensadora emanada do Criador. Essa energia atua na "materialização" do sopro inspirador, que surge inicialmente no plano das ideias e ainda em processos vitais do nosso organismo, onde age de forma anabólica nas reações que visam ao armazenamento de energia e na construção de tecidos. Na natureza, essa ação é vista, por exemplo, na formação do cristal ou da pedra preciosa, perfeita em forma e beleza de suas linhas e cores.

Júpiter agrega conhecimento e valores em torno de si, transmitindo sua exuberante energia à matéria através da mente, capacitando-nos com potencial para generosidade e altruísmo em prol do coletivo, movidos pelo ideal da ética e da moral elevada. Atua ainda pela preservação e respeito às leis que regem a convivência pacífica entre os seres humanos e que dão ritmo à vida, pois, com ordem e organização, tudo terá seu devido fluxo e encaminhamento. Para agregar homens em sociedade, só com leis éticas e claras a todos, para que seja possível aflorar o respeito mútuo entre as diferentes cabeças. O Raio de Júpiter torna-se então o ordenador maior, guardião do mais alto ideal de Justiça, por não permitir que nada seja feito de forma diferente da estabelecida, pois que a "semeadura é livre, mas a colheita obrigatória".

Porém, todo indivíduo mais suscetível à influência desse raio deve ter atenção redobrada, porque tenderá a ser severo demais com qualquer deslize alheio, que será percebido como grande pecado ou violação às regras. Da exacerbação dessa vibração, quando desconectada das emanações de amor do Altíssimo, nascem os dirigentes ditadores e os tiranos, personagens sem qualquer misericórdia pelo semelhante, voltados egoisticamente para um projeto pessoal, para a materialização de seu ideal particular, onde os fins justificarão os meios!

Não por acaso o Raio de Júpiter é o raio que vibra sobre todos os médiuns no grau de abarés-guassus, futuros comandantes de suas casas. É o momento de se reconstruir, agregando altos padrões morais, deixando aflorar uma nova inteligência emocional (bem diferente daquela "acadêmica"), que permita prevalecer a razão equilibrante. A palavra de ordem é maturidade para todo aquele que se prepara para o sacerdócio maior, agora sob a luz de Júpiter, pois será seu exemplo e entusiasmo, mais do que suas palavras, que irradiarão a força agregadora para a Tenda.

Benjamin Figueiredo (1953) já ensinava aos CCTs que é dever destes, dentro de nossa Escola de Umbanda, atentarem para que:

> Seja qual for o seu estado civil, estar em condições de fazer prova de sua autoridade moral bem como de sua conduta ilibada e exemplar, no lar e fora dele. Ser compreensivo, tolerante e nunca mentir, demonstrando espiritualmente estar isento de preconceitos, a fim de que as suas decisões sejam justas.

O raio de Saturno

É importante ao espiritualista do século XXI entender que é muito difícil enquadrar a obra e as manifestações divinas em tabelas fixas, onde simples classificações resumiriam diversas vibrações e aspectos de uma mesma força sob um único nome, na tentativa de explicar a onipotência divina apenas pela ótica de uma cultura específica, designando-a por deuses, tronos, orixás etc. Por mais que eu simplifique a linguagem, para que esta se torne acessível ao maior número de umbandistas, preciso do esforço do leitor para, junto comigo, ir além de um raciocínio cartesiano, permitindo-se sentir as manifestações do Criador em toda a sua riqueza e diversidade. Vamos agora estudar o "Raio de Saturno" em seus diversos níveis de vibração, dentre eles o de Yofá, manifestada por pretos-velhos e pretas-velhas em nossos terreiros.

A primeira dificuldade nessa exposição deve-se ao nome desse raio, que poderíamos denominar "Raio do Espírito Santo", "Raio da Superação Física" etc. Porém, não há como negar sua associação esotérica com o planeta Saturno, um dos sete planetas sagrados dos estudos ocultistas, o gigante e gelado "Senhor dos Anéis". Também na astrologia, Saturno é considerado um "planeta maléfico", o que não condiz com sua real atuação em nosso mundo. Veremos nas próximas linhas que os seres que vibram no Raio de Saturno trabalham pelo aperfeiçoamento da humanidade, lapidando a personalidade e, sobretudo, o veículo etérico do homem, para que seja instrumento perfeito ao espírito no plano da manifestação física. Gosto da exposição trazida por Alice Bailey em seu *Tratado dos sete raios*, em que define o Raio de Saturno (denominado por ela o "7º Raio"):

> A função cósmica principal do 7º Raio é a de realizar a Obra mágica de fundir o Espírito e a matéria, de modo a produzir a forma manifestada por meio da qual a vida desenvolverá a glória de Deus. (BAILEY citada por BATÀ, 1995)

Para se ter noção da grandeza do Raio de Saturno, nele opera a terceira pessoa da Sagrada Trindade, o Espírito Santo dos cristãos, em toda a pujança criadora de força viva, que, em movimento constante, une o altíssimo plano da Criação ao nosso pequeno universo da obra divina manifestada. Essa força criadora carrega em si as polaridades necessárias à criação da vida, ou seja, as forças masculina e feminina integradas. Não há dualidade, não há polos; é poder fertilizado e rico de possibilidades que se move, induzindo e conduzindo à criação. Seja em seu aspecto estimulador ou receptivo, esse raio atuará alimentando a energia espiritual para que seja plena sua manifestação no plano físico, que vai da concretização de uma ideia inspirada até a geração da própria vida física, mas sempre organizando a matéria, plasmando e modelando o plano sutil da existência para sua realização neste mundo concreto.

Há uma aparente ambiguidade e uma notória má fama atribuídas a Saturno, já que este pode ser representante do poder que transmite e alimenta a vida para esta se manifestar ou ser encarado como aquele que "impõe" o jugo da matéria ao espírito livre. Na Cabala, Saturno é associado à *sephirah* Binah, que também simboliza a "Grande Mãe", o "útero arquetípico" por meio da qual a vida vem à manifestação. Por outro olhar, essa potestade pode parecer tirânica quando recebe e acondiciona uma força bruta sob a disciplina da forma, fazendo com que seja obrigada a organizar-se e desenvolver-se de maneira muito menos livre do que era quando livre e ilimitada (embora também desorganizada) no plano sutil. É uma limitação e um encarceramento, uma sujeição e uma constrição. O acondicionamento na forma limita a vida, aprisiona-a, mas, não obstante, permite a ela se organizar. É um poder de aspecto severo, disciplinador, onde agem antigos educadores dos seres em evolução.

Quando nos referimos à "vida", trata-se de todo ser, toda criação existente nos vários níveis possíveis, pulsando mesmo antes de se fazer visível no plano da matéria, onde nossa cultura lhe atribui nome e sobrenome, cataloga-a e a disseca física e psicologicamente. Os raios pelos quais se manifesta a luz do Criador atuam em vários planos da existência, desde a criação do Universo, das galáxias e mundos, até na obra manifestada em nosso pequeno planeta. Assim também é com o Raio de Saturno. Para atingir melhor assimilação do antigo conhecimento oculto, vamos limitar esta explanação ao nível da existência em torno de nosso mundo e do intercâmbio da força desse raio com a vida neste plano do Universo.

Toda a vida no plano sutil da existência é tal qual força e luz, livre das limitações advindas da materialização neste mundo, como acontece, analogamente, com um espírito desencarnado. Na Espiritualidade, ele pensa ser "imortal", pois nada há ali que possa envelhecer ou morrer. Mas, quando vem à Terra, desde o dia que "nasce" do ventre da mulher, o agora "espirito encarnado" já pode sentir a morte de seu veículo físico no horizonte. Não reza o dito popular que a única certeza de que se tem é de que iremos morrer um dia? Então, percebemos que a mesma porta pela qual a poderosa mãe de todos os viventes possibilita a existência e os aprendizados pela vinda ao plano físico da matéria, também pode ser vista como o princípio da morte, porquanto tudo que está "vivo" na matéria, neste mundo das formas, precisará morrer depois de cumprir sua missão, e, em constante movimento, voltar em essência ao plano sutil, à "pátria espiritual". Nos planos da forma, morte e nascimento são duas faces da mesma moeda.

Por isso, ambos os simbolismos podem ser associados à força da terceira pessoa da Sagrada Trindade: a Mãe Suprema (na Cabala, a *sephirah* Binah); e Saturno, o solidificador!

Em nossa Escola, o aspecto Deus-Mãe do Espírito Santo foi também chamado de Yemanjá, a rainha do grande mar, manifestada na terceira pessoa da Sagrada Trindade, no plano maior da Criação. Como já abordamos esse aspecto teológico em capítulo próprio, focaremos nos aspectos saturninos e na luz emanada por seu raio nos terreiros de Umbanda, bastante evidenciada nas manifestações dos queridos pretos-velhos e pretas-velhas.

Muitos podem se perguntar como pode a força de Yofá vibrar junto ao Raio de Saturno, se seria esse planeta o "grande maléfico" da astrologia? Estudando um pouco mais, conseguiremos compreender a raiz de tantos preconceitos culturais que envolvem esse astro, até mesmo pela própria imagem mitológica de Saturno (em Roma) ou Cronos (na Grécia).

A confusão começou ainda na Antiguidade, primeiramen-

Reflexões sobre a Escola de Caboclo Mirim 143

te no período alexandrino e, depois, no Renascentismo. Desde aqueles tempos, Cronos *v*em sendo confundido com outra divindade chamada Khronos (ou Chronos), um dos deuses primordiais na mitologia grega, a personificação do "tempo". Khronos surgiu no princípio de tudo, formado por si mesmo. Era um ser incorpóreo e serpentino, que, unido à sua companheira Ananke (a inevitabilidade), enroscou-se em espiral em torno do "ovo primogênito", de onde foi formado o Universo, a terra, o mar e o céu. Diz ainda a mitologia que, após a criação, Khronos manteve-se tal qual uma força para além do alcance e do poder dos deuses mais jovens, conduzindo a rotação dos céus e o caminhar eterno do tempo. Mais adiante apareceria também em algumas narrativas aconselhando Zeus, dessa vez sob a forma de um homem idoso de longos cabelos e barbas brancos, como a simbolizar sua longevidade.

De forma semelhante, o titã Cronos (para os romanos o seu deus Saturno) era também descrito como um idoso, uma velha deidade que gerava os deuses do Olímpo, mas que tinha por hábito devorar seus próprios filhos, evitando assim que um dia fosse destronado por estes. As imagens renascentistas desse canibalismo simbólico, erroneamente atribuído a ambos os deuses, incitou mais a confusão entre eles e gerou a má fama dentre os não iniciados, que nunca compreenderam uma cena tão brutal. O ensinamento que traz o conto mitológico é da eterna relação vida x morte, em que a vida manifestada na matéria volta ao ponto de partida, seus "pais", após cumprida sua missão, verdade esta levada até o texto bíblico pela sentença que afirma "[...] que te tornes à terra; porque dela foste tomado; porquanto és pó e em pó te tornarás". (GÊNESIS, 3.19)

Porém, a má fama de Saturno não acaba por aí. O "Pai Maior", o Criador (para nós, Tupã), é concebido como o supremo bem, que projeta seu poder criador na forma do "filho" (Oxalá), força reativa ao Pai em estado latente, própria de um princípio masculino, cinético. Na obra criadora, para que haja seu contínuo movimento, esse poder precisa estar casado à grande Mãe – Yemanjá (Binah-Cronos-Saturno), que, como princípio receptivo feminino, será a opositora perpétua de todos os impulsos dinâmicos, retendo, canalizando e direcionando a criação para sua cristalização nos planos inferiores.

Deixando-se levar por uma equivocada interpretação teológica, alguns estudiosos concluíram que Saturno seria tal qual um senhor dos reinos inferiores da matéria, agindo, portanto, como um inimigo do plano espiritual, a ser vencido e ultrapassado, da mesma forma que na mitologia o titã Cronos (Saturno) acabou destronado e expulso dos céus por seu filho Zeus. Assim, Saturno

Figura 16: Saturno devorando seu filho, de Peter Paul Rubens, 1639.

ficou com o papel daquele que se opõe à plena manifestação da luz do espírito, um verdadeiro inimigo de Deus, um senhor do Tempo-Morte, o demônio que, com sua influência, sujeita o homem, por seus desejos, a uma vida encarcerada na forma mundana.

Figura 17: Deus Pan.

Para completar, no culto pagão antigo havia a adoração ao deus Pan, um representante de Saturno, que controlava os mundos inferiores e, principalmente, a natureza menor do homem (aquele seu "lado animal"). Era uma criatura composta por um ser humano na parte superior (com chifres na cabeça) e, na parte inferior, o corpo de uma cabra. Sua caracterização foi a grande inspiração para a figura do diabo na cultura ocidental, e que viria a influenciar também na criação daquelas infelizes imagens de Exu que circulam por aí.

Os pretos velhos

> Navio negreiro no fundo do mar
> Navio negreiro no fundo do mar
> Correntes pesadas arrastando na areia
> A negra escrava se pôs a cantar
> A negra escrava se pôs a cantar
> Saravá, minha Mãe Yemanjá
> Saravá, minha Mãe Yemanjá
> Virou a caçamba pro fundo do mar
> Virou a caçamba pro fundo do mar
> Quem me salvou foi mãe Yemanjá
> Quem me salvou foi mãe Yemanjá

Nós, umbandistas do século XXI, estamos mais do que acostumados com algumas dessas confusões simbólicas e com o preconceito que advém da incompreensão de seus verdadeiros significados. Por isso, sempre me estendo um pouco mais na exposição de alguns aspectos da mitologia e das lendas, exatamente porque elas são carregadas de significados (alguns menos óbvios), que, quando mal interpretados, afastam o estudioso de seu caminho. A Umbanda é rica de simbolismos, trazidos pelos nossos iluminados guias com o objetivo de nos transmitir profundos conhecimentos sobre a vida, nosso destino e nossa missão. Assim acontece com as narrativas sobre a trajetória dos queridos preto velhos e pretas velhas, repetida e reforçada em mais de cem anos de presença dessa falange de trabalho tão importante em qualquer terreiro, e que já se consolidou como uma das mais poderosas egrégoras de luz de nossa religião.

Percebam, irmãos, que a formação dessa egrégora foi um trabalho sistematizado, coordenado pelas altas esferas da Espiritualidade. A história oficial, dos livros, nunca irá retratar exatamente o que imaginamos sobre a figura de pretos-velhos e pretas-velhas no cativeiro, pois suas lições, muitas vezes passadas na forma das curimbas, vêm, na verdade, nos lembrar sobre a nossa jornada espiritual neste mundo e não sobre como era a vida deles no "tempo do cativeiro". Academicamente falando, não tivemos muitos negros de idade avançada escravizados no Brasil, pois os historiadores comprovaram que, devido às condições insalubres e penosas da vida nas fazendas e senzalas, o tempo médio de vida de um escravo era de dez a quinze anos após sua chegada ao Brasil.

Então, não existiram pretos velhos e pretas velhas? Não na forma emotiva que pensamos...

Esses abençoados guias de Aruanda são realmente antigos espíritos que "caminham devagar" sobre a face deste orbe desde sua formação. Viveram dias de "senhor" e de "escravo", sentiram o peso do corpo cansado e a dor da alma aflita como todos nós, mas não apenas nesta encarnação nas "Terras de Santa Cruz", mas por um "cativeiro" de centenas de anos e idas e vindas, de aprendizado e esforço no caminho da iniciação e da iluminação!

E para nos ensinar que "o cativeiro acabou", fazem da poderosa lembrança dos dias de sofrimento do povo africano no Brasil uma das mais tristes histórias de dor e superação que conhecemos, fonte de antigos e ocultos conhecimentos que esses humildes mestres vêm dividir com nossa gente simples.

Tendo em mente o que foi exposto sobre o Raio de Saturno, apresentamos um breve conto que resume alguns desses antigos conhecimentos:

> Nas matas do Congo, de Angola, de Guiné e de toda a África viveram os negros como homens livres, parte de reinos antigos e poderosos. Subjugados, foram confinados e lançados ao "grande mar", em uma sofrida travessia onde muitos sucumbiram e morreram pelo caminho, jogados dos navios negreiros de volta aos braços misericordiosos da Mãe d'Água, dona da "Calunga Grande".
>
> Para os que conseguiram chegar e botar os pés em solo firme outra vez, foi um verdadeiro renascer pela travessia das águas: novo país, nova língua, novo nome, nova forma de viver, nova cultura e novas famílias. Tudo insistia em lembrar que a matéria pertencia a um senhor, mas o espírito podia e devia continuar livre, buscando elevar-se além do cativeiro visível, mantendo viva a esperança de um dia poder voltar para sua pátria.
>
> Foi pela fé, e a vibração dos Orixás, além de um co-

ração cheio de amor e gratidão à Mãe Sagrada, fosse Yemanjá ou Maria, que o agora preto velho se tornou um sábio ancião dos tempos, sem nunca deixar morrer dentro de si a sua essência. A liberdade não estava mais na África distante, nem dependia da caridade do senhor branco, pois preto velho percebeu que seu coração nunca deixou de pulsar junto à eterna presença de Zambi, o Pai Supremo... Nesse dia o cativeiro acabou!!!

Já ouvimos muitas histórias semelhantes. Afinal, a jornada do povo africano, contada de forma tão simples por humildes pretos velhos e pretas velhas, vem nos lembrar da antiga sabedoria encontrada nas ancestrais escolas esotéricas, em pergaminhos sagrados para tantos povos da Antiguidade. Os textos antigos nos ensinam a mesma coisa, só que em outra linguagem. No ocultismo, está clara a ideia da submissão à dor e à morte, quando o espírito faz sua descida aos planos da forma, o "cativeiro" de todos nós. Aqui, temos por dever trabalhar duro e honrar este templo sagrado do espírito, que é o nosso corpo físico, buscando sem descanso o aperfeiçoamento na trilha da evolução, seguindo, como nos ensina a Cabala, o "Trigésimo Segundo Caminho", o "Caminho de Saturno", rumo às esferas superiores, necessariamente através da *sephirah* Yesod, a esfera da Lua, Yemanjá rainha do plano astral!

Vamos abordar Yofá em um capítulo próprio, mas não podíamos deixar de registrar aqui que a filosofia da Escola de Caboclo Mirim é clara em nos ensinar que Yofá não é Omulu/Obaluaiê/Iorimá! Apesar de ambos estarem sob a regência do Raio de Saturno, trabalham em aspectos e planos vibratórios distintos. Astrologicamente, Saturno vibra no elemento ar, o plano espiritual, ou no elemento terra, a matéria. Como expusemos, Yofá trabalha junto à terceira pessoa da Sagrada Trindade criadora, atuando no intercâmbio do plano maior da manifestação divina e o nosso plano de existência, tendo por mensageiros espíritos milenares, livres do "cativeiro", que é a "roda das reencarnações". Omulu/Obaluaiê/Iorimá representam apenas uma parte da vibração dinâmica de Yofá, atuando em uma "oitava" abaixo, onde há também a manifestação do

Raio de Saturno. Nesse plano, almas em evolução vibram sob o fluxo das emanações superiores e promovem o intercâmbio da vida manifestada no plano físico com o plano sutil, espiritual, mas são seres que permanecem atrelados ao nível energético da Terra. São as chamadas "Santas Almas", que cuidam da "Calunga Pequena" e dos aspectos mais densos e terrenos da humanidade. Percebam, porém, que essas almas ainda estão em evolução, presas à "roda das reencarnações", pois, mesmo sendo seres em estado sutil de existência, estão em condição temporária na Espiritualidade. Portanto, vale lembrar Mestre Mirim: "Trabalhamos para as almas e não com as almas".

Os mestres que atuam sob o Raio de Saturno, a quem chamamos na Umbanda de pretos velhos, são antiquíssimos espíritos que dominam os fluxos desse raio, coordenando ritmicamente a aspiração e a inspiração, a subida e a descida da força criadora e sua realização em nosso plano. Esta é a força dinâmica de Yofá na vibração do Espírito Santo!

O Raio de Saturno nos conduz à compreensão de que há magia em toda a atividade desenvolvida ritmicamente, pois um enorme poder é concentrado por uma ação controlada, que dirige e canaliza as forças para que atuem onde e quando queremos. Aprendemos que há um lado espiritual oculto nas coisas aparentemente mais humildes e mais comuns, nas ações mais costumeiras, nos trabalhos mais materiais. Se estamos realmente conectados na execução de uma atividade, podemos transmitir-lhe um significado superior, uma energia espiritual, um valor que dissipará a dualidade espírito e matéria. Será por esse encontro que se despertará a consciência da Era de Aquário, em que a realidade espiritual permeará nossas atitudes neste orbe, onde os elevados valores dos nossos guias e mestres da luz serão tal qual voz que não poderemos silenciar, vívida entre nós! Religiosidade não mais será confundida com religião, o que libertará as almas mais maduras do cativeiro imposto por uma fé quase infantil, permitindo-se afinal ser sede do Sagrado Templo do Espírito, e viver plenamente o advento da consciência do Cristo em seus corações!

Reflexões sobre a Escola de Caboclo Mirim

O raio do Sol

Desde tempos imemoriais, é o Sol o grande símbolo da deidade maior, do soberano regente da vida em nosso mundo, o ponto central de nossa existência. Assim como a estrela incandescente em torno da qual os nove planetas orbitam em nosso sistema solar, é o Sol esotérico o símbolo perfeito do grande dador de Vida, o mediador da Luz do Pai, que faz com que entremos em contato com as verdadeiras fontes de vitalidade física e espiritual.

Para os povos antigos, era natural a adoração ao astro-rei, pois sua presença era garantia de crescimento das plantações, bem como seu calor e sua luz representavam a segurança da vida durante o dia, em oposição ao frio e aos perigos dos predadores habitantes da noite escura. Pela observação do movimento do Sol, da Lua e das estrelas, esses povos começaram a entender o ritmo da vida, os momentos propícios de plantar e colher, as épocas das chuvas, as marés, e até a fisiologia do ser humano. Tamanho poder sobre a vida dos homens só poderia pertencer aos deuses, e foi assim que surgiram as mitologias correlacionadas aos céus...

Para os estudiosos de hoje, fica claro que as histórias de muitos dos deuses dos vários povos da Antiguidade estão intimamente relacionadas ao movimento astrológico, ao cotidiano da vida nas aldeias e à eterna guerra do "bem x mal". Lembremos, ainda, que a cultura ocidental se cristalizou a partir do desenvolvimento das sociedades que habitavam o hemisfério norte do nosso planeta, principalmente aquelas próximas ao mar Mediterrâneo e ao Oriente Médio. Da interação dessas diversas culturas, pelo comércio em tempos de paz ou por guerras e dominações, surgiram sistemas religiosos carregados de simbolismos tão fortes que nos influenciam até os dias atuais. Não é difícil perceber que foi pela percepção da segurança de se viver sob a luz do dia, em oposição ao medo gerado pelos mistérios da noite escura, que surgiu a analogia com o embate místico de "luzes *versus* trevas". O Sol pode até "morrer" ao final de cada dia, mas "ressuscitará" na manhã seguinte, reinando absoluto sobre a noite, do mesmo modo que o verão derrota o temível inverno, em um drama cósmico que fez surgir deidades solares em diversas partes do mundo.

À medida que as sociedades antigas foram se desenvolvendo, a ritualística religiosa foi ficando mais sofisticada, com elementos que iam além do que o grande público poderia acompanhar pelo culto exterior, exotérico. Assim, templos, gestos e palavras passaram a vir carregados de significados ocultos, de domínio apenas dos altos sacerdotes do culto esotérico. Até a mitologia dos deuses foi aperfeiçoada, para que trouxesse mais do que os dramas heroicos que emocionavam as massas, pela inserção de simbologias que somente os iniciados alcançariam. O Sol físico, maior fonte de luz e essencial à vida em nosso planeta, sempre foi o símbolo maior da Luz divina, associado ainda ao ouro, metal maior do reino mineral, o eterno, aquele que nem a água consegue corroer!

Nas mitologias egípcia, persa, indiana e greco-romana, encontramos vários deuses solares, como "Atom-Rá", "Apolo", "Sol Invictus" e "Mitra", apenas para citar alguns. Aliás, peculiaridades do mitraísmo chegaram até nós, já que foram agregadas ao Cristianismo, como a comemoração do nascimento de Mitra em 25 de dezembro, logo após o solstício de inverno no hemisfério norte – o dia do ano com menor presença de luz solar – e que marca a volta do Sol rumo à sua plenitude (completa no ápice do verão de lá), como se fosse o início da vitória da luz sobre a escuridão. Isso não significa que Jesus nunca andou entre nós, mas sua mensagem certamente ganhou poder diante dos fiéis dos demais cultos pagãos quando o associaram ao mito solar, como em: "Eu sou a luz do mundo; [...]" (JOÃO, 8:12) ou em "[...] e o seu rosto era como o sol, quando na sua força resplandece." (APOCALIPSE, 1:16)

Para entendermos como atua a força representada pelo Sol na teologia da Escola de Mirim, precisaremos, primeiramente, separar os dois "personagens" que ocupam o lugar mais alto nos altares de Umbanda: Cristo e Jesus. Não se trata de novidade para quem segue nossa Escola, pois o tema foi, inclusive, apresentado oralmente por Roberto Ruggiero, membro da Delegação da Tenda Espírita Mirim, na sessão de 24 de outubro de 1941 do 1º Congresso Brasileiro do Espiritismo de Umbanda no Rio de Janeiro. Detalharemos o tema Cristo-Oxalá em um capítulo próprio, mais adiante.

"Cristo" é a tradução em português da palavra grega *khristós*, que significa 'ungido', ou seja, aquele que é sagrado. Essa mesma palavra grega veio da tradução do termo hebraico *Mᵟšîaᵟ*, 'Messias', pela transliteração em português, exatamente o que Cristo significa nas Velhas Escrituras. Muito antes de Jesus, o advento do Messias já era alardeado em diversas profecias encontradas em textos hebraicos antiquíssimos, como no *Tanakh*, que deram origem ao que os cristãos conhecem como Antigo Testamento. É essa "Luz do mundo", o Messias, o Redentor, Oxalá, o Senhor do Mundo, que abordaremos neste estudo.

Ao adentrarmos os templos que orgulhosamente afirmam seguir a Escola de Mirim, deparamos logo com a imagem de Cristo-Jesus no lugar mais alto do terreiro, o Oxalá, que, geralmente, tem a seus pés a inscrição "O Médium Supremo" – quase uma "marca registrada" de nossa Escola. Essa expressão é carregada de significados, públicos e esotéricos! Se olharmos para a imagem e pensarmos em Jesus, entenderemos "médium" pela conotação espírita, ou seja, aquele que é intermediário ou mediador de uma presença espiritual (no caso do médium Jesus, o próprio Cristo). No ocultismo, o Cristo é entendido também como o mediador da Luz do Pai, despertando-a nos corações dos filhos de Deus. Então, que fique claro que o Raio do Sol é o Raio de Oxalá, o maior dos orixás, abençoada força cósmica – o Cristo –, que, pela necessidade humana de uma imagem para direcionar a fé dos simples, não poderia ter sido associado a um ícone melhor do que o do Cordeiro de Deus, o Mestre Jesus.

Por estar esotericamente no "meio", como intercessor do Criador nos planos inferiores, podemos sentir o Cristo de acordo com nosso estágio pessoal de maturidade emocional e espiritual. Se vivemos a nossa fé ainda de forma simples, apegados a uma religiosidade mais concreta, em que os rituais exteriores, imagens e dogmas rígidos nos traduzem tudo o que é divino, enalteceremos o Cristo quase o colocando no lugar do "Pai", o que é natural para quem ainda não atingiu o estágio próprio para apreender os mistérios da criação pessoalmente. Aqui o

Cristo assume o seu lugar como o Senhor do Mundo, agregando em torno de si as forças da criação, nossos orixás. Mas, quando nos colocamos em vibração focada no Pai Maior, Tupã, percebemos o Cristo através da pureza da criança, o Filho, símbolo de vida que sempre renasce, o meio pelo qual Deus se manifesta na forma e habita entre nós, como se deu pelo iluminado Mestre Jesus, o Médium Supremo.

A exaltação a Oxalá é fundamental na Umbanda, pois só sua luz é capaz de tornar compreensível à consciência humana a presença transcendental do Pai, evocando, portanto, a um patamar superior todo culto que envolve tantas e tamanhas forças da natureza, cujo envolvimento irresponsável pode facilmente decair em mera feitiçaria pelo contato com os instintos menores do ser humano. A força crística de Oxalá é aquela que nos impele a crescer, pois sua luz é só beleza, harmonia e equilíbrio, atuando em nosso plano como um ponto focal, um centro de transição ou transmutação da consciência. Não se chega ao Sol indo diretamente a ele... Sua luz pode até "cegar"! Seu calor e poder são para serem sentidos e vividos, não observados. Por exemplo, em um dos principais rituais de nossa Escola: a gira, evocamos diversos orixás, movimentando o Universo ao redor do Sol, mas não vamos "direto ao ponto". Ao equilibrarmos todas as forças manifestadas em nosso plano, abrimos as portas para a manifestação do Cristo, de Oxalá, em nossos corações.

Assim também acontece com o nosso desenvolvimento íntimo. Cresceremos transitando pelos vários graus, aprendendo nas experiências trazidas pelas forças que regem cada um, para que encontremos nosso equilíbrio espiritual neste plano da matéria. Então, Oxalá se manifestará, pois encontrará a manjedoura abençoada em nós, e, sob sua vibração, despertaremos para a iniciação maior.

Mas não se enganem, queridos irmãos... O caminho da iniciação é solitário e doloroso para nossa personalidade mundana, que deverá "morrer" para libertar o espírito por ela "aprisionado".

> Deus, meu Deus, por que me abandonaste? (MATEUS, 27:46)

A vida de Jesus é extremamente alegórica sobre o caminho da iniciação sob a luz de Oxalá. Temos de despertar nossa consciência neste plano da existência, o mundo da vida natural, onde estamos quase no nível dos animais nascidos em um humilde estábulo. Crescemos no labor e, por nossos esforços, aprendemos com aqueles que vieram antes de nós, passamos por desertos de provas e tentações, amadurecemos e assumimos o centro de nosso universo particular. Jesus é, então, o "rei dos judeus", senhor que conduz o povo humilde à glória, ovacionado na entrada triunfante em Jerusalém. Mas o caminho é de ascensão do espírito, e, por isso, o ego deverá morrer...

> Pai, em tuas mãos entrego meu espírito. (LUCAS, 23:46)

O Cordeiro de Deus deverá ser sacrificado na cruz, a representação mística desse universo material, formado pelos quatro elementos básicos. A matéria densa será sempre cativeiro para a infinita força e luz do espírito, portanto, para se libertar de seu casulo de carne, só sacrificando a matéria... E é assim que o Raio de Oxalá atuará como poder transmutador e libertador! Entendam que não é de uma morte literal do corpo que estamos falando, pois tudo é simbólico. Mas este é o caminho de todo iniciado, dure quantas encarnações for preciso.

E, mesmo nós, sacerdotes iniciados, estamos apenas no princípio do caminho! Os iniciados devem reunir em si a capacidade de sentir Oxalá em todos os níveis de consciência, transmitindo aos fiéis a fé no Filho como redentor da humanidade, aquele que caminhou entre nós e se tornou o iluminado Médium Supremo; sem deixar, porém, de estimular a devoção em Oxalá como o Sol de nossas vidas, a Luz do Pai Maior refletida em nosso plano da existência!

> Eu sou o caminho, e a verdade e a vida; ninguém vem ao Pai, senão por mim. (JOÃO, 14:6)

Oxalá, no ponto mais alto de qualquer tenda, é o ponto focal de nossa fé, símbolo de imaculados princípios espirituais que almejamos alcançar em nossa caminhada evolutiva. Canaliza em si o amor de nossa gente pelo que vem dos céus, força superior a nós, que nos inspira aos mais altos ideais de união com a luz do Altíssimo. É esse desejo latente em todo fiel que deve ser trabalhado, para que, quando somado a outros componentes emocionais (ritual, curimbas etc.), conduza o filho de fé ao êxtase espiritual, àquele momento que nos transporta a outra dimensão e nos permite apreender coisas que os olhos não veem nem os ouvidos ouvem.

Desse modo, Oxalá atua como uma janela pela qual podemos contemplar e sentir as emanações das altas esferas do plano espiritual. É esse despertar de nossa consciência superior que nos faz capazes de tomar contato com a luz dos verdadeiros Mestres de Aruanda, com quem nossos guias espirituais trabalham por nossa evolução íntima!

O setenário sagrado na umbanda

Não é novidade para qualquer irmão, estudioso dos assuntos da fé, que o número sete sempre ocupou lugar de destaque em diversas teologias religiosas. Para ilustrar, inicio este capítulo citando a ocultista Helena Blavatsky (1981), em breve introdução sobre o tema:

> O número sete era considerado sagrado não só em todas as nações com culturas próprias da antiguidade e do Ocidente, mas tem sido visto com a maior reverência também pelas nações mais recentes do Ocidente. A origem astronômica deste número está confirmada além de toda dúvida. O homem, sentindo desde tempos imemoriais que depende de forças celestes, sempre e em todo lugar considerou que a Terra estava sujeita ao céu. Assim, o corpo celeste maior e mais iluminado tornou-se para ele o poder mais importante e mais elevado; e assim eram os planetas que toda a antiguidade contou como sendo *sete*. Ao longo do tempo, eles se transformaram em *sete* divindades. Os egípcios tinham *sete* deuses originais e mais elevados; os fenícios tinham *sete* kabiris; os persas, *sete* cavalos sagrados de Mitra; os parsis, *sete* anjos opostos a *sete* demônios, e *sete* moradas celestes em paralelo com *sete* regiões inferiores. Para representar essa ideia mais claramente em sua forma concreta, os *sete* deuses eram frequentemente descritos como uma divindade com *sete* cabeças. Todo o céu estava sujeito aos *sete* planetas; portanto, em quase todos os sistemas religiosos nós encontramos *sete* céus.

As civilizações antigas sempre atribuíram valor simbólico aos números. A doutrina oculta da criação ensina que "um torna-se três, e os três tornam-se sete", da mesma forma que os antigos ensinamentos herméticos apresentam o sete decomposto em "três e quatro" – a imagem do "triangulo sobre o quadrado" – na expressão pitagórica da manifestação divina em nosso mundo pela soma da trindade espiritual com o número quatro, símbolo da vida concreta, dos quatro elementos, de nossa realidade material.

A Umbanda também buscou adequar seu culto ao setenário ancestral, pela adoção do conceito de Sete Orixás Maiores ou Sete Linhas. Mas quais seriam as Sete Linhas da Umbanda? Este é um tema que, até os dias de hoje, gera polêmicas e divisões no meio umbandista, e que começou ainda naqueles primeiros passos em direção à consolidação da teologia umbandista, nos idos de 1940, quando vários escritores tentaram traduzir o setenário das antigas tradições religiosas para a realidade de nossa fé.

Para refletirmos sobre essa temática, reproduzo alguns trechos do excelente trabalho de Alexandre de Oliveira Cumino (2011), sacerdote, pesquisador e grande estudioso de nossa religião, que faz com que percebamos que são bastantes diversos os pontos de vista e abordagens sobre as Sete Linhas.

SETE LINHAS DE UMBANDA
– ESTUDO HISTÓRICO

Se é preciso que eu tenha um nome,
Me chame de Caboclo das Sete Encruzilhadas,
Porque não haverão caminhos fechados para mim!

Com estas palavras, no dia 15 de Novembro de 1908, se apresentou a entidade que, por meio de Zélio de Moraes, fundaria a Umbanda no Brasil.

Desde então o número sete tem sido fundamental para entender a religião, de tal maneira que surge uma classificação, chamada de Sete Linhas de Umbanda, onde se acomodam Orixás, Santos, Anjos Arcanjos e Entidades Espirituais, relacionando-se com cores, pedras, ervas, dias da semana, notas musicais e o que mais puder agrupar nesta escala.

Sete Linhas de Umbanda já foi um tema muito polêmico, pois cada autor umbandista apresentava sua visão particular sobre quais e "quantas" seriam estas linhas. Alguns foram inspirados e originais em suas versões, outros simplesmente adaptaram novos elementos ao que já existia sobre o assunto.

Podemos dizer que a origem das Sete Linhas de Umbanda está em Deus, no Setenário Sagrado ou Coroa Divina. No entanto, é do interesse de todos nós, umbandistas, um resgate cultural e histórico desta questão "Sete Linhas de Umbanda".

Zélio não deixou nada escrito, mas, teve filhos e discípulos, se posso assim dizer, que falaram e falam sobre a forma como entendia as Sete Linhas de Umbanda.

O primeiro livro de Umbanda de que se tem notícia, publicado em 1933, chama-se *O Espiritismo, a Magia e as Sete Linhas de Umbanda*.[1] Escrito por Leal de Souza, médium preparado por Zélio de Moraes, nos apresenta as Sete Linhas de Umbanda desta forma:

1ª Linha de Oxalá – Jesus – branco
2ª Linha de Ogun – São Jorge – vermelho
3ª Linha de Euxoce – São Sebastião – verde
4ª Linha de Xangô – São Jeronymo – roxo
5ª Linha de Nhá-San – Santa Bárbara –- amarela
6ª Linha de Amanjar – N. S. da Conceição – azul
7ª Linha de Santo

Na explicação de Leal de Souza, a Linha Branca de Umbanda é que se divide nestas Sete Linhas e que, além da Linha Branca, *há a Linha Negra formada pelos Exus e que é tratada à* parte. A Sétima Linha é formada por espíritos egressos da Linha Negra e que trabalham principalmente no campo da demanda, de cortar trabalhos de Magia Negra.

Em conversa com Dona Lygia Cunha, filha de D. Zilméia de Moraes Cunha, neta de Zélio de Moraes

---

1 *O Espiritismo, a Magia e as Sete Linhas de Umbanda*, Antonio Elieser Leal de Souza, **EDITORA DO CONHECIMENTO**.

e atual dirigente da Tenda Espírita Nossa Senhora da Piedade, nos afirmou que as Sete Linhas de Umbanda, segundo o Caboclo das Sete Encruzilhadas e Zélio de Moraes, são:

Oxalá – Branco
Ogum – Vermelho
Oxóssi – Verde
Xangô – Marrom ou Roxo
Yemanjá – Azul-Claro
Iansã – Amarelo
Exu – Preto

O que se aproxima muito da leitura de Leal de Souza, na qual se inverte a posição de Iansã e Yemanjá, definindo a Linha de Santo agora como a Linha de Exu.
Em 1941 se realizou o "Primeiro Congresso Brasileiro do Espiritismo de Umbanda", onde foi apresentado um trabalho com o título: "Introdução ao Estudo da Linha Branca de Umbanda". "Memória apresentada pela Cabana de Pai Thomé do Senhor do Bomfim, na sessão de 26 de outubro de 1941, pelo seu Delegado Sr. Josué Mendes".
Neste trabalho é apresentado um esquema da seguinte forma:

"A LINHA BRANCA DE UMBANDA E A SUA HIERARQUIA"
"Os 7 Pontos da Linha Branca de Umbanda"
1° Grau de iniciação, ou seja o 1° Ponto – ALMAS
2° Grau de iniciação, ou seja o 2° Ponto – XANGÔ
3° Grau de iniciação, ou seja o 3° Ponto – OGUM
4° Grau de iniciação, ou seja o 4° Ponto – NHÃSSAN
5° Grau de iniciação, ou seja o 5° Ponto – EUXOCE
6° Grau de iniciação, ou seja o 6° Ponto – YEMANJÁ
7° Grau de iniciação, ou seja o 7° Ponto – OXALÁ
São as mesmas Sete Linhas de Umbanda que aparecem na obra de Leal de Souza, apenas em posições diferentes.
[...]
Lourenço Braga, em 1942, publica o título "Umbanda (magia branca) e Quimbanda (magia ne-

gra)", apresentando pela primeira vez mais sete subdivisões para cada uma das linhas. São Sete Linhas e quarenta e nove Legiões. Nas primeiras páginas, ele esclarece: "Trabalho apresentado no 1º Congresso Brasileiro de Espiritismo, denominado Lei de Umbanda, realizado nesta cidade do Rio de Janeiro, entre 18 e 26 de outubro de 1941. Instado e auxiliado pelos guias espirituais, mercê de Deus, resolvi escrever o presente livro sobre a Lei de Umbanda (Magia Branca) e sobre a Lei de Quimbanda (Magia Negra)".

Capítulo II
"A LEI DE UMBANDA E A LEI DA QUIMBANDA"
"Não se deve dizer – 'Linha de Umbanda', mas sim, 'Lei de Umbanda'; Linhas são as 7 divisões de Umbanda:"
1ª Linha de Santo ou de Oxalá – dirigida por Jesus Cristo
2ª Linha de Iemanjá – dirigida pela Virgem Maria
3ª Linha do Oriente – dirigida por São João Batista
4ª Linha de Oxóce – dirigida por São Sebastião
5ª Linha de Xangô – dirigida por São Jerônimo
6ª Linha de Ogum – dirigida por São Jorge
7ª Linha Africana ou de São Cipriano – dirigida por São Cipriano"
Aqui vemos que o autor coloca suas sete linhas muito próximas das sete linhas de Leal de Souza, que será o grande modelo copiado, alterado e adaptado pela maioria dos autores posteriores. Lourenço Braga mudou a "Linha de Nha-San" por "Linha do Oriente" e definiu a "Linha de Santo" como "Linha Africana".
[...]
Em 1955, o mesmo Lourenço Braga publica *Umbanda e Quimbanda – Volume 2*, onde ele mesmo admite que: "venho agora, embora contraditando alguma coisa do que eu já havia escrito, levantar a ponta do véu mais um pouco", completando na outra página, "Os brasileiros crentes de UMBANDA, em virtude da mentalidade implantada pelo catolicismo, procuraram dar aos ORIXÁS, chefes das 7 linhas, nomes de entidades cultuadas na Religião Católi-

ca"... "A verdade, porém, é que os ORIXÁS SUPREMOS, Chefes dessas linhas, em correspondência com os planetas e as cores, são os 7 arcanjos, os quais mantêm entidades evoluídas chefiando essas linhas, obedientes às suas ordens diretas, as quais nada têm a ver com os santos do Catolicismo..."

Ficando assim:

Linha de Oxalá ou das Almas – Jesus – Júpiter – Roxo

Linha de Yemanjá ou das Águas – Gabriel – Vênus – Azul

Linha do Oriente ou da Sabedoria – Rafael – Urano – Rosa

Linha de Oxoce ou dos Vegetais – Zadiel – Mercúrio – Verde

Linha de Xangô ou dos Minerais – Orifiel – Saturno – Amarelo

Linha de Ogum ou das Demandas – Samael – Marte – Vermelho

Linha dos Mistérios ou Encantamentos – Anael – Netuno – Laranja

[...]

Oliveira Magno, autor dos livros *Umbanda Esotérica e Iniciática*, 1950, e *Umbanda e Ocultismo*, 1952, reconhece Leal de Souza como o primeiro autor de Umbanda; apresenta, por sua vez, as Sete Linhas de Umbanda desta forma:

Oxalá, Iemanjá, Ogum, Oxosse, Xangô, Oxum e Omulu.

[...]

W.W. da Matta e Silva, em 1956 publica seu primeiro título *Umbanda de Todos Nós*, onde apresenta sua versão para as Sete Linhas de Umbanda; acredita-se que Da Matta tenha sido profundamente influenciado pelos estudos esotéricos realizados na Tenda Espírita Mirim, no Primado de Umbanda e dos demais grupos em que Benjamin também frequentou. Da Matta faz surgir em sua obra os conceitos de AUMBANDÃ, apresentados pela Tenda Mirim no Primeiro Congresso de Umbanda, 1941, e traz as Sete Linhas de Umbanda iguais às do Benjamim/Caboclo Mirim, com o detalhe de que aqui

Ybeji aparece como Yori e Yofá como Yorimá:

1ª Vibração Original ou Linha de Orixalá
2ª Vibração Original ou Linha de Yemanjá
3ª Vibração Original ou Linha de Xangô
4ª Vibração Original ou Linha de Ogum
5ª Vibração Original ou Linha de Oxossi
6ª Vibração Original ou Linha de Yori
7ª Vibração Original ou Linha de Yorimá
[...]
Rubens Saraceni apresenta as Sete Linhas de Umbanda como "As Sete Vibrações de Deus", afirmando que:
"Deus se manifesta de forma Sétupla nesta realidade humana."
"As Sete Linhas têm origem em Deus através do Setenário Sagrado."
"Cada um pode dar o nome que quiser, associar as Sete Linhas a Sete Orixás, Sete Santos ou a Sete Anjos, cada um fala de uma forma diferente, o que ninguém pode negar é que as Sete Linhas de Umbanda são as Sete Vibrações de Deus, que se manifesta em Sete Essências, Sete Elementos e em tudo o mais que Deus Criou."
[...]
Explica que existem muitos Orixás, todos podem ser identificados ou associados às Linhas de Umbanda, no entanto a Criação Divina se estabelece por meio de uma Coroa Divina em que Sete Tronos Originais se manifestam através de Quatorze Tronos que se agrupam em Sete Masculinos e Sete Femininos correspondentes a Quatorze Orixás, dentro das Sete Vibrações, Essências, Sentidos e Elementos correspondentes:
1ª Linha, Sentido da Fé e Elemento Cristalino: Orixás Oxalá e Logunan (Oyá-Tempo)
2ª Linha, Sentido do Amor e Elemento Mineral: Orixás Oxum e Oxumaré
3ª Linha, Sentido do Conhecimento e Elemento Vegetal: Orixás Oxossi e Obá
4ª Linha, Sentido da Justiça e Elemento Fogo: Orixás Xangô e Iansã

5ª Linha, Sentido da Lei e Elemento Ar: Orixás Ogum e Egunitá

6ª Linha, Sentido da Evolução e Elemento Terra: Orixás Obaluayê e Nanã Buroquê

7ª Linha, Sentido da Geração e Elemento Água: Orixás Yemanjá e Omulu

[...]

Ao expor este estudo, histórico e literário, dos conceitos, apresentados por autores umbandistas sobre as "Sete Linhas de Umbanda", tenho como objetivo, única e exclusivamente, oferecer material para o estudo e/ou observação do que já se falou sobre o assunto.

Através deste estudo podemos comprovar as diferentes formas em que as Sete Linhas de Umbanda vêm sendo apresentadas desde sua origem, os livros das décadas de 40 e 50 são pouco acessíveis. Encontramos entre os autores deste período pessoas que se dedicaram e muito na intenção de entender e abordar os conceitos teológicos, doutrinários e ritualísticos da Religião de Umbanda, mesmo sem uma bibliografia sólida.

Para mais detalhes, recomendamos o estudo do livro *História da umbanda: uma religião brasileira* (2010), do nosso amigo Cumino, onde fica claro que não há uniformização na doutrina umbandista, apesar de algumas obras deixarem transparecer belos ensinamentos, certamente inspirados pelas altas egrégoras espirituais que guiam nossa amada Umbanda.

Percebemos que Benjamin Figueiredo e seus contemporâneos do Primado de Umbanda não seguiram os moldes dos demais autores. Benjamin, o Primaz, por sua educação espiritualista e ocultista, sabia que não levaria a nada o tolo debate sobre classificação de orixás. Mas, se havia necessidade por parte de alguns de que fosse apresentada uma definição, classificaram-nos em Orixás Maiores e Menores, dando, porém, um enfoque mais filosófico ao Setenário, demonstrando a atuação de cada um deles na vida aplicada. No livro *Ordenações do Primado de Umbanda* (1954), Figueiredo apresenta Oxalá como a expressão da "Inteligência"; Yemanjá como a expressão do "Amor"; Xangô-Kaô como a expressão da "Ciência"; Oxósse como a expressão da "Lógica"; Xangô Agodô como a expressão da "Justiça"; Ogum como a expressão da "Ação"; Yofá como a expressão da "Filosofia".

Nesse livro, Figueiredo ressalta que o Primado entendia não haver cabimento na correspondência que faziam alguns autores entre orixás e santos católicos:

> Acredita-se que numa Linha chamada "Linha de Santo", Xangô-Agodô corresponde a São Jerônimo e a Santa Bárbara. Pergunta-se, por isto, comumente, como se pode conciliar semelhantes correspondências, se os santos católicos são obra da Igreja Romana e, portanto, de creação recente.
> A Religião Africana tem milhares de anos de existência e não obstante as perseguições que ainda hoje lhe movem, bem como as profanações praticadas pelos seus próprios sacerdotes, aí estão os seus Orixás, resplandecentes de mística e de magia, impondo-se, no apogeu da barbária e da ignorância que lhe atribuem, com todo esplendor da cristalina pureza com que a Natureza os investiu. E no que pese ao desapontamento de outras seitas religiosas e à incredulidade que vivem por que veem os outros viverem, a Umbanda se eternizará como expressão da VIDA tal como nós a concebemos aqui na Terra.

O intrigante setenário do Primado de Umbanda

Em todas as antigas obras do ocultismo, o sagrado setenário sempre foi associado aos sete planetas sagrados. A Escola do Primado é, claramente, sedimentada sobre ancestrais conhecimentos esotéricos, redescobertos na prática da Umbanda. Assim, teríamos: Oxalá (Sol); Yemanjá (Lua); Ogum (Marte); Oxóssi (Mercúrio); Xangô (Júpiter); Oxum (Vênus); Yofá (Saturno).

Observamos que, pelo menos na prática magística, esse setenário planetário é respeitado, tal qual encontramos na tradicional oração de abertura/fechamento dos trabalhos do Primado, de inspiração cabalista. Mas, parece que as divergências teológicas começaram quando se tentou fixar em "sete" as interpretações variadas sobre as dez *sephiroth* da Cabala e sua aplicação na Umbanda. Seria uma questão de resolver uma equação numérica, já que, afinal, há dezenas de orixás, dez *sephiroth* e apenas sete planetas/tronos para assentar as diversas qualidades ou manifestações do Criador? Nada é tão simples assim. Veremos mais adiante em nossos estudos que só começamos a entender como correlacionar esses conceitos quando compreendemos que existem vários níveis, escalas ou "oitavas" de uma mesma força manifestada em nosso plano de existência, o que, muitas vezes, nos passa a falsa impressão de se tratar de forças distintas, quando são variantes de um mesmo raio.

Foi devido a esses pontos de vista divergentes sobre a aplicação dos fundamentos ocultistas é que tivemos duas das mais influentes correntes do movimento umbandista – Escola do Primado de Umbanda e Umbanda Esotérica, lideradas, respectivamente, por Benjamin Figueiredo e Matta e Silva – concorrido para trazer mais confusão do que luz ao tema "setenário umbandista". Aliás, um importante CCT da Escola do Primado de Umbanda me contou que, nos idos da década de 1940, o jornalista Matta e Silva fazia parte do grupo de trabalho que elaborava a proposta de teologia umbandista a ser apresentada quando ocorresse a fundação do Primado publicamente. Mas, parece que a cúpula que coordenava a criação do Primado não teria aprovado as pesquisas de Matta e Silva na íntegra, devido às tais questões de diferença de abordagem esotérica. Assim, sendo preterido, o jornalista se afastou, seguindo de forma independente, escrevendo artigos em jornais e depois publicando, em 1956, sua visão da Umbanda no livro *Umbanda de todos nós*. Mas são claras as semelhanças entre as abordagens dessas duas correntes.

Mantendo o foco no ancestral setenário planetário, observamos, inicialmente, que tanto o Primado como Matta e Silva apresentaram conceitos teológicos que, de uma forma ou de outra, "depuseram" Vênus de seu tradicional trono junto aos demais deuses da Antiguidade, tal qual é apresentada em qualquer obra ocultista. Resumidamente, podemos dizer que Vênus rege a sexta-feira e é associado ao poder de magnetismo e do amor, em suas diversas formas e níveis, desde o plano mais natural e biológico até aquele que nos funde ao sagrado. Pelo menos textualmente, o Primado elegeu Sete Orixás Maiores: Oxalá, Yemanjá, Xangô-Kaô, Oxóssi, Xangô-Agodô, Ogum e Yofá. Já Matta e Silva elencou Orixalá, Yemanjá, Xangô, Oxóssi, Ogum, Yori e Yorimá (nesse caso, Oxóssi foi associado ao planeta Vênus). Ou seja, o Primado nos trouxe "Yofá" e "Xangô-Kaô", o que fez muitos pensarem: "Como assim, dois Xangôs?". E Matta e Silva apresentou "Yorimá" e "Yori", também uma novidade.

Não me cabe aprofundar o estudo sobre o setenário difundido por Matta e Silva, que citei em nosso trabalho apenas porque, atualmente, é nítida a sua influência perante vários CCTs que praticam a Escola do Primado. Porém, como afirmei, há semelhanças entre as escolas desses baluartes da Umbanda. Matta e Silva escreveu que a Cabala foi deturpada e que seus reais ensinamentos acabaram fragmentados e perdidos. Para embasar suas conclusões, disse ter acesso a uma "Cabala Ária", imaculada por ter sido preservada pelos antigos magos iniciados egípcios, e cuja cópia astral seria de "livre acesso" às suas entidades espirituais. Aparentemente dando mais ênfase ao aspecto astrológico, promoveu "Yori" para representar o Raio de Mercúrio, associando-o ao signo de Gêmeos, com forte paralelo ao infante Hermes, filho do grande deus grego Zeus. Oxóssi foi então "alocado" junto ao Raio de Vênus, talvez pela influência da Teosofia, que afirma que foi do plano etéreo de Vênus que vieram espíritos ancestrais com a missão de acelerar a evolução da raça humana. Mas é importante frisar: na raiz da Escola do Primado de 1952 não há "Yori" com *status* de orixá!

Benjamin Figueiredo e a cúpula do Primado, que também se inspiraram na Cabala e no enorme cabedal de conhecimentos esotéricos das escolas iniciáticas do Ocidente para interpretar universalmente a teologia umbandista, chegaram a conclusões diferentes das de Matta e Silva. Para Benjamin, Oxóssi é também força evolutiva, cujas falanges missionárias vêm auxiliar no crescimento de nossa gente. Mas é pelo Raio de Mercúrio que atua o orixá Oxóssi, vibrando e despertando a semente, colocando em movimento a vida latente, adormecida simbolicamente no elemento terra, para que consiga adquirir a consciência de si, de seu conteúdo, desabrochar e buscar ascender ao ar, ou seja, à vida espiritual.

Em *Umbanda: escola da vida*, Benjamin Figueiredo (1983) definiu assim as sete linhas:

OXALÁ é a Grande Árvore da Vida (Espírito) na sua manifestação, produzindo os frutos necessários para que nada se perca, podendo materializar-se com as partículas microscópicas de energia para formar, pela Lei da Condensação, a própria existência da Lei de OXÓSSI.

YEMANJÁ é aquela canoa que, navegando pelo grande oceano da vida, procura dar a sua mão amiga para que nada se perca, podendo tudo se transformar, prosseguindo no seu caminho. Yemanjá é a própria vitalidade da vida espiritual para ajudar a energia a não se perder no abandono de sua partícula de Centelha de Vida. Por esta razão, Yemanjá é, para nós, na Lei de Umbanda, a própria Lei Suprema da Permanência e Continuação da Realidade da Vida.

Sabemos que a Vida existindo, tem por finalidade saber de sua existência pela forma do conhecimento que chamamos de **Xangô-Kaô**. Xangô-Kaô é a possibilidade do desenvolvimento consciente, para aprimoramento de grande aperfeiçoamento, de cada Centelha de Vida ou Espírito, nunca ir para o céu material que não existe, mas para a grandeza de cada vida espiritual que será aproveitada um dia, na formação de novos mundos, quando, então, serão necessárias vidas que tenham possibilidades de boa perfeição espiritual, dando ensejo, em colaboração com eles na chegada de novas vidas para aperfeiçoamento.

OXÓSSI é, na Lei de Umbanda, a existência de tudo como produto de uma semente. Sabemos que não existe nada na vida que não tenha nascido como produto de uma semente. Portanto, a vibração de Oxóssi é o produto desta semente, não só no reino vegetal, mas, também, pelo sentido real da vida, nos próprios minerais e animais. Até a existência de nosso mundo que não deixou de nascer por falta de uma Semente Cósmica. Oxóssi é a vida material do próprio Universo, onde, materialmente, tudo é energia e, espiritualmente, cada coisa que existe tem sua partícula de Centelha de Vida que nós chamamos de Espírito, sem o qual nada poderia existir. Sabemos que a Vida não tem tamanho, tem somente, no seu conteúdo, valor; e é este valor que se aplica para produzir os seus efeitos de utilidade. Isto é na Lei de Oxóssi que a natureza traz para todos nós.

Temos em **Xangô-Agodô** a materialização feita pela forma de condensação, quando as energias que, por sua vez, possuem partículas íntimas de Centelhas de Vida, se aglomerarem para formarem o todo, de tudo aquilo que existe. A condensação de tudo o que existe é uma condição determinada pela Lei de Xangô-Agodô, formando a modelagem de cada coisa, para sua grande utilidade, a qual é sempre proporcional ao valor do conjunto condensado.

Temos, também, a Linha de **Ogum**, que é a própria direção da vida, a qual não está subordinada às nossas vontades pessoais nem aos interesses profanos da vida pessoal de uma encarnação, mas sim, àquele caminho que a nossa Centelha de Vida executa ao sair da Fonte da Vida em busca de seu aperfeiçoamento nas provas que terá de passar. A direção de Ogum é somente em aplicação à boa direção que a Centelha de Vida deverá saber aplicar.

YOFÁ não é, para nós, somente uma escravidão de ritual, quando já sabemos que *as* Centelhas de Vida não têm cor, não têm sexo. A natureza delas é, em verdade, só espírito e, após o seu desencarne, o que prevalece é a tonalidade da alma que é uma cópia fotostática da encarnação vivida, levando com ela o corpo mental e emocional que constituem as boas ou más inpressoes registradas no carma de sua Centelha de Vida. Yofá é a lei da boa aplicação da vida do espírito no grande aproveitamento, cifrando-se em saber aplicar o silêncio supremo que a própria natureza da vida oferece num caminho mais curto de uma longe distância.

Xangô-Kaô: "o divino intermediário"

Xangô-Kaô sempre foi um dos maiores mistérios da Escola de Mirim, de difícil tradução à comunidade umbandista, já que causa estranheza o nosso Setenário dos Orixás Maiores elencar Xangô e Xangô-Kaô separadamente. Sob inspiração dos excelsos seres que vibram em Xangô-Kaô e com permissão de Mestre Mirim e dos iluminados patriarcas de nossa Umbanda, tentaremos trazer a nossos irmãos o que nos foi revelado, na certeza de estar contribuindo para a consolidação de nossa fé.

Para começar, devemos lembrar que o setenário que nos trouxe Caboclo Mirim é de cunho filosófico, um pouco diferente do setenário tradicional, este sim associado aos dias da semana, às notas musicais, aos sete planetas sagrados etc. Conforme já apresentamos, essas qualidades são claramente inspiradas na Cabala, onde cada *sephirah* também tem uma qualidade manifestada em nosso plano de existência. Xangô-Kaô chegou até nós como a vibração do "conhecimento". Veremos que tal qualidade será a chave para entendermos o que realmente representa o mensageiro maior da luz da Sagrada Trindade Criadora em nosso plano.

Os umbandistas, muito acostumados a associar os orixás africanos aos santos católicos, às vezes se esquecem de que as imagens são apenas símbolos de forças muito maiores, que também podem ser associadas aos planetas e ao Setenário Sagrado, presente em diversas outras manifestações religiosas. No sincretismo afro-católico, Xangô-Kaô é geralmente São João Baptista, o que, de fato, é bastante significativo. No texto bíblico, São João Baptista aparece como o pregador asceta, aquele que preparou o início, que anunciava a chegada do "reino dos céus" e deixava claro seu papel de intermediário de um poder maior, ao lembrar que "aquele que vem após mim é mais poderoso do que eu; cujas alparcas não sou digno de levar; ele vos batizará com o Espírito Santo, e com fogo". (MATEUS, 3:10-12)

A passagem bíblica relatando o encontro de São João e Jesus no rio Jordão é carregada de conhecimento cabalista, do ocultismo hebraico. Sabemos que Jesus foi homem, um iluminado encarnado entre nós, e que coube a São João iniciá-lo banhando sua coroa, um símbolo de purificação, o primeiro passo rumo à sua integração total com o Altíssimo. Assim como na Cabala, foi Baptista o grande iniciador, pois, depois da passagem pelas águas do rio Jordão, Jesus "viu os céus se abrirem, e o Espírito, qual pomba, a descer sobre ele. e ouviu-se dos céus esta voz: Tu és meu Filho amado; em ti me comprazo." (MARCOS, 1:10-11). Mas, que fique claro, essa iniciação não foi o fim nem o ápice da jornada de Jesus. Foi o início de seu ministério, de sua jornada rumo à perfeita integração com o Criador. Ainda viriam os dias no deserto e todo o drama da paixão...

Diz a tradicional prece entoada há mais de cinquenta anos em todos os trabalhos da Escola de Mirim: "Que do Oriente, Xangô-Kaô, com seus profundos e místicos ensinamentos, vele por todos nós e pelos nossos trabalhos, dando-lhes a mais absoluta firmeza e segurança". Xangô-Kaô é essa luz mística do povo do Oriente, tão presente em nossa Escola, e que nos remete à lembrança de alguns simbolismos muito evocados na Maçonaria, que, não por acaso, fez de São João Baptista o seu grande patrono. É no Oriente (o ponto cardeal leste) que nasce a luz do astro-rei todas as manhãs, derrotando as trevas da noite ao início de cada novo dia. Tal qual a luz natural, a luz espiritual emanada pelo Sol esotérico permite que a nossa mente e o nosso espírito vejam além do plano físico, abrindo em nós os portais do mundo espiritual. Na Maçonaria, esta é a luz do conhecimento, a gnose emanada pelo próprio Arquiteto do Universo, a letra G, sétima letra do alfabeto latino e terceira letra do alfabeto grego (Gama), apresentada entre a régua e o compasso no popular símbolo maçom.

Dentro da filosofia esotérica há ainda outra figura mítica

que traduz o lugar ocupado por Xangô-Kaô nas ciências ocultas. Trata-se de Melquisedeque, personagem bíblico do livro de Gênesis, cujo nome vem do hebraico "Meu Rei é Justiça". Era o rei da terra chamada Salém (que quer dizer "Paz"), local que pode ter sido posteriormente a cidade de Jerusalém. Diz-se que Melquisedeque não teve ascendência nem descendência e, mitologicamente, acabou por adquirir características sobre-humanas, quase como um semideus das alturas. Alguém de enorme valor, instrutor nos primeiros passos daqueles povos antigos. O Velho Testamento ainda se refere a Melquisedeque como um rei sábio e um "Sacerdote do Deus Altíssimo", que teria tido fundamental importância no caminho de Abraão. O apóstolo Paulo, provável autor de *Epístola aos hebreus*, escreveu que Jesus seria um sacerdote eterno, "segundo a ordem de Melquisedeque", deixando evidente que esse soberano representava a grandeza e a majestade, que nos trazia a força ética e moral de um verdadeiro sacerdote, ou seja, um mediador entre os homens e Deus.

Porém, a Bíblia é repleta de alegorias e fábulas surgidas dos tempos em que o conhecimento era transmitido de forma oral pelos anciãos. E, mesmo depois de transcritos, vários contos sofreram adaptações ou traduções infelizes. Os segredos dos patriarcas do povo hebreu estavam ali, nas lendas carregadas de simbolismos, onde, infelizmente, alguns foram maculados. Portanto, é certo que o Melquisedeque esotérico, carregado de significado oculto, o "Sacerdote do Deus Altíssimo", a própria manifestação da Justiça Divina na Terra, não corresponde inteiramente àquele citado na *Bíblia*. É claro que a mão do homem maculou o ensinamento original, que tinha por objetivo apresentar ao gentio essa poderosa força, comparada a um justo soberano, que coordena e ampara toda a humanidade, desde o princípio dos tempos. Portanto, não há como um "Rei da Paz", "Rei da Justiça" ou ainda o "Sacerdote do Deus Altíssimo" receber despojos de povos vencidos em guerras sanguinárias lideradas por Abraão, do jeito que ficou perpetuado na *Bíblia*!

Mas, ainda assim, foi possível aos estudiosos ocultistas resgatarem um pouco do verdadeiro simbolismo de Melquisedeque, o "Grande Recebedor da Luz Eterna". Helena Blavatsky e Saint-Yves d'Alveydre foram alguns dos que trouxeram para

Reflexões sobre a Escola de Caboclo Mirim

o Ocidente textos antigos do Hinduísmo, Budismo e Taoísmo que relatavam o mítico "Reino de Agartha", formado por sete cidades sagradas e uma oitava cidade, denominada Shamballah, de onde governava o "Senhor do Mundo", chamado Melki-Tsedeq. Esse conceito se aproxima muito da tradição judaica, que descreve o "reino" (o plano yetzirático) com suas seis esferas (ou tronos celestiais) e mais uma, oculta, exatamente a "casa" do "Divino Intermediário", Xangô-Kaô!

A Cabala assimilou muito do conhecimento esotérico de tempos imemoriais, advindos de egípcios, caldeus e diversos povos próximos, condensados em textos que influenciaram diretamente diversas concepções religiosas modernas sobre esse divino intermediário. Vamos, então, rever como a Cabala explica o universo da criação, geralmente representado pela Árvore da Vida, onde as *sephirot* se agrupam em quatro níveis.

A Cabala nos ensina que a suprema criação é originada por Kether, a Energia ou Espírito Único; é sentida e concebida pelo Pai e pela Mãe Celestiais (Chokmah e Binah) e sai para a vida sentida neste plano através de Daath, a *sephirah* oculta ou falsa. Ela é assim denominada porque não é uma emanação independente como as outras *sephirot*, já que Daath é fruto do encontro e do equilíbrio emanados de Chokmah e Binah. Daath paira sobre o "abismo", na fronteira entre os mundos da Criação e da Formação. Acima de Daath está a Trindade Suprema e Divina, o mundo sem forma; abaixo de Daath está o microcosmo, as sete *sephiroth* que constituem o homem e o mundo visível. Percebam que Daath está exatamente entre Kether e Tiphereth, a Fonte Primordial da Vida e a Luz de nosso Universo, respectivamente. Por Daath se dá a entrada para a "Vida" e a saída para a "Morte", o que nos remete à ideia de renascimento e ressurreição, aliás, o mesmo simbolismo da morte e crucificação de Jesus. Na Cabala, a *sephirah* Daath é também chamada "conhecimento".

Quando dizemos que a Árvore da Vida é uma representação do Universo, percebemos que toda a obra do Criador pode ser interpretada no sentido do macrocosmo ou do microcosmo. Podemos estar nos referindo à mais distante constelação, à flor que nasce no jardim ou mesmo ao ser humano.

Se nos lembrarmos da máxima de Hermes Trimegisto –
O que está em cima é como o que está embaixo, e o que está
embaixo é como o que está em cima –, talvez entendamos que
o "abismo" também se refere à fronteira que separa nossa percepção dual e limitada de existência de uma percepção una com
toda a criação.

A teosofista Helena Blavatsky, em *A doutrina secreta* (1973), ilustra a força vibratória de Xangô-Kaô, o mestre
maior, iniciador de todos os iluminados guias da humanidade:

> O "Ser" a que acima nos referimos – e que deve permanecer inominado – é a Árvore de que se ramificaram, nas eras subsequentes, todos os grandes
> Sábios e Hierofantes *historicamente* conhecidos: o
> Rishi Kapila, Hermes, Enoch. Orfeu etc. Como *homem objetivo, é o* misterioso Personagem (sempre
> invisível aos profanos, posto que sempre presente)
> de que tanto falam as lendas do Oriente, e especialmente os Ocultistas e os estudantes da Ciência
> Sagrada. Ele muda de forma, e não obstante permanece sempre o mesmo. É Ele quem possui a autoridade espiritual sobre os Adeptos *iniciados* do
> mundo inteiro. É, como já dissemos, o "Inominado";
> muito embora sejam muitas as denominações que
> possui, o seu nome e a sua natureza são desconhecidos. É o "Iniciador", chamado o "Grande Sacrifício",
> pois, sentado no Umbral da Luz, Ele a contempla
> de dentro do Círculo de Trevas, que não quer transpor; nem deixará o seu posto senão no último Dia
> deste Ciclo de Vida. Por que permanece o Vigilante
> Solitário no posto que escolheu? Por que se senta
> Ele junto à Fonte da Sabedoria Primeva, da qual
> Ele não mais bebe, pois nada há a aprender que Ele
> não conheça – sim, tanto na Terra como no Céu? É
> porque os solitários Peregrinos cujos pés sangram
> em seu regresso para o Lar jamais estão seguros,
> até o último instante, de não errar o caminho neste
> deserto sem limites de Ilusão e Matéria, chamado
> Vida Terrestre. É porque Ele deseja mostrar, a cada
> um dos prisioneiros que conseguiram libertar-se
> dos laços da carne e da ilusão, o caminho que con-

Reflexões sobre a Escola de Caboclo Mirim

duz àquela região de liberdade e de luz, da qual se exilou voluntariamente. É porque, em suma, Ele se sacrificou pelo bem da humanidade, ainda que só um pequeno número de eleitos possa aproveitar-se do Grande Sacrifício.

É sob a direção silenciosa desse Maha-Guru que, desde o despertar da consciência humana, todos os outros menos divinos Instrutores e Mestres da Humanidade se tornaram os guias da Humanidade primitiva. Graças a estes "Filhos de Deus", as raças humanas receberam, em sua infância, as primeiras noções de arte, ciência e conhecimento espiritual. E foram Eles que assentaram as pedras fundamentais daquelas antigas civilizações, que tanto surpreendem e confundem as modernas gerações de sábios e pesquisadores.

Na escola iniciática trazida por Caboclo Mirim, os médiuns são desenvolvidos pela elevação lenta e segura da *Kundalini*, realizada pela conciliação de energias opostas e através da conscientização dos planos da consciência, e tal qual na árvore cabalística, será no "pilar central" que essa harmonia se efetuará. Do equilíbrio das forças cósmicas é que chegaremos junto ao Filho – Tiphereth – a *sephirah* do Sol. Quando nos colocarmos em sintonia com a vibração sagrada do Sol, estaremos prontos para o "batismo" maior, pois teremos alcançado a sintonia plena com nossos elevados guias de Aruanda, que nos ensinarão a viver a luz universal do Cristo-Oxalá, força vibrante em completa conexão com o Criador, pelo Raio de Xangô-Kaô.

Este é o trabalho dos mestres através da emanação de Xangô-Kaô: vibrar para que nos tornemos cada vez mais abertos à orientação maior, ampliando naturalmente nossa consciência acerca dos mistérios divinos. Sua energia coloca-nos como adeptos da expansão da consciência, do intelecto, do espiritual, mental e cultural, tendo como foco a busca da sabedoria. Sua luz nos impulsiona para o espiritualismo entendido como trabalho de preparação da personalidade, para que esta venha a ser um verdadeiro canal das energias espirituais. Por isso, Xangô-Kaô será sempre para nós o Oriente, a referência, a direção a que deveremos nortear nossa existência e nossa evolução enquanto pequenos aprendizes desses iluminados Senhores da Luz.

Mesmo Mestre Jesus, quando entre nós, soube ser um iniciado diante das mais altas esferas do mundo espiritual. Sua passagem pelo nosso orbe foi, sem dúvida, o grande referencial de nossa sociedade ocidental, ensinando-nos que, em nossa caminhada de aprendizado, cedo ou tarde teremos de realizar a volta para a pátria espiritual tais quais "solitários peregrinos" com os pés sangrando, após a caminhada pelo deserto do mundo ilusório das manifestações terrenas. Será o tempo de vivermos o "Mistério do Gólgota", de fazermos a travessia do "abismo" de Daath, de transcender este mundo visível e limitado para o Universo do Criador, sempre sob a orientação firme dos iluminados mestres que operam sob a luz de Xangô-Kaô, o grande iniciador dos mistérios maiores, o Senhor do Conhecimento!

Yofá

Já estudamos neste livro que Yofá, um dos Sete Orixás Maiores, opera dentro da força pulsante do Raio de Saturno, raio este que define o próprio ritmo da vida criada, que se movimenta continuamente, alternando momentos de polaridades distintas, de atividade e passividade, de construção e destruição, manifestando-se também no tempo, que nos dita eras ou ciclos propícios à expansão ou à retração, regendo desde processos fisiológicos em nossas vidas à história das nações; da transmissão do conhecimento ao plantio e as respectivas colheitas. É o poder da atividade ordenada, que ensina disciplina a quem quer conhecer o verdadeiro progresso, que, para ser efetivo, nunca se dará com um único movimento para a frente.

Tal qual toda obra do Criador facilmente observada na natureza em torno de nós, a vida é ditada pelo ritmo harmonioso que vemos no suceder-se do dia e da noite, no alternar-se das estações, no retorno cíclico das fases lunares etc. Não é diferente em relação ao ser humano, que, como senhor de sua existência, deve aplicar o ritmo à sua própria vida pelo uso regular de sua determinação e vontade. Primeiramente, em relação às suas ações exteriores, e depois, por reflexo, à sua vida interior, permitindo que a alma exerça plenamente sua influência e domínio sobre a matéria física. É assim que são trabalhados os médiuns na Escola da Vida trazida por Mestre Mirim!

O que hoje chamamos de Escola de Mirim ganhou forma e aplicação pela fundação do Primado de Umbanda. Convocados por Caboclo Mirim, diversos sacerdotes umbandistas, emanados de um mesmo ideal, permitiram que fossem canalizadas as orientações oriundas das altas esferas da Espiritualidade que trabalhavam pela evolução da Umbanda no Brasil. Sabemos que, dentre os médiuns que assumiram essa missão, muitos tinham formação ocultista, com noções esotéricas de astrologia, cabala, alquimia etc.

Em meados dos anos de 1940, esses senhores buscaram uma expressão, uma palavra de poder, que expressasse a manifestação do Raio de Saturno e que fosse compreendida no meio umbandista. Para tanto, recorreram a importantes livros de seu tempo, como os estudos de Saint-Yves d'Alveydre, ocultista francês, autor de *O arqueômetro* (2004). Nessa obra, D'Alveydre demonstra como a sabedoria antiga desenvolveu imagens simbólicas que podiam exprimir o divino neste mundo concreto, partindo da essência ao específico. Todas as antigas civilizações tinham seus sistemas de símbolos, que, de alguma forma, representavam sua realidade, mas que ainda não podiam ser chamados de alfabetos, sendo considerados pelos estudiosos como "protoescrita". Na verdade, uma forma de expressão em que símbolos unidos transmitiam uma ideia ou algum tipo de informação, tais quais os ideogramas.

Logo, formas geométricas universais a tantos povos, como o círculo e o triângulo, passaram a expressar significados que, combinados entre si, deram origem a uma escrita rudimentar, também geométrica, carregada de sentido, inclusive dos sons e fonemas. Com o desenvolvimento das antigas culturas, o domínio da linguagem escrita foi gradativamente ficando a cargo das castas sacerdotais, detentoras dos segredos e da transmissão destes apenas aos escolhidos. No século XIX, D'Alveydre esteve na Índia, onde estudou junto à casta de sacerdotes hindus, os brâmanes, de quem aprendeu o significado de diversos símbolos gráficos ancestrais, conhecidos apenas pelos iniciados nos antigos mistérios. Essa grafia sagrada unia em suas formas conhecimentos tais como geometria, sonometria, astrologia, alquimia, dentre outros, o que possibilitou a Saint-Yves formar uma "escrita arqueométrica", fruto da perfeita associação de signos védicos, letras sânscritas e o antigo alfabeto Vattan, da ancestral raça ariana, tida como uma das primeiras da humanidade.

Essa "escrita arqueométrica" foi utilizada para formação daquela "palavra de poder" a que me referi: Yophá.

Não se assuste com a grafia, semelhante a "pharmácia" e "telephone". Vamos lembrar que estamos tratando de sacerdotes reunidos na década de 1940, quando a sociedade brasileira ainda relutava em aceitar as reformas ortográficas impostas pelo governo. Naqueles tempos, linguistas defendiam que o idioma brasileiro não podia perder o vínculo com a sua história e o seu passado, devendo ser mantida uma ortografia mais etimológica, ou seja, valorizando-se os elementos que fazem parte da origem cultural das palavras, em que a explicação de seu significado advém da análise dos elementos que as constituem; em oposição aos que defendiam uma simplificação ortográfica que priorizava a fonética das palavras, mais fácil de ser difundida, o que auxiliaria a diminuir o analfabetismo no país. Então, apesar de foneticamente pronunciarmos "Yofá", vamos trabalhar com sua grafia no português antigo, com inspiração etimológica, a fim de entender todo o poder contido nessa expressão arqueométrica!

Segundo a obra de Saint-Yves (2004), podemos decompor YOPHÁ assim:

> **Y** = Essa letra é a primeira da Terra dos Vivos. Governa o trígono solsticial norte, o do Verbo e da imanência dos vivos Nele. É a regra do sistema arqueométrico dos antigos patriarcas e de seus alfabetos solares e solar-lunares. Ela chama o Verbo de Ia, **Yo**. Corresponde à "Sabedoria de Deus", à "Rainha do céu" dos antigos patriarcas e das Litanias de "Maria Elevada aos Céus".
>
> P, **PH** = Esta letra completa o ângulo do solstício norte da Terra dos Vivos Imortais. Sua forma de triângulo equilátero indica que governa o trígono do Verbo. Corresponde à potência de Deus em ação por meio do seu Verbo. Seu número é 80, sua cor é o amarelo puro, seu Arcanjo é Hamaël, seu signo zodiacal é Capricórnio; Porta de Deus na Cidade celeste; seu planeta é Saturno noturno.
>
> **Pha** – A manifestação do Verbo por meio de seus equivalentes, luz, som, etc.

O entendimento do arqueômetro requer bastante estudo, claro. Li um livro muito bom sobre o tema – *Decifrando o arqueômetro* (2009) – e entrei em contato com o autor, Orlando Júnior, para me esclarecer algumas dúvidas, inclusive, se caberia a minha interpretação pessoal da expressão YOPHA:

> YO + PH + Á = Potência divina manifestada na Terra, símbolo do plano físico.
> YO = Potência divina + PH = fonema de Capricónio, signo regido pelo elemento Terra) + Á

Eis o que me respondeu o irmão Orlando Júnior:

> Gostei da sua lembrança do PH de Capricórnio, fabuloso, pois realmente é um signo do elemento Terra, isto demonstra as variações do Arqueômetro. Foquei minha avaliação no regente, Saturno, o mais distante dos planetas a olho nu, o Sábio, o Hermitão, o primeiro e o último, mas foi excelente a sua lembrança.
> YOPHÁ é uma palavra muito poderosa, um mantra, composto dos seguintes números, só para reforçar sua afirmativa: Y = 10 (Virgem = terra) + O = 6 (Touro = terra) + PH = 80 (Capricórnio = terra) + A = 1 (Semente Divina) = 97 = 9 + 7 = 16 = 1 + 6 = 7. Será coincidência?

O Dr. Jorge Adoum, escritor e médico naturista, também conhecido pelo pseudônimo "Mago Jefa", deixou extenso e precioso acervo de obras iniciáticas. Em sua obra *Grau do mestre maçom e seus mistérios* (2013), traz também sua interpretação dos fonemas da escrita arqueométrica:

> O círculo e a linha convertidos em números fazem (10) dez; convertidos em letras, o número 1 se transforma em I, e o zero, em O. É o IO, o Eu, esta parte imortal do homem, encarnando-se nos reinos inferiores, que antes de descer era Unidade. Ele é o "i" minúsculo, que se separou do ponto central do círculo, mas para progredir gradualmente atra-

vés deles até o homem, e depois, ao encontrar seu caminho, novamente, até a União. Ou como disse Jesus. "Assim é necessário que o Filho do Homem seja levantado"; o "i" minúsculo se levanta até tocar o ponto e se volve "I" maiúsculo, e, então, o Filho do Homem é Filho de Deus. Também o (Y), na palavra YO nos mostra a descida até o reino mais inferior, para volver a ascender ao mais elevado, à União no Reino dos Céus.

PH, F.

O F. simboliza o Verbo em ação. É o alento divino, que soprou em nossas narinas a alma vivente. É a imortalidade, é o poder de abrir o que está velado, o "Efetah" de Jesus. Seu signo é Gêminis; seu planeta Mercúrio; sua nota musical é o Dó sustenido; sua cor, amarelo-vivo; está associado à Alquimia cósmica e ao sentido da vida.

É a divina fé, fonte de esperança, que nos sustém quando perdemos os bens e nos sentimos desamparados.

A Fé rejuvenesce, com seu fogo, a substância das virtudes. Hieroglificamente, o F. expressa a boca em ação de emanar o Verbo ou a Palavra, é a ação do Verbo na natureza. No Plano Espiritual representa e gera a abnegação, filha da Fé, mãe da Esperança. No Plano Mental outorga a iluminação pela experiência. No Plano Físico gera o otimismo, a genialidade, a caridade, e tudo o que fortalece o ânimo.

Promete intuição, sustentação, compensações, iluminação e êxitos morais.

Significa:

1. Todo o eterno em Deus; Imortalidade.
2. Todo erro é reparável; Esperança.
3. O Universo visível contém a força interna invisível.

Caboclo Mirim deixou escrito que Yofá é a filosofia. Maneira interessante de nos passar os ensinamentos herméticos, só possíveis de se entender com chaves que devem ser conquistadas pelos neófitos! Ora, "filosofia" é uma palavra que vem do grego *philosophía* ('amor da ciência, do saber, do conhecimento', de *phílos* 'amigo, amante' e *sophía* 'conhecimento, saber').

Filosofia é, portanto, amor e respeito pelo saber, por quem deseja o conhecimento, estima-o e o procura avidamente. Pitágoras dizia que a sabedoria plena e completa pertence aos deuses, mas que os homens podem desejá-la ou amá-la, tornando-se filósofos. Assim, vejo aqui novamente o princípio que norteou todo o nosso estudo: Só alcança a filosofia quem tem amor pelo saber, ideais emanados de um plano maior, pois "pertence aos deuses"! Um filósofo é aquele que faz concreto o saber dos deuses em nosso plano, ou seja, vibrando como Yofá, coloca o Verbo em ação. É a palavra divina que vem dos "céus" até os homens, do sutil ao denso, para enfim conseguir permear e ampliar a consciência de si e desvelar os véus que guardam os mundos nos vários planos da manifestação do Criador. Cumprido o "Fiat Lux", o poder do Verbo pode fazer seu caminho de volta. O "filósofo" é agora um iniciado que caminha entre o gentio, mas que está completamente mergulhado na realidade divina, e sua palavra tem poder! A matéria não o escraviza mais, ele está liberto do cativeiro, pois seu "reino não é deste mundo", já que uniu sua alma ao Criador no "Reino dos Céus"!

Para encerrar, gostaria de trazer uma imagem que penso sintetizar tudo que foi escrito neste capítulo. Não será difícil aos irmãos que me acompanharam até aqui perceber por que acredito que o ponto riscado do nosso querido Pai Roberto simboliza tão bem o sentido do poder de Yofá (ou Yophá) atuando dentro do Raio de Saturno. Por tudo que foi apresentado, vimos que Yofá é o poder pulsante que traz a vida, em fluxo e refluxo, subida e descida dos planos da existência, onde operam os missionários espíritos dos sábios anciãos de Aruanda, junto de nossa gente neste plano da matéria, nos ensinando a sentir o fluxo da vida maior, que ilumina nossas almas e nos leva a querer crescer.

Figura 19: Ponto riscado de Pai Roberto.
Fonte: Ilustração de Toninho Portela.

Ou, nas palavras de Jorge Adoum (1995): "Yo nos mostra a descida até o reino mais inferior, para volver a ascender ao mais elevado, à União no Reino dos Céus.".

Reflitam!

O Médium Supremo

Neste capítulo, vamos reproduzir a tese apresentada oralmente pelo delegado da Tenda Espírita Mirim, Roberto Ruggiero, no 1º Congresso Brasileiro do Espiritismo de Umbanda (1941). Percebam como esse fundamento esotérico norteava os trabalhos da Tenda muito antes da criação do Primado de Umbanda e da expansão da Escola de Mirim, pois já em 1941 era defendido pela Tenda no referido congresso. Naquela ocasião, o Sr. Ruggiero (também um dos fundadores da Fraternidade Rosacruz Max Heindel, no Rio de Janeiro, em 1940) apresentou um estudo mostrando aos umbandistas como o iniciado Jesus de Nazaré, filho de Maria e José, diferia do Cristo, o Senhor do Mundo, mesmo que perante os nossos olhos fosse o mesmo personagem, Jesus Cristo.

Esse fundamento teológico remonta aos primeiros tempos do Cristianismo, quando foi defendido abertamente por Árius de Alexandria a partir do ano de 319, claramente inspirado pelas doutrinas do mundo oriental. Os cristãos do mundo ocidental pregavam que Deus e Jesus Cristo, Pai e Filho, são da mesma substância, ou seja, ambos são eternos e sempre existiram; e Árius e seus seguidores entendiam o Cristo como um ser iluminado, um ministro de Deus, que se manifestou através de Jesus de Nazaré, este um mensageiro de Deus, mas não o próprio Deus. A "questão ariana", como ficou conhecida essa divergência dogmática, foi um entrave para os projetos do imperador Constantino, que almejava um "império universal", a ser alcançado com a uniformidade da adoração divina em todo o mundo. Para impor suas ordens, Constantino convocou o

Concílio de Niceia, em 325 d.C., que terminou por acentuar as diferenças entre a Igreja do Ocidente e a do Oriente, iniciando o processo de expurgo das doutrinas contrárias aos interesses de Roma, como as de Árius de Alexandria. Porém, na Escola de Mirim esse conceito é fato, por isso devemos compreender e assimilar em nossa fé a diferença entre Cristo-Oxalá e o Médium Supremo, Jesus de Nazaré.

Jesus, o homem, teve diversas encarnações anteriores neste planeta. E, como filho material de José e Maria, encarnou consciente da missão que viria a cumprir, preparando desde cedo seu corpo físico, emocional e espiritual para atuar como veículo da luz do Senhor do Mundo entre nós. Jesus se iniciou nas escolas dos mistérios de seu tempo, esteve entre persas, egípcios e essênios e recebeu sua "consagração" diante do mestre João Baptista, nas águas do rio Jordão, onde, aproximadamente aos trinta anos de idade, assumiu definitivamente sua missão junto ao Cristo.

Cristo, o "Senhor do Amor", foi o mais elevado iniciado do "Período Solar", uma das sete eras ancestrais que compõem as fases da evolução da humanidade, segundo alguns círculos esotéricos. A principal missão do Cristo foi propiciar decisivo impulso evolutivo à raça humana, permitindo a esta despertar para uma consciência maior e se sobrepor à sua natureza instintiva. A morte sacrificial de Jesus libertou a imensa luz espiritual solar do Cristo aprisionada na matéria do cordeiro de Deus, permeando, assim, toda a obra da criação neste orbe! Era acabado o tempo dos "deuses da raça" e a senda da iniciação rumo à vida superior estava agora aberta a todos que a quisessem trilhar. O advento do Cristo-Jesus entre nós implantou uma nova ordem advinda das mais altas esferas da Criação: era chegado o momento de aprender a nos reconhecer como irmãos nesta caminhada terrena, espíritos reunidos em uma grande fraternidade universal!

Ruggiero encerra a tese mostrando que, tal qual o Cristo usou o corpo de Jesus para purificar a aura da Terra, os guias de Umbanda – auxiliares diretos do Astral Maior – usam os corpos dos médiuns para limpar a aura individual dos homens e despertar nossa gente para um novo patamar de consciência cósmica e de amor universal ao próximo.

Boa leitura!

Figura 20: Componentes da mesa diretora dos trabalhos no 1º Congresso Brasileiro do Espiritismo de Umbanda (1942) (em pé, o Sr. Roberto Ruggiero).
Fonte: Acervo da família Figueiredo.

CHRISTO E SEUS AUXILIARES
Evolução da Religião — Vida de Jesus, O Mistério do Gólgota e o Sangue Purificador.
Tese apresentada pela Tenda Espírita Mirim e relatada oralmente na sessão de 24 de outubro de 1941 pelo Sr. Roberto Ruggiero, membro da sua Delegação.
As religiões se desenvolveram de par com o homem.
– Nos tempos primitivos, chamados bárbaros, a religião imprimia respeito e ordem por meio do temor, única maneira de conduzir a humanidade de então. O Deus que adoravam era um Deus forte e terrível, senhor do raio e do trovão, forma exclusiva em que seria aceito, pois, se exprimisse ternura e amor, não faria vibrar os homens naquele rude estado; pior ainda, seria desprezado. – Assim como um diapasão percutido transmite pouco a pouco seu som a outro diapasão afinado para o mesmo tom, subindo este na medida da força com que se percute o primeiro, assim também a humanidade, quando pode adiantar um passo, ensejou que o impulso espiritual superior se acrescesse, não já por meio de uma religião de terror, mas mercê de um Deus de tribo, que retribuía aos que sabiam despojar-se das riquezas materiais, na oferenda de um sacrifício que era recompensado.

– É este o segundo passo: as Religiões de Raça, em que Deus é um amigo onipotente, que, a quem lhe rende tributo devolve, centuplicando-lhe os celeiros e ajudando-o a triunfar na guerra contra outras raças, mas ensina a tratar com equidade e a ajudar os irmãos de tribo, ditando leis de bem-estar coletivo; neste estado, o homem nascente se distancia do interesse exclusivamente pessoal, para pensar primeiramente na coletividade. Mas o amor de Deus ao homem faz que esse amor, como o diapasão do exemplo vai transmitindo o próprio som ao outro diapasão, ainda que esteja dentro de uma caixa de cristal, esse amor de Deus vai despertando paulatinamente um sentimento igual, que converte o bárbaro primitivo da "sobrevivência do mais forte" num sentimento altruísta de bem e de proteção ao mais fraco, sem distinção de castas, como hoje vemos florescer, a pouco e pouco, na humanidade. Este terceiro passo bem definido na história da humanidade deve-se indiscutivelmente ao impulso espiritual do "Christianismo" em germe, que é a religião que abraça todos os povos e exige uma vida de amor e sacrifício em benefício de outrem. Há cerca de 2.000 anos, nasceu na Palestina um menino a quem chamariam de Jesus. Seus pais, pertencentes à comunidade dos Essênios, eram altos iniciados. Sua mãe, a Virgem Maria, era um ser puro, não apenas uma virgem de corpo como qualquer ente é ao nascer, mas vinha, vida após vida, cultivando o mais alto grau de pureza e espiritualidade, virgindade de alma; José, um iniciado de alto grau, que já em várias vidas se alçara acima da necessidade de ser pai, seguindo a trilha da castidade absoluta, foi eleito para fornecer a semente fertilizante para o corpo de Jesus, ato que realizou como um sacramento e sem desejo nem paixão pessoal. Desta maneira, veio Jesus ao mundo num corpo puro e da mais elevada substância que se poderia conceber: todas as suas células estavam impregnadas do Amor Universal. Veio consciente da missão que tinha a cumprir, desenvolver e preparar ao mais alto grau possível aquele corpo, com uma grandiosa, mas enormemente sacrificada missão a desempenhar. Jesus é um irmão nosso, pois pertence à nossa humanidade, mas, tendo sabido alcançar muito mais rapidamente que o resto dos homens o caminho da lei e da verdade, tendo percorrido, vida após vida, o caminho da completa santidade, e havendo conseguido ser o cume e o exemplo de todos nós, era o único indicado para realizar o trabalho de preparar o melhor corpo físico; e é assim que o jovem e puro Jesus nasce numa fraternidade de amor. Os Essênios eram uma terceira seita na Palestina daqueles tempos. Eram devotíssimos, evitavam o elogio próprio, bem como o de seus costumes austeros e piedosos; daí que deles não se faça menção no Novo Testamento. Eram, porém, um ramo da Grande Loja Branca Egípcia, fundada por Tomes III e impulsionada por Amenhotep IV, em 1447 e 1378 a.C. Os Essênios eram também chamados Terapeutas, porque curavam os doentes por seu alto grau de espiritualidade e de conhecimento oculto, com a "simples imposição das mãos". Viviam, portanto, muito aparte dos materialistas Saduceus e dos hipócritas e vaidosos Fariseus. É nesse ambiente que o jovem Jesus começa a se desenvolver em seus primeiros passos. Até aos trinta anos, porém, sua existência é de constante estudo e preparação, porque se bem tivesse em si altos conhecimentos já adquiridos, cumpria-lhe desenvolvê-los na nova mente, que devia entregar exercitadíssima, e é assim que passa de mosteiro a mosteiro, estudando sempre, do Carmelo à Pérsia, e depois ao Egito, onde, na Grande Fraternidade Branca, é submetido à prova pelos Altos Hierofantes dos Mistérios Superiores, e prestando eficientemente, por ser capaz da mais difícil provação, um conjunto de provas em que demonstra o mais acabado e alto grau de espiritualidade, de terno coração e mente sábia, termina o mistério sobrepondo-se aos professores, que o declaram "mestre dos mestres", e num alo santo entrega o corpo físico perante João Batista às águas do Jordão, voluntariamente; entrega o corpo ao excelso espírito de Christo, baixado à terra em forma de uma pomba, e é este espírito que nele perdura desde esse momento até ao Gólgota, onde principia sua verdadeira missão esotérica: tornar possível o "Christianismo", ou seja a Religião Universal do Futuro. Para ter um ligeiro vislumbre do Mistério do Gólgota e do "sangue purificador", falemos da verdadeira natureza do Christo Cósmico. Jeovah, diretor dos Espíritos de Raça e cabeça das religiões como o Taoísmo, o Budismo, o Hinduísmo, o Judaísmo, etc., que fora até então o encarregado de nos reger do exterior, por meio do cumprimento da lei. Mas, para o ulterior crescimento, o impulso evolutivo tinha de vir de dentro, a lei tinha de dar caminho ao amor. Assim, Jeovah entregou a responsabilidade de nosso desenvolvimento a Christo, o "Senhor do Amor", que no devido tempo entregará seu reino ao "Pai". Esses três Grandes e Exaltados Seres, que diferem enormemente em glória, embora sejam todos merecedores de nossa mais profunda e devota adoração, são os mais altos iniciados de três humanidades que alcançaram o pináculo de seu desenvolvimento em três longuíssimos períodos de evolução já transcorridos. "O Pai" é o mais elevado iniciado da humanidade do Período de Saturno. A humanidade ordinária daquele Período era os que são agora os "Senhores da Mente". "O Filho" (Christo) é o mais elevado Iniciado do Período Solar. A humanidade ordinária daquele Período era os que são agora os Arcanjos. "O Espírito Santo" (Jeovah) é o mais elevado iniciado do Período Lunar. A humanidade ordinária deste Período são os Anjos. Durante estes três longos períodos evolutivos decorridos, a onda dos Espíritos Virginais (nossa humanidade) foi despertando sua consciência e envolvendo-se paulatinamente em veículos cada vez mais densos e mais organizados, até o dia de hoje, atual Período Terrestre, em que alcançamos o nadir da materialidade, ambiente em que temos de desenvolver nossas faculdades latentes, para alcançar um dia, também nós, o pináculo da evolução, terminados os Sete Grandes Períodos, ou no dizer da expressão bíblica: "OS SETE DIAS DA CRIAÇÃO". Deixamos estabelecido que havíamos chegado a necessitar que o impulso evolutivo, essa ajuda que a imensa bondade de nosso CRIADOR derrama por igual no constante olhar em que envolve seus filhos, e que somente nossa incompreensão não vê, havíamos necessitado que o impulso evolutivo viesse do interior, porque o homem ainda infantil, não refreando os impulsos por não saber controlar a mente e o corpo dos desejos, foi enchendo de vibrações más e sujas o Mundo de Desejos que rodeia a Terra, de tal sorte que não mais podia progredir. Sob a lei, todos pecavam; a natureza passional era tão forte, que se fazia para eles impossível dirigi-la. Assim, suas dívidas engendradas sob a lei de Consequência haviam adquirido colossais proporções, e a evolução ter-se-ia retardado terrivelmente e muitos teriam perdido nossa onda de vida, se não lhes houvessem dado ajuda. Essa é a missão de Christo: limpar os pecados do Mundo (não do indivíduo) e "procurar e salvar os que estavam perdidos". É lei do Cosmos que nenhum ser possa criar um veículo da substância de um mundo onde não aprendeu a funcionar. Christo nunca encarnará em mundos físicos, porque sua onda de vida só teve que descer até o Mundo de Desejos, substância de que estavam formados os Globos dessa época, e sendo seu veículo inferior que usa comumente o do "unificante Espírito de Vida" (substância que une entre si os Mundos Planetários) Jesus teve, portanto, necessidade de preparar-lhe um corpo físico. Ao ser crucificado, o Salvador foi ferido em cinco partes, nos cinco centros do corpo vital, mais um sexto ferimento produzido pela pressão da coroa de espinhos; este fato tinha de ocorrer, pois contém em si, um fato oculto. Ao fluir o sangue, o Glorioso Espírito Solar viu-se livre dos veículos de Jesus e encontrou-se na Terra em seus próprios veículos. Num abrir e fechar de olhos, compenetrou os veículos planetários com os seus próprios veículos, difundindo Seu próprio corpo de desejos no planeta, assegurando seu acesso à Terra e ensejando que o seu trabalho sobre a humanidade partisse do "interior". Naquele momento, imensa luz espiritual Solar inundou a terra. Rompeu-se o Véu do Templo, esse véu que o Espírito de Raça dependurara ante o Templo, para resguardá-lo de todos, menos dos eleitos, e desde então a Senda da Iniciação ou Vida Superior ficou aberta a todo aquele que quiser trilhá-la. Recordemos que antes da vinda de Christo a Iniciação achava-se reservada a poucos, como os Levitas entre os Judeus, os Brâmanes entre os hindus, não como injusto privilégio, mas porque sob a guia de Entidades Superiores, estas classes, seguindo uma vida especial, conseguiam alcançar uma latitude entre o corpo vital e o de desejos, que os tornava aptos à Vida Superior e, como diz São Paulo, "o leite para os fracos e a carne para os fortes"; os fracos representavam a humanidade comum em seu estado espiritual infantil, à qual dar o superior era como dar a um menino que entra na escola primária conhecimentos de medicina superior, o que sem dúvida equivaleria a perturbá-lo e confundi-lo lamentavelmente, sem proveito. Com sua direção, Christo tornou possível a senda da vida superior a todos os que por ela desejem caminhar, munindo-se dos méritos requeridos. Quando o Grande Espírito Solar fluiu para o Exterior, por meio do "Sangue purificador", uma grande luz cegou a humanidade, que disse "o Sol escureceu", quando o que sucedia era justamente o contrário, isto é, o Sol brilhava tão intensamente, que cegava a retina dos seres.

Quando o corpo de desejos de Christo se difundiu purificando o corpo de desejos planetário de todas as impurezas que o homem desenvolvera sob o regime do Espírito de Raça, quando o corpo de desejos de Christo foi absorvido pela Terra, decresceu a intensidade vibratória e a humanidade pôde ver. Por esse extraordinário e esotérico processo espiritual, o Ser Sublime assegurou sua admissão à Terra, e a partir desse momento é seu Regente. Desde esse momento, Christo pôde influenciar, a partir do interior, os seres da Terra, purificando as condições desta em si e tornando-lhe o exterior mais puro, com o que permitiu que nós outros possamos extrair material mais puro para nossos corpos de desejos individuais. Mas que sacrifício não representará para esse exaltado Ser o envolver-se nas coercitivas condições terrestres e ter de suportar as lentíssimas vibrações da Terra! Ele é certamente o Regente do Sol, de jeito que só parcialmente se confina em a Terra, mas é por culpa nossa que realiza tal sacrifício; é por nossos erros e debilidades que a Cruz do Gólgota se repete de ano a ano, porque de ano a ano Ele se confina voluntariamente na Terra por nós outros (em determinadas épocas já fixas), e assim continuará a fazer até que aprendamos a ser bons e o liberemos de tão penoso e doloroso esforço. Durante sua estada na Terra, habilitou um alto sacerdote Serpentino, de uma antiquíssima seita religiosa que se perde nos tempos (parece esta seita ser a dos fundadores da Grande Pirâmide de Gizé, que se ergue na planície do grande deserto de Saara, à cabeceira do Delta do Nilo, e que segundo certos anais ocultistas ascende, em sua antiguidade, a pelo menos três anos siderais – cada um dos quais corresponde a 25.868 anos solares, ou sejam 78.000 anos – e cuja construção teria sido dirigida por Arquitetos Divinos, cujas medidas obedeciam a medidas cósmicas), esse sacerdote Serpentino, chamado "Sepho", recebeu de Christo a missão de fundar na Terra Escolas Filosóficas públicas, destinadas a desvendar os mistérios da evolução, e se esse Serpentino era da seita dos que fundaram a Grande Pirâmide, à qual podemos chamar "Cofre Sagrado" da evolução humana, estamos ante a raiz dos mistérios que sempre guiaram o homem, e portanto lhe correspondia por mérito desvendá-los ao Ser que compartilha os conhecimentos desta Ordem somente com outro ser, porque só eles eram os descendentes que restavam, por serem seus graus elevadíssimos, de uma altura indecifrável e a humanidade envolta em crescente materialismo equivocado, não havendo ninguém que pudesse penetrar esse grau de espiritualidade, pois só Christo podia reconhecer-lhes a hierarquia. Christo já lhes rende homenagem quando diz aos discípulos: "Sede sábios como a serpente", emblema dos seres que a si mesmos se chamavam Serpentinos. Ergueu-se o Véu do Templo, e foi assim que este elevadíssimo Iniciado encarnou em vidas sucessivas, século após século, trocando de corpo quando já lhe não servia ou quando tinha de mudar seu ambiente de desenvolvimento. Vemos assim este Ser

Reflexões sobre a Escola de Caboclo Mirim

superior dirigindo os antigos Alquimistas, que não eram transformadores de metal como se crê comumente, mas sob este aspecto encobriam suas atividades esotéricas, para não chamar a atenção do mundo profano. A Alquimia era em verdade a do ouro da Alma, transformando a natureza inferior ou baixas tendências da matéria em superior ou celeste. Ele fundou assim a raiz de várias Escolas de Filosofia, que hoje se estendem pelo mundo e são fáceis de ser assinaladas.

Entretanto, Jesus, o gigante de nossa humanidade, está à frente, de par com outros irmãos maiores, impulsionando diretamente o despertar de nós outros, irmãos menores, "para a realidade", a fim de encurtar o mais possível o Sacrifício de Christo. Jesus dirige todas as Lojas esotéricas ou Sociedades secretas que impulsionam o progresso espiritual e que são uma feliz realidade, mas que muitas vezes têm de estar encobertas em suas atividades, para evitar o inútil ataque dos que ainda não compreendem, mas que compreenderão, porque todos temos de chegar um dia a nosso CRIADOR.

Do ponto de vista espiritual, a Idade Média foi uma era brilhante. Jesus animou os Druidas da Irlanda e os Trotes do norte da Rússia, que eram escolas esotéricas. Os Cavaleiros da Mesa Redonda foram Altos Iniciados nos Mistérios, e os Cavaleiros do Graal são os possuidores do Cálice de José de Arimateia, usado por Christo na última Ceia, e da lança que lhe feriu o flanco, como o receptáculo que recebeu Seu Sangue. Nos últimos trezentos anos, os progressos, embora notáveis, foram conquistados ao duro preço da quase total extinção da espiritualidade. Mas quando a Ciência se espiritualizar e investigar a matéria do ponto de vista espiritual, então se instalará o verdadeiro conhecimento do mundo. Como o sol físico dia a dia nos ilumina cruzando os céus de leste a oeste, consoante nos aparece, assim também o Sol espiritual nos alumia, recebendo o impulso espiritual o mesmo sentido e repetindo-se de ciclo a ciclo. Foi assim que Confúcio iluminou a nação chinesa, mais adiante Pitágoras e Platão o antigo mundo europeu;

e hoje fortes correntes espirituais nos guiam a nós americanos, para conseguir cruzar o Pacífico e tornar um dia ao Oriente, numa nova era superior de espiritualidade. UMBANDA é a expressão de uma elevadíssima corrente espiritual que traz para o Povo da América a glória de uma época de luz que ficará na história. Não é um movimento arbitrário: está obedecendo ao "Plano Divino". Nada de espiritual nos chega que não tenha uma poderosa razão de ser; só o homem, usando erradamente sua divina prerrogativa criadora, faz a desordem na Terra.

Por essa desordem que fazemos em nossas ações erradas, envolvemos nosso corpo de desejos de sujas vibrações e esgotamos a mente. E assim como Christo limpou as pesadas vibrações do Globo, estas Esclarecidas Entidades Espirituais de Umbanda vêm, por intermédio dos médiuns de "Terreiro", despojar dessas correntes os seres, para lhes permitir novas possibilidades. Como Christo usou o corpo de Jesus para purificar a aura da Terra, os Espíritos Guias de Umbanda usam os corpos dos médiuns para limpar a aura individual dos homens. Como Christo se confina, de quando em vez, voluntariamente nas pesadas vibrações da Terra, para purificá-la, também Eles, como Ele, se confinam em nossa pesada atmosfera, para nos servir e nos ajudar a escalar a senda espiritual, em que Eles nos precederam.

SALVE GUIAS DE UMBANDA, AUXILIARES DO CHRISTO!

CANTADOS E RISCADOS NO ESPIRITISMO DE UMBANDA!

Alquimia & psicologia

Cântico XIII
Renova-te.
Renasce em ti mesmo.
Multiplica os teus olhos, para verem mais.
Multiplica-se os teus braços para semeares tudo.
Destrói os olhos que tiverem visto.
Cria outros, para as visões novas.
Destrói os braços que tiverem semeado,
Para se esquecerem de colher.
Sê sempre o mesmo.
Sempre outro. Mas sempre alto.
Sempre longe.
E dentro de tudo. (MEIRELES, 1997)

Oriunda provavelmente do Egito, a alquimia é mais uma das antigas "artes herméticas", tida como a ciência das transmutações, minerais ou vegetais, da natureza. Os alquimistas acreditavam que o mundo material é composto por matéria-prima sob várias formas; as primeiras destas eram os quatro elementos (água, fogo, terra e ar), divididos em duas qualidades: úmido (que trabalhava principalmente com o orvalho), seco, frio ou quente, cujas combinações e proporções determinariam a forma de um objeto. A alquimia opera a transmutação de uma forma ou matéria pela alteração das proporções dos elementos através de processos tais como destilação, combustão, aquecimento e evaporação. Apesar de existirem alquimistas "metálicos", que acreditam ser possível transmutar em seus laboratórios metais inferiores em ouro, os procedimentos e etapas descritos nos textos sobre a alquimia devem ser entendidos de forma simbólica, uma metáfora para um trabalho espiritual, já que o verdadeiro ouro que se busca é a autotransformação obtida pela mudança de condição e de forma da alma humana, de algo bruto a um espírito livre, o mais nobre material encontrado na face deste mundo. Esta é a real "pedra filosofal" buscada pela alquimia.

O laboratório do alquimista, onde se darão as operações, é a própria escola da vida. As antigas imagens, que mostram o vaso ou recipiente em forma de ovo, representam o corpo humano: a matriz ou "útero" de onde nascerá o *"filius philosophorum"* (filho dos filósofos ou filho dos sábios), a pedra filosofal ou a pepita de ouro – o despertar do Sagrado Anjo Guardião ou nosso Cristo Interno, integrado ao plano maior e eterno da criação. O Crânio, onde habitam o pensamento e a razão, também pode representar o vaso onde a transmutação deve ocorrer. Para que esse vaso seja uma matriz digna da "Grande Obra", é necessário prepará-lo, torná-lo vazio e limpo, sem resquícios do mundo material. Significa encontrar o valor das coisas "simples", descartando a vaidade e a soberba que a cultura e a pseudossabedoria costumam trazer. Assim, será despertada a sensibilidade aos demais planos da existência em torno de nós, de cujo fluxo de vida fazemos parte.

Para o alquimista, o Universo todo tende a um estado de perfeição. Como, tradicionalmente, o ouro era considerado o metal mais nobre, ele representava essa perfeição na matéria concreta. Por isso, entendemos a alquimia como uma arte filosófica, que busca ver o Universo de outra forma, encontrando nele seu aspecto espiritual e superior. Na linguagem alquímica, é frequente o uso de símbolos da astrologia, em que os elementos são associados aos sete planetas sagrados da Antiguidade, da seguinte forma: o Sol com o ouro; a Lua com a prata; Mercúrio com o mercúrio; Vênus com o cobre; Marte com o ferro; Júpiter com o estanho; Saturno com o chumbo.

Não cabe, nesta obra, o aprofundamento nas extensas correlações simbólicas que envolvem os principais metais utilizados nas operações alquímicas, que, além da astrologia, eram associados à morfologia humana, práticas da medicina etc. Mas há de se lembrar do Princípio Hermético da Correspondência, que sentencia: "O que está em cima é como o que está embaixo, e o que está embaixo é como o que está em cima". O famoso médico e alquimista Paracelso (1493-1541) ensinava que a busca da cura se dá pela observação das correspondências e analogias entre o macrocosmo e o microcosmo, que formam um só organismo, "no qual as coisas se harmonizam e simpatizam reciprocamente". Ambos "não são mais que uma constelação, uma influência, um sopro, uma harmonia, um tempo, um metal, um fruto". Assim, a associação entre os astros (deidades e energias celestes) e os metais não é arbitrária; são forças complementares que constituem o Universo e o homem. O trabalho alquímico, ou hermético, realiza-se com essas duas energias, harmonizando-as, sem excluir qualquer uma delas. E é o homem quem as religa, o verdadeiro intermediário entre céu e terra. E é por essa mesma razão que, nas tradições antigas, a iniciação era e é tomada como uma visita do ser humano às entranhas da Terra, ou uma viagem ao "país dos defuntos", quando não um descenso aos infernos de nosso ignorante psiquismo, imprescindível para uma posterior e triunfal ascensão aos céus.

Foi formidável que a psicologia moderna tenha também incorporado muito da simbologia da alquimia, principalmente pelas obras de Carl Jung, que procurou mostrar o significado oculto desses símbolos e sua importância como um caminho espiritual. Os símbolos alquímicos, sendo semelhantes aos símbolos de nossos sonhos e fantasias, dos mitos, das artes, passam a expressar, portanto, as profundidades da alma humana, onde somos todos semelhantes. A cor dourada e o ouro estão associados ao *self* e à totalidade do ser. Na interpretação de Jung, a obra alquímica é análoga ao processo de individuação, e a pedra filosofal é um símbolo do *self*. Pondo em jogo sua intuição e sua teoria dos arquétipos, Jung encontrou correspondência entre as clássicas operações da alquimia e as etapas necessárias para se percorrer o caminho da individuação.

A OPUS

Numa alusão à obra divina da criação e ao projeto de redenção nela contido, o processo alquímico foi designado por "Grande Obra". Nesse processo, uma matéria inicial, misteriosa e caótica, chamada matéria-prima, em que os opostos se encontram ainda inconciliáveis num conflito violento, deve ser transformada progressivamente num estado de libertação de harmonia perfeita, a "Pedra Filosofal" redentora ou o *lapis philosophorum*: Primeiro, combinamos, em seguida decompomos, dissolvemos o decomposto, depuramos o dividido, juntamos o purificado e solidificâmo-lo. (WEISEN, 1778, citado por ROOB, 1997)

A "Opus" é a realização da "Grande Obra", objetivo maior da alquimia. Antes de tudo, o alquimista é alguém comprometido com este trabalho sagrado: a busca do valor supremo e essencial. Diz Edinger (1995): "Todos os que buscamos seguir essa Arte não podemos atingir resultados úteis senão com uma alma paciente, laboriosa e solícita, com uma coragem perseverante e com uma dedicação contínua". Toda transformação, para realmente ser duradoura, deve ser obtida com disciplina e paciência, com coragem para ir além, e profundo respeito pela senda, em uma sincera atitude religiosa.

Esse caminho é solitário, onde devemos estar orientados para o si-mesmo (*self*), e não para o ego. Como a maioria de nós não tem formação em psicologia, gostaria de ressaltar que, quando se diz que quem caminha na trilha do autoconhecimento deve estar voltado para si mesmo, não significa dizer ser egoísta em relação ao mundo ao redor, mas atentar para que nossa centelha divina viva a experiência terrestre, tendo cuidado para não se deixar viver a vida e os dramas do outro, pois cada um deve ser responsável por seus próprios passos, praticando o que Caboclo Mirim chamou de "indiferença construtiva".

Estar centrado em "si mesmo" significa ler constantemente o livro da própria vida, adquirindo sempre maior conhecimento sobre si próprio. É aprender a dar valor a sentimentos nobres, ter atenção para não se deixar levar pelos desejos fúteis que escravizam e só geram frustrações; e exercitar a capacidade de se expressar no mundo de maneira gentil e humana com seu semelhante.

A prima matéria

A expressão "prima matéria" tem origem nos tempos da Grécia antiga, onde os filósofos pré-socráticos acreditavam em uma imagem arquetípica que lhes dizia que, no caos inicial, o mundo foi gerado de matéria única original, a chamada primeira matéria. De acordo com o pensamento da época, imaginava-se que essa primeira matéria passara por um processo de diferenciação por meio do qual fora decomposta nos quatro elementos – terra, ar, fogo e água –, que se combinaram em diferentes proporções para formar todos os objetos físicos do mundo, mas não perderam, porém, sua essência elemental. O conceito de caos inicial, em uma matéria indiferenciada, de onde surge uma criação concreta ou externa, pode ser compreendido psicologicamente como a criação do ego a partir do inconsciente, por meio do desenvolvimento das quatro funções ectopsíquicas: pensamento, sentimento, intuição e sensação.

Atribui-se a Aristóteles a ideia da "prima matéria", quando ele procede à distinção entre matéria e forma. Segundo ele, a matéria elementar, antes de moldar-se ou de ter a forma imposta sobre si, é pura potencialidade – ainda não atualizada, porque o real não existe enquanto não assume uma forma particular: "A primeira matéria é o nome desse poder inteiramente indeterminado de mudança". (EDINGER, 1995)

Os alquimistas herdaram a ideia da "prima matéria" dessa antiga filosofia, o que os fez ter como um de seus princípios o conceito de que, para transformar uma dada substância, era preciso, antes de tudo, reduzi-la ou fazê-la retornar ao seu estado indiferenciado original: "Os corpos não podem ser mudados senão pela redução à sua primeira matéria". (EDINGER, 1995)

Do ponto de vista psicoterápico, não é fácil descobrir aquela "prima matéria", pois ela está naquela parte da psique humana que ninguém quer expor, oculta pelo verniz das relações sociais. É nas sombras que carregamos os aspectos mais dolorosos e humilhantes de nós mesmos, naquele cantinho da personalidade tida como a mais desprezível, da qual precisamos encarar à luz e trabalhar. Temos de nos aceitar como somos, em nossas limitações e pequenos pecados do dia a dia, nos reconhecer como humanos falíveis, e ainda assim, nos perdoar.

As diversas operações alquímicas são divididas em etapas, e cada etapa pode ainda revelar várias fases, todas tradicionalmente expressadas em latim. De modo geral, a alquimia é a prática da transformação do material bruto em um equivalente de mais valor, do denso ao etéreo, construindo a ordem a partir do caos, unindo os fragmentos dispersos da multiplicidade da manifestação transitória e aparente dessa realidade terrena, para disso extrair sua essência maior. Esse processo não ocorre de uma só vez, pois nada evolui em um salto apenas. As transformações se dão em ciclos, em um eterno "nascer" e "morrer", adquirindo e perdendo sua forma, recompondo-se tantas vezes quantas for preciso, até o material se tornar íntegro e nobre. As principais etapas levam a "prima matéria" sucessivamente ao enegrecimento (quando a matéria é aquecida, dissolvida e morta), ao embranquecimento (a substância é purificada pelo mergulho nas "águas da vida") e ao amarelecimento (estágio do despertar, saindo da passiva luz da Lua para a vibração da irradiante e dourada luz solar). Utilizando expressões alquímicas, essas etapas são denominadas Nigredo ou "Operação Negra"; Albedo ou "Operação Branca" e Rubedo (antecedido por Citrinitas) ou "Operação Amarela".

Veremos mais adiante, nesta obra, por que o entendimento das principais operações que ocorrem nas etapas alquímicas é tão importante para os CCTs da Escola do Primado. São elas: *calcinatio*, *solutio*, *coagulatio* e *sublimatio*, dentre outras, para não nos estendermos demais. Iremos abordá-las nos inspirando na simbologia psicológica de Jung, que tanto enriqueceu o tema "alquimia" para aqueles que trabalham para ajudar o ser humano a se encontrar em sua busca espiritual.

Conforme assinalamos, primeiramente há de se encontrar a "prima matéria" adequada para se iniciar o trabalho alquímico de transmutação psicológica. Se há alguns que não conseguem viver qualquer momento a sós, em silêncio, tentando fazer de sua vida um repetitivo *happy hour*, há também aqueles que precisam sair da apatia e do distanciamento que o mundo de hoje impõe às relações interpessoais, já que ninguém viverá a intensidade do processo transformador sentado à frente de um

Reflexões sobre a Escola de Caboclo Mirim

computador ou assistindo à TV. Por isso, o espaço religioso bem trabalhado ainda pode ser de grande importância para a vivência saudável dos aspectos que envolvem as próprias descobertas espirituais dos indivíduos, uma experiência pessoal e íntima, que acontece mesmo em um templo onde o trabalho é coletivo. A receptividade da comunidade reforça a confiança no grupo, que compartilha aquele calor humano que faz quem chega ser reconhecido individualmente, sentir-se respeitado e ter a acolhida e o afeto que muitas vezes não recebeu nem quando criança junto à sua família. No espaço religioso, apesar de saber-se pecador, a figura do "Pai" ou da "Mãe" o perdoa e o estimula a "sacudir a poeira" e "dar a volta por cima", aprendendo a caminhar e a realizar sua própria reforma íntima, para que possa assumir um lugar digno junto à sua comunidade. Esse laço afetivo será somado à sua fé no divino, que faz com que se consolide o pacto íntimo que deve haver entre o fiel e o poder sagrado que evoca em sua vida. Dessa forma, haverá ótimo material para se iniciar o trabalho alquímico transmutador, a ser realizado com disciplina, coragem e determinação, honrando as palavras do Mestre: "Vai-te, e não peques mais." (JOÃO, 8:11)

As operações

Calcinato

Esse é o processo que envolve o intenso aquecimento de um sólido pela ação dos raios concentrados do Sol ou pela aplicação do fogo comum. Esse calor externo será somado ao calor interior da própria matéria, visando a retirar a água e outros elementos passíveis de volatização, até que só restem cinzas brancas. A psicoterapia junguiana conta que a *calcinato* atua tal qual a enorme chama atiçada do "dragão", que vai ao nível máximo para depois ser consumida em si mesma e apagada, pois "é pelo instinto que o instinto é consumido". Um indivíduo saudável, cheio de vida, de calor e vitalidade tem, como qualquer pessoa normal, seu lado primitivo que possui desejos de prazer e poder. Esta é a matéria negra trabalhada na etapa da Nigredo da Opus, que será capaz de produz "calor e umidade primordial" a partir de dentro, reagindo ao calor externo das operações do trabalho alquímico. Jung associa o fogo da *calcinato* à libido, que atuará como aquele agente que acende a chama interior e testará a matéria negra, a fim de nos fazer conscientes da existência dos desejos primitivos – que não podem ser negados – e que devem vir à tona para aprender a se expressar de maneira saudável em nossas vidas, sem culpa! Afinal, há prazer em compartilhar uma pizza com os amigos, e há prazer em participar de uma gira maravilhosa junto de nossos guias. Há tempo para namorar, rir e se divertir, e tempo para trabalhar, estudar ou rezar. Respeite o tempo certo das coisas: não coma uma pizza por obrigação nem vá ao terreiro por medo de represálias.

O fogo da *calcinato* é um fogo purgador, embranquecedor. A matéria negra, após queimada nessa operação, resta como cinzas brancas uma representação simbólica de que finalmente entendemos que há desejos que são naturais, humanos, que não nos contaminam nem precisam ser "varridos para debaixo do tapete". Não dá para viver como personagens distintos, alternando um lado "santo" ou "cruel", dependendo da ocasião. As cinzas brancas demonstram que o nosso ego aprendeu a dizer naturalmente "não" àquele desejo luxurioso, e a ouvir um "não" do próximo sem que isso faça com que se sinta menor ou abalado em sua autoestima. Caminhando com mais segurança, sentimos que não ficamos à mercê dos humores em torno de nós, chegando ao ponto de não nos importarmos tanto com as pequenas frustrações do dia a dia, pois sentimos que sempre haverá uma maneira de seguir adiante. Dessa forma, nos tornamos mais equilibrados e mais capazes de enfrentar nossa realidade e a realidade do mundo exterior. Como dizia o filósofo Nietzsche: "Aquilo que não me destrói me fortalece".

Solutio

Esta é uma operação com o elemento água, que atuará transformando um sólido em um líquido. Como parte da etapa da Albedo alquímica, as cinzas brancas que restaram da *calcinato* são lavadas nas "águas da vida", dissolvidas no universo desse grande elemento, onde irão se recombinar e reaparecer renovadas. Todo o processo alquímico é resumido pela expressão "dissolve e coagula", por isso, sobre o enfoque da psicoterapia, na *solutio* o ego precisará abrir mão do controle adquirido sobre sua vida e permitir-se a experiência do desamparo. O "homem de bem", disciplinado e de conduta reta na sociedade verá que isso não basta, pois o "destino" ainda insiste em seguir contrariando sua poderosa vontade. "Onde errei, meu Deus?", pergunta-se, sentindo-se pequeno e impotente. A sede por respostas o fará se abrir a estado de consciência que o coloca diante de algo muito maior e mais amplo, seja um novo ideal, uma mente mais desenvolvida, um novo conhecimento ou um grupo de expressão, que, ao seu modo, poderão agir como agentes de dissolução da individualidade e integração com o coletivo. A ameaça de perder a autonomia e deixar tudo para trás pode ser apavorante para aqueles que têm um ego mais estruturado. Porém, por mais doloroso que talvez seja viver essa experiência, ao mergulharmos nesse oceano,

> [...] é exigida uma profunda confiança naquilo que não pode ser visto pela consciência racional. Em algum ponto é necessário submeter-se ao que é maior, e a submissão não significa humilhação; ela implica aceitação da vontade de Deus – os ensinamentos religiosos giram em torno desse tema da aceitação da vontade de Deus.[1]

Para outros, esse movimento regressivo fará com que se sintam acolhidos e seguros, como se voltassem ao útero das mães sagradas, que irão alimentá-lo com o leite espiritual até que tenham readquirido força interior para seguir rejuvenescidos e serenos em sua jornada pessoal. Nessa etapa da evolução do indivíduo vinculado à sua fé é que se diferencia quem segue formalmente uma religião, rigidamente atado à sua cartilha doutrinária, daquele que tomou consciência de si, não como um ser apartado de tudo, independente, mas inserto em um concerto cósmico em tudo e a todos conectado, despertado religiosa e espiritualmente:

> Em verdade, eu afirmo: espiritualização é o ato de descondensarmos a nossa personalidade e nunca

---

1 Disponível em: *http://www.clinicapsique.com*.

aquele em que procuramos condensar pela objetivação de conhecimentos mentais, aumentando ainda mais o nosso patrimônio emocional na falsa suposição de que a espiritualização possa ficar subordinada à forma de interpretação da nossa personalidade. Espiritualização é uma palavra emprestada à Escola da Vida para traduzir, de forma acessível a todos, aquilo que a Escola da Vida compreende como energia condensada e descondensada. Afinal, como pode o homem tentar procurar a espiritualidade? Ele deveria antes verificar que a espiritualidade não se procura: vive-se. (FIGUEIREDO, 1962)

Coagulatio

Essa operação busca trazer consistência e nova forma àquilo que foi dissolvido e purificado nas águas, por isso, é um processo associado ao elemento terra. O ouro espiritual não está mais tão profundamente escondido sob aquela densa crosta do ego meramente mundano, levada embora nas etapas anteriores. É hora de renascer pelas águas, sentindo a renovação, percebendo que antigos hábitos ficaram para trás. É momento de se reinventar, de se permitir vibrar com a oportunidade de realização sob nova inspiração, com mais amor e tolerância aos irmãos de caminhada.

Podemos dizer que é um momento em que as águas levam a vida de volta à terra, por isso, é natural associar a *coagulatio* à criação da vida. Na cosmogonia dos índios norte-americanos, por exemplo, há narrativas contando que o mundo começou a partir de uma ilha criada por um "mergulhador da terra", que, a cada viagem às profundezas dos mares, trazia pedaços de lama acrescentados paulatinamente à ilha inicial. A *Bíblia* relata outra antiga tradição da criação do homem: "Então Javé Deus modelou o homem com a argila do solo, insuflou em suas narinas um hálito de vida e o homem se tornou um ser vivente" (GÊNESIS, 2:7). E não podemos esquecer as tradições das grandes deusas da fertilidade, como Pachamama, a deidade máxima dos Andes peruanos, bolivianos, do noroeste argentino e do extremo norte do Chile; ou Ísis, a deusa que, com suas lágrimas, fazia o rio Nilo subir todos os anos, recompondo o solo de suas margens com ricos nutrientes, renovando a vida e trazendo a lavoura farta, indispensável à sobrevivência das famílias do antigo Egito.

O renascido das águas, então no elemento lunar, é agora esse novo ser despertado para a realidade espiritual da qual sabe fazer parte, mesmo encarnado entre nós. É um espírito livre, que deve, porém, vincular-se à pesada realidade e às limitações das particularidades pessoais. O divino palpita em seu coração, mas é preciso caminhar por entre o gentio, de se realizar também no plano da matéria, preservando aceso o desejo de comungar com o Altíssimo. Há de se permitir agora que o tempo atue como o grande mestre cósmico na vida de cada um, promovendo lentamente a cristalização desse renascido ser solar. Na alquimia, significa dizer que se está vivenciando a fase de Citrinitas, ou "amarelecimento". O amarelo significa que a Albedo amareleceu, envelheceu, como um papel branco que se torna amarelado com o tempo. Caminhando entre seus irmãos de jornada terrena, o iniciado amadureceu, permitindo uma revisão de conceitos e de preconceitos. Conhecendo-se melhor, pode entender melhor os outros em seus próprios dramas e desafios, compreendendo que o outro busca, afinal, o mesmo que nós, só que por caminhos diferentes.

Gostaria, novamente, de frisar que todo o processo alquímico se baseia no eterno "dissolve e coagula", que se dará quantas vezes for necessário para se alcançar a transformação de um material ainda impuro em um mais nobre. Enquanto o "ouro" não despertar, ciclicamente irão se repetir as operações básicas de *calcinato*, *solutio* e, novamente, *coagulatio*; até que o material trabalhado esteja maduro o suficiente, iniciando a Rubedo, onde, aí sim, aparecerá plenamente o "ouro".

Psicologicamente, na coagulatio atinge-se um conhecimento de si próprio que fortalece o iniciado, fazendo com que assuma sua vontade e seu arbítrio, através da consciência de sua própria autoridade interior. Agora senhor de seus passos, o indivíduo alcança um novo nível em seus relacionamentos, o que renova a sua eficácia na esfera social. Mais do que nunca, é preciso atentar para esse poder que então aflora no ser: o mesmo poder que pode transformar o mundo ao seu redor também corrompe. Muitos sacerdotes sucumbem nesse estágio de sua jornada, já que, vibrando com o Sol espiritual encarnado no plano da matéria, agregam em torno de si irmãos que buscam apoio para também encontrar o divino, o que pode induzir ao sentimento de que se é o próprio Sol. Esquecendo sua humanidade, o iniciado decaído se percebe como um "santo" ou "mestre", como um ser especial, em uma armadilha do ego que exige ser prontamente atendido, para satisfazer a seu quase indisfarçável desejo compulsivo, fruto da certeza de que o mundo está a seus pés e que nada lhe pode ser negado!

Na alquimia, essa fase é associada ao enxofre, um dos metais mencionados como agente coagulador: sua cor amarela e seu caráter inflamável o associam ao Sol, mas seus vapores fétidos impregnam e escurecem a maioria dos metais, o que o faz ser lembrado também como uma característica do inferno. Em *Mysterium coniunctionis* (2011), Jung traz uma brilhante explicação do simbolismo do enxofre:

> O enxofre constitui a substância ativa do sol ou, em linguagem psicológica, a força impulsionadora da consciência: de um lado, a vontade, melhor concebida como um dinamismo subordinado à consciência; do outro, a compulsão, uma motivação ou impulso involuntário, que vai desde o simples interesse até a possessão propriamente dita. O dinamismo inconsciente corresponderia ao enxofre, porque a compulsão é o grande mistério da existência humana. É o cruzamento da nossa vontade consciente e da nossa razão por uma entidade inflamável que está dentro de nós, manifestando-se, ora como um incêndio destruidor, ora como um calor que gera vida.

De maneira equilibrada, é preciso caminhar tendo a consciência da luz soberana que brilha sobre nossas cabeças, sem perder de vista o mal que se esconde nas sombras – dentro e fora de todos nós – e que não podem ser ignoradas. Sempre vigilante, o verdadeiro iniciado conhecerá suas humanas limitações, bem como perceberá a realidade em torno de si, fazendo surgir uma nova compreensão de seus relacionamentos interpessoais, o que certamente irá despertar uma vontade genuína de partilhar suas experiências e de estar mais próximo e ajudar os outros.

Se as operações alquímicas anteriormente realizadas tiverem sido bem-sucedidas, seguindo o fluxo ascendente (*Elevatio*), despontará naturalmente durante a *coagulatio* o "amarelo" característico de Citrinitas, que, gradativamente, irá tornar-se mais radiante, dourado, como os raios de Sol da aurora que anunciam um novo dia, preenchendo o ser com um novo entusiasmo: o fogo e o ardor espiritual da Rubedo alquímica!

Como a *coagulatio* não é o fim do processo, ela será necessariamente seguida por outras operações. Se o caminho for ascendente, viver-se-á a *sublimatio* alquímica. Ao atingir a plenitude nos níveis físico e emocional, deveremos estar preparados para a etapa seguinte, espiritual, já que "tudo aquilo que se concretizou plenamente ora se acha sujeito à transformação". Simbolicamente, nos aproximamos do que biblicamente se denomina "entrar no Reino dos Céus", ou seja, novamente descondensar a matéria para atingir sua sublimação.

Sublimatio

Esta é a última etapa do que os alquimistas denominam "obra menor", em que cada operação procurou atuar sobre o iniciado por meio da aplicação da vibração de cada um dos quatro elementos da natureza. A consciência foi inflamada com o fogo, animada com a água, fixada com a terra e agora será espiritualizada com o ar. Este é o meio que transporta o oxigênio, a luz do Sol e a linguagem. Sem ar, a alma e o corpo sufocariam, mas em excesso ele pode causar tonturas e desorientação. No processo alquímico de *sublimatio*, através de aquecimento um sólido passa ao estado gasoso, subindo até a borda do recipiente, onde assume novamente o estado sólido nessa região mais fria. A destilação é um exemplo desse processo. O termo "sublimação" significa "elevado". Uma substância inferior se eleva mediante um movimento ascendente, obtendo uma forma superior. Ou seja, estaremos operando para levar nossa consciência do plano do visível para o invisível, junto às fronteiras do plano maior da existência, pois os "mistérios simples, absolutos e imutáveis da Verdade divina estão escondidos nas trevas superluminosas daquele silêncio que se revela em segredo"[2].

Na *sublimatio* o iniciado aprenderá a controlar o espírito do ar, principalmente no que se relaciona ao poder do Verbo. Em *Psicologia alquímica* (2005), o terapeuta Thom F. Cavalli nos ensina:

> Psicologicamente, o excesso de ar sufoca a profundidade. Os bobos dessa laia são bufões, uma palavra derivada da palavra latina *folli*, que significa "saco de ar". Os gregos chamavam tal atitude de *hubris*, ou insolência, o que era pecado na religião deles. Esses bobos eram bufadores que exageravam suas pretensoes e sobrecarregavam os foles.
> O alquimista tem que encontrar o caminho do meio, entre o excesso de ar e a falta de ar. Essa tarefa é belamente exemplificada na história grega de Ícaro. Ele é o jovem que, com o pai, Dédalo, foi preso numa ilha por ter ofendido Mino. Dédalo, um hábil artesão, moldou asas de cera e os dois voaram para a Sicília. Mas Ícaro, jovem que era, contrariou as instruções do pai: voou alto demais e o calor do sol derreteu suas asas. Ícaro caiu no mar e morreu.

Há de se buscar o poder no ar, mas com sabedoria! O silêncio retém o ar, e o torna força ascendente, que inspira a mente e vivifica o espírito. Já o poder do Verbo transforma sons em palavras e palavras em ações, muitas vezes se utilizando de palavras mágicas, hinos, curimbas e cânticos que elevam a alma, integrando-a ao seu espirito imortal.

A *sublimatio* é também entendida como purificação, a separação dos elementos puros dos impuros, do que **é alinhado com o fluxo da vida d**e tudo aquilo que é transitório, instintivo e carnal. O termo "sublimação" significa "elevado", o que explica o desenvolvimento de uma visão a partir de "um lugar mais alto", o que nos faz capaz de estar acima das coisas e ver a si mesmo com objetividade. Este é o ápice da "obra menor": a ascensão da alma em comunhão com o eterno!

Mas há de se realizar a "obra maior", já que o estado eté-

---

2 Pseudo-Dionísio, o Areopagita, séc. V ou VI.

reo deve ser seguido de uma *coagulatio*. Depois de alcançado esse estado de culminância, ao se vislumbrar o plano maior da Espiritualidade, é preciso voltar e operar a transformação da consciência individual, combinando em si a percepção de ser um e ser o todo, de ser o microcosmo e o macrocosmo ao mesmo tempo.

"Sublima o corpo e coagula o espírito", afirma o ditado alquímico. Aprendemos que, em sua jornada, a alma deve se apropriar de sua raiz no inferior e promover sua subida, alcançando as alturas maiores, para de lá retornar como espírito repleto tanto de angelitude quanto de humanidade, enfim conciliados. A *sublimatio* maior consiste exatamente nessa descida do espírito ao nosso plano, como se fosse começar tudo de novo, o que não é verdade. A ascensão da alma e a descida do espírito são dois movimentos simultâneos no trabalho de transformar o ego inconsciente, pesado como chumbo, em um ser individualizado, pleno de sua luz dourada. Essa imagem de subida e descida, sugerida pela *sublimatio* nesse processo, caracteriza a *circulatio*, que é a combinação desses movimentos. Sob um olhar psicológico, a repetição desse circuito auxilia na conciliação dos opostos, gerando uma nova consciência transpessoal que une a psique pessoal (o ego "inferior") à psique arquetípica (o eu "superior"). Quando o iniciado alcança esse estado, encontra em si a maturidade do ancião, senhor do mundo sob seu cajado, conciliado com a pureza espiritual das crianças, ambos mesclados em seu coração!

> Deixai as crianças virem a mim. Não as impeçais, pois delas é o Reino de Deus. Em verdade, vos digo: aquele que não receber o Reino de Deus como uma criança, não entrará nele. (MARCOS, 10:13-16)

No processo da *circulatio*, o princípio e o fim se unem, completando o ciclo de uma existência plena. Vivemos a reminiscência de nossos primeiros passos, recordamos nossas origens com a amplidão da consciência de nossa realidade presente. Aprendemos a reconhecer nossa essência, aquilo que é eterno, que nos dá vida e descortina a outra realidade multidimensional à qual pertence nossa centelha de vida. A criança interior simboliza a nossa totalidade psíquica, o ouro precioso, a parte genuína que vamos perdendo quando adultos, e que se manifesta em nossos sonhos, fantasias, desejos, imaginações, intuições e em nossa capacidade de brincar, imaginar, criar e, principalmente, de sermos sensíveis. A criança é libertadora, pois faz com que descubramos que não é verdade o que nos fizeram acreditar sobre quem somos. O seu universo é só amor!

Figura 21: Ilustração do livro *Coelum reseratum chymicum*, de Johann Toeltius (1737).
Fonte: Disponível em: <http://www.levity.com/alchemy/amcl-glr11.html>.

Observação final

Todos os grandes mestres espirituais, portadores da luz crística em nosso orbe, foram homens e mulheres que realizaram a Opus: humanos e divinos, em uma só existência! Alcançaram a serenidade de um Buda, e, tal qual Jesus, também caminharam entre o gentio, permanecendo no mundo sem ser do mundo. A jornada de todos nós também começa e termina na Terra. Como aprendizes, vamos vivendo cada etapa de nossa realidade concreta dentro do espaço-temporal onde habita nosso ego. Mas nossa centelha de vida sabe das limitações impostas pela matéria; então, não devemos subjugar emocionalmente nossa própria existência, estressados em nome do ideal de perfeição. O processo de conscientização pelo caminho a seguir deve despertar do íntimo de cada neófito, que irá buscar realizar sua Opus em seu próprio ritmo. A alquimia interior será fruto das experiências vividas por cada um, coordenadas por seus guias espirituais, a quem o sacerdote pode e deve auxiliar para que cada passo do iniciado seja de verdadeiro valor transformador.

Caboclo Mirim ensinava que o valor de nossa vida corpórea depende principalmente da serenidade mental e da paciência com que executamos nossas tarefas mundanas, pois só assim evitaremos as reações violentas que tendem a explodir em torno de nós. Dessa forma, conduzindo nossa vida material com simplicidade e disciplina, estaremos realizando naturalmente a grande alquimia da vida, concretizando tudo aquilo que nossa força harmonizada pode produzir neste plano da existência.

Qualquer estudioso reconhece que a alquimia é cheia de termos em latim e expressões enigmáticas que dificultam o entendimento daqueles que nela se aventuram. Mas acho que ficou claro que, por trás de tantas alegorias simbólicas, há valiosas orientações que visam a auxiliar o iniciado em sua senda evolutiva.

Irmão de fé, se houvesse "receita" fácil para se alcançar a plenitude da alma e do espírito, nunca despertaríamos para a necessidade da dedicação pessoal e o emprego consciente de nosso livre-arbítrio, condições indispensáveis que nos definem como humanos! Como disse Benjamin Figueiredo, "a espiritualidade não se procura, vive-se". Portanto, a despeito de todo o conhecimento teórico, o principal material necessário para a "Grande Obra" é, afinal, um bom coração, repleto de sincera vontade de crescer.

Paulo Coelho descreve alguns tipos de iniciados no 'Prefácio' de sua obra *O alquimista* (2000). Ele relata que, quando começou a estudar alquimia junto ao seu mestre, perguntou por que a linguagem dos alquimistas era tão vaga e tão complicada, tendo recebido a seguinte resposta:

> – Existem três tipos de alquimistas – disse o mestre.
> – Aqueles que são vagos, porque não sabem do que falam; aqueles que são vagos, porque sabem do que estão a falar, mas sabem também que a linguagem da Alquimia é uma linguagem dirigida ao coração, e não à razão.
> – E qual é o terceiro tipo? – perguntou Paulo.
> – Aqueles que nunca ouviram falar em Alquimia, mas que conseguiram, através das suas vidas, descobrir a Pedra Filosofal.

Nos meus anos na Tenda Espírita Mirim, tive o privilégio de conhecer alguns desses últimos alquimistas, pessoas muito simples na vida material, que caminhavam há décadas junto a Benjamin.

A escola iniciática

> O problema de todo instrutor, hoje, é descobrir novas maneiras para expressar as velhas verdades de modo que, ao apresentar as antigas fórmulas, que levam ao desenvolvimento espiritual, estas possam adquirir uma nova e pulsante vida. (BAILEY, 2003)

Benjamin Figueiredo e alguns de seus contemporâneos foram orientados pela Espiritualidade de que a Umbanda deveria ser muito mais do que apenas culto aos orixás, e que a missão de nossa religião iria muito além da caridade imediata àqueles que batiam às portas das tendas. Fazia mister consolidar todo o ensinamento que os guias de luz traziam para nossa gente e preparar efetivamente o ser humano para que este fosse capaz de alcançar a essência sagrada vinda do astral, sob pena de ver a Umbanda novamente levada ao caminho do fetichismo e dos trabalhos de feitiçaria tão comuns no início do século XX, devido à interferência de pessoas sem qualquer compromisso com os verdadeiros dirigentes espirituais de nossa religião.

Caboclo Mirim sabia que a Umbanda só se consolidaria sobre alicerces sólidos: o seu corpo mediúnico e seus sacerdotes! Mas tal qual pedra bruta, o verdadeiro sacerdote precisa ser lapidado pelo labor incessante que desperta revelações íntimas, que amplia a consciência e faz com que esse ser humano possa ser receptáculo de iluminados guias de luz, condutores da gente de fé que aflui aos terreiros.

Sob a liderança de Mirim, foi fundada em 1952 a primeira escola iniciática de Umbanda do Brasil: o Primado de Umbanda.

Assim, foram instituídos os sete graus com a nomenclatura em tupi-guarani, a escola sacerdotal e as giras características, dentre outras novidades ritualísticas voltadas para a dinamização do culto de Umbanda, com ênfase na força do trabalho coletivo direcionado para o socorro espiritual e para o despertamento íntimo do indivíduo, sem perder, porém, o respeito ao livre-arbítrio de cada médium, ao seu ritmo peculiar de crescimento e maturação íntima. Na maioria das vezes, o próprio médium não fazia ideia de que estava em uma ordem iniciática, pois longo era o caminho para se tornar um iniciado, já que primeiro havia de se buscar seu equilíbrio pessoal, sem se deixar contaminar por qualquer ambição hierárquica dentro da Tenda.

As ordens e cultos de caráter iniciático têm compreensão de que os mistérios sagrados devem ser preservados do habitat mundano, a fim de garantir sua perpetuação e disseminação às gerações futuras. Surge, assim, a clara separação daquilo que se pode exteriorizar às pessoas comuns, daquilo a que só os previamente preparados podem ter acesso, os chamados "iniciados".

Na Antiguidade, existiram diversas escolas de mistérios, guardiãs de profundos conhecimentos, que desenvolveram a matemática, a arquitetura, as artes, as práticas da alquimia e medicina, astrologia, filosofia, teologia etc. Havia, ali, a ênfase no desenvolvimento humano integrado, em que o conhecimento era um só, manifestado em seus vários aspectos a se completarem e se explicarem mutuamente, formando homens de visão diferenciada da vida e do mundo.

Mas as sociedades mudaram, a cultura mudou, o homem mudou...

Vivemos dias do "instantâneo", em que tudo se compra pronto, onde basta um "clique" no computador para que as coisas se resolvam. A velocidade, hoje, é a soberana maior que dita os processos produtivos do mundo contemporâneo, incompatível, porém, quando o assunto é o ser humano. Infelizmente, muitos adentram as tendas contaminados pela cultura consumista moderna, carregando no íntimo a sede de poder subjugar a natureza, de usar as forças do Universo a seu favor (e contra seus desafetos), na busca por sucesso e prosperidade material. Muitos até se prostram no templo esperando conquistar "pontos" diante do divino, em uma postura que em nada tem a ver com o respeito ao sagrado, mas sim com a vontade (às vezes inconsciente) de barganhar com Deus, e, no nosso caso, com os guias e orixás. Alguns fiéis pensam que ser "filho" de um orixá já lhe reservaria o direito a alguns privilégios sobre a concorrência, bastando lhes render as devidas homenagens, que vão da demonstração pública dessa reverência até a realização de grandes ofertas cerimoniais, no templo ou nos pontos de força da natureza.

Não é assim que funciona a "Escola da Vida" de Mirim...

Há outros indivíduos mais sofisticados, que acreditam que pela leitura ou por meio de cursos podem se tornar magos poderosos, detentores de poderes sobrenaturais. Mas, nesse caso, o hábito não faz o monge! Roupas extravagantes e uma linguagem cifrada certamente fazem sucesso diante dos menos esclarecidos, só que esse "verniz" exterior só servirá para acobertar o ser humano por debaixo do manto, muitas vezes mais carente e sofrido do que aqueles que o procuram em busca de orientação.

> Ninguém pode dar aquilo que não tem...

Não basta estudar os mistérios... É preciso vivenciá-los, torná-los parte de si, para alcançar a compreensão dessa experiência transcendental que envolve os segredos da natureza e da própria condição humana. Mirim dizia que ninguém pode dar o que não tem (FIGUEIREDO, 1953), pois falar ao próximo por teorias, teologias ou escrituras dos evangelhos é, muitas vezes, uma maneira de fugir de si mesmo. Ninguém muda ninguém, já que toda e qualquer transformação tem de partir de dentro para fora, e palavras nunca chegarão perto da vivência íntima com o sagrado.

> Muitos são chamados e poucos os escolhidos... (MATEUS, 22:14)

Para iniciar no caminho da luz, há, antes, de se querer uma mudança verdadeira, sair da rotina mecânica e aborrecida que torna a vida cansativa, e acordar dessa apatia psicológica que cada vez mais envolve o ser humano comum. Esse primeiro passo será sempre precedido de um anseio íntimo, de um "chamado" vindo do coração, daquela voz interior que inquieta o ser, que o faz se mover rumo à luz, que, infelizmente, é quase sempre sufocada pelos apelos do mundo! Viver seu processo iniciático é adentrar em seu próprio caminho evolutivo, é a grande epopeia dos heróis de todos os tempos, pois só os bravos e determinados encontrarão as ferramentas certas para vencer os monstros que surgirão, a começar por aquele que jaz adormecido nas trevas da própria alma...

> Iniciações são processos paradoxais; se por um lado visam à ampliação da consciência por meio de vivências únicas que trazem o aprimoramento pessoal, por outro nos incitam a romper os limites dessa mesma consciência, fazendo nascer em cada neófito a vontade inata de saltar no desconhecido universo de si mesmo. A iniciação, em seu sentido pleno, faz morrer; o aprendiz deve entregar-se à morte, para que saia renascido pela saída/entrada que o leva a outra dimensão. A morte iniciática nos promove à rara condição de espectadores do mistério. Intuitivamente, todo iniciando sabe que para renascer deverá primeiro regressar ao seio da terra, e encontrar em suas entranhas o útero de onde poderá ser novamente parido. Simbolicamente deve, portanto, voltar ao estado predecessor da vida, à sua imensa escuridão particular. Só por meio do contato com a noite que trazemos em nossas próprias cavernas é que compreenderemos, por contraste, o paradoxo dessa inexorável condição, a de estarmos morrendo e renascendo a cada instante. Sem essa visão profunda, nenhum ser se completa, e passa pela vida em brancas nuvens, somente sob a luz do dia. É necessário, pois, que busquemos o mundo subterrâneo que nos suporta. (URBAN, 2002)

Nos tempos antigos, era preciso se isolar da vida profana a fim de iniciar-se no saber sagrado. Hoje em dia, nós, umbandistas, trilhamos o caminho mais difícil, pois mesmo inseridos no cotidiano da vida comum, precisamos amadurecer emocional e espiritualmente se desejamos realmente viver a experiência da iniciação sacerdotal. No final das contas, perceberemos que será inevitável nos retirarmos – ao menos psicologicamente – deste mundo profano para nos aproximarmos do mundo divino, fato que certamente nem todos estarão prontos para aceitar. Iniciar-se é buscar o caminho do renascimento na luz espiritual, após passar pela morte simbólica das velhas formas de viver e de pensar, de sentir e se relacionar com o universo ao seu redor. Para muitos, serão necessárias várias encarnações, até que se estejam prontos para viver plenamente esse processo, e serão muitas as vezes que reiniciaremos as lições que deixamos para trás. O tempo de despertar é individual, mas que nunca nos falte coragem e determinação para seguirmos adiante quando formos chamados de volta à escola, ofertando o que há de melhor em nós, em reverência e respeito à luz infinita da centelha de vida que vibra em nosso ser.

Muito antes do Primado de Umbanda, Caboclo Mirim já ensinava que os filhos de Umbanda têm por princípio "obrigações" e, por fim, "deveres". As obrigações são todas de ordem material e dizem de perto sobre a vida física do corpo, nosso templo sagrado, que, se negligenciado, ficará impossibilitado de produzir alguma coisa de útil nesta encarnação. É a chamada "escola de disciplina física", primeiro dos três ciclos a serem vividos no íntimo de cada médium. Mestre Mirim ensinava que, em nossas encarnações neste orbe, todos deverão crescer pelo aprendizado nas escolas de disciplina física, da fonte mental e de indiferença construtiva.

O conjunto dessas três escolas de crescimento, ou ciclos, forma a essência da Escola da Vida de Mirim! É por ela que temos oportunidade de aprimorar nossa realidade, despertando nossa "semente" pelo contato com o sagrado, vivendo a experiência da iniciação nos limites do que nossa consciência possa compreender e assimilar!

Os sete graus

O Primado de Umbanda foi claramente inspirado nas grandes ordens iniciáticas de todos os tempos, e seus graus carregam significados e vivências pessoais tais quais aquelas que encontramos nas escolas esotéricas e na alquimia. Utilizando-se de terminologias do nheengatu (língua derivada do tronco tupi que pertence à família linguística tupi-guarani), assim foram dispostos os sete graus hierárquicos e iniciáticos de nossa liturgia:

– 1º Grau – Bojá-mirim: discípulo, súdito, neófito, iniciante, discípulo novo – pequeno, novo.

– 2º Grau – Bojá: discípulo, súdito, servo de nível médio.

– 3º Grau – Bojá-guassu: discípulo, súdito de nível considerável, nível maior.

– 4º Grau – Abaré-mirim: sacerdote menor.

– 5º Grau – Abaré: missionário, homem de Cristo, homem diferente – um padre.

– 6º Grau – Abaré-guassu: significa homem mais elevado – bispo.

– 7º Grau – Morubixaba: corresponde ao chefe das tribos indígenas brasileiras.

Na liturgia do Primado de Umbanda, *há ainda o grau máximo de* tubixaba (ou tupixaba, que significa "o maior entre os maiores" ou "o cacique dos caciques"), que é como se designa a entidade que incorpora no primaz, médium de 7º grau que tenha os três juramentos fundamentais da Lei de Umbanda, eleito entre os comandantes chefes de terreiros (CCTs) para exercer essa liderança.

Observe que a nomenclatura em tupi serve para designar o papel que desempenham as entidades dentro da organização do culto. Nas tendas, quando nos referimos aos médiuns, usamos a expressão "cabeça de bojá-mirim", "cabeça de bojá" etc. Significa dizer que aquele médium tem trabalhando em sua coroa uma entidade (caboclo, preto velho etc.) que está atuando naquele grau respectivo. Mas, neste livro, para facilitar, usaremos "os bojás", os abarés" etc. para designar os médiuns nesses graus.

O corpo mediúnico propriamente dito é classificado por letras, sempre presentes na manga direita do uniforme, que informam o grau e as atribuições:

– 1º Grau: **Médiuns Iniciando (I)**

– 2º Grau: **Médiuns de Banco (B)**

– 3º Grau: **Médiuns de Terreiro (T)**

– 4º Grau: **Subchefes de Terreiros (SCT)**

– 5° Grau: **Chefes de Terreiros (CT)**
– 6° Grau: **Subcomandantes Chefes de Terreiros (SCCT)**
– 7° Grau: **Comandantes Chefes de Terreiros (CCT)**

Nossa Escola nunca visou a ensinar qualquer entidade a trabalhar, posto que, na esfera espiritual, foram os próprios guias que escolheram somar esforços e se alinhar à egrégora de espíritos que militam na Umbanda dentro dessa ritualística, com a qual o médium iniciante ainda está se familiarizando. O desenvolvimento mediúnico será sempre do médium, mas o crescimento espiritual se dará para ambos, que, pelas experiências e pelo trabalho contínuo no terreiro, se integrarão mais profundamente à luz maior emanada do Criador.

Entendamos, então, que os sete graus são o reflexo exterior do crescimento evolutivo do médium pelos três ciclos da Escola da Vida. Assim, os bojás têm como principal aprendizado a "escola de disciplina física"; os abarés, a "escola da fonte mental" e os morubixabas, a "escola de indiferença construtiva". E cada ciclo será vivido também em três etapas, tal qual é concebido em diversos ramos do esoterismo, como vemos, por exemplo, nos graus maçônicos de "aprendiz", "companheiro" e "mestre". Vamos analisar cada uma dessas etapas, com seus respectivos graus hierárquicos, sob a luz da Escola Iniciática do Primado de Umbanda.

> A Luz do meio-dia da Verdade não é para as folhinhas tenras. (BUDA)

Bojás

Nesse ciclo encontram-se os médiuns nos graus de "Iniciando", "Banco" e "Terreiro", ou seja, cabeças de bojás-mirim, bojás e bojás-guassus, respectivamente. Estes são os neófitos, os aprendizes que sentem aquele "chamado" interior, aquele impulso que os fazem querer respostas, pois muitas são as dúvidas e, geralmente, muitas também são as dores da alma clamando por paz. A palavra 'neófito' vem do grego *neóphitos,* 'plantado há pouco, implantado recentemente (na alma); novo convertido': é uma nova consciência, adormecida na alma, que vem despertando para a vida!

Reflexões sobre a Escola de Caboclo Mirim   217

Para os bojás-mirins, tudo ainda se manifesta muito no plano físico, à vista dos olhos. As incorporações são bastante agitadas, às vezes, violentas. É espiritualidade com suor, com eletricidade "queimando" o corpo. Esse médium acredita que "santo forte" só assim: no calor e no grito, na força do "orixá" batendo no peito e no brado do caboclo!

Os CCTs devem estar atentos para a supervalorização das manifestações nessa etapa da caminhada do iniciando, gente de fé sincera, mas com astral muito desordenado e bastante desorientada sobre os aspectos da mediunidade. A maioria já "correu terreiro" por aí, já ouviu muita bobagem que cristaliza conceitos que apenas a vivência pessoal na Tenda irá esclarecer.

Sabemos que as primeiras manifestações mediúnicas raramente são as dos guias "definitivos", posto que nem o médium apresenta ainda condições físicas, morais e astrais para se harmonizar com a alta Espiritualidade. Às vezes, muitos casos mal resolvidos neste mundo deixam pendências com indivíduos que, agora no plano astral, perturbam e se aproveitam do médium desatento para seus interesses egoístas e mesquinhos. Não é difícil para um espírito vingativo se passar por uma entidade, a fim de escravizar e subjugar seu desafeto encarnado. Então, para o cabeça de bojá-mirim é fácil acreditar que o "santo está dando uma surra" ou que ele precisa atender às exigências de seus guias que acabaram de se manifestar na Tenda! Alguns já chegam incorporando seus "inimigos íntimos" de "estimação", que os acompanham de longa data, uma situação constrangedora para um CCT explicar ao neófito.

Cabe ao sacerdote ter carinho e paciência, orientar sempre que possível e respeitar as crenças que o iniciando traz consigo, pois, principalmente os bons exemplos e o tempo irão cuidar desses pequeninos.

Mas todo CCT experiente sabe que carinho e respeito não significam anarquia. Como toda criança, desde cedo é preciso exigir disciplina dos novos membros do corpo mediúnico, para que estes saibam exatamente como se comportar junto à coletividade da Tenda, sendo produtivos e participativos em qualquer situação. Essa disciplina faz parte da Escola da Vida e será indispensável na vida pessoal do médium, sem o que este não tardará a sucumbir diante das primeiras provas de seu caminho iniciático.

Em nossa Escola, é fundamental que os bojás cambonem, pois, além de aprender o valor de servir, estarão atentos à ritualística e a seus movimentos. Pela magia cerimonial estarão também inseridos em todo o trabalho espiritual realizado, tomando parte da corrente astral da Tenda. Falando pouco e observando muito, os bojás irão associar o que os olhos veem com o que o coração sente; e, devagar, tudo começará a fazer sentido...

Hoje, há na Umbanda casas que aboliram o ato de "bater cabeça", mas essa ritualística, bastante presente nos rituais de nossa Escola, é carregada de simbolismos que nos remetem a um ambiente de devoção, respeito fraterno e hierarquia sacerdotal, como a lembrar aos que iniciam que o comando vem sempre do plano espiritual, do alto, e não ao contrário. Os cambonos nunca batem cabeça para outros médiuns não juramentados, somente para os guias quando incorporados em médiuns que já prestaram juramento e compõem a estrutura sacerdotal da Tenda. Esse ritual, geralmente realizado de forma coletiva e coordenada, é um gesto de reverência profunda, de prostração, um momento de se receber as bênçãos dos representantes da Espiritualidade e quando o cambono consente em se colocar submisso a essa força superior, reconhecendo sua presença e valor nos trabalhos da Tenda. É um belo exercício de humildade, que, se praticado com sinceridade, auxiliará no desenvolvimento de maior maturidade emocional no indivíduo, pela vivência de respeitar e ser respeitado, de reconhecer que cada um tem o seu lugar e o seu momento, posto que servir em uma hierarquia fraternal nunca significou ser menor ou menos importante enquanto pessoa e irmão de caminhada terrena. Significa apenas se colocar disposto a aprender e receber daqueles que já trilharam o caminho antes dele.

Espiritualmente, os bojás-mirins estarão realizando, pelas experiências no terreiro, o que podemos chamar de "autoiniciação". Inicialmente, irão se harmonizar e fortalecer seu contato com as entidades que serão os primeiros condutores no caminho, que podemos chamar de "protetores", as quais raramente continuarão a incorporar no médium quando este chegar a

SCT, pois, até lá, o "cavalo" já estará menos "xucro", pronto para adentrar na iniciação junto à esfera espiritual do morubixaba da Tenda (nessa ocasião, já deverão ter assumido definitivamente seus principais guias de trabalho mediúnico).

Tendo se posicionado os "protetores" junto ao neófito, o candidato à iniciação será inserido na corrente mediúnica da Tenda, pois será alçado à "cabeça de bojá", conhecido como "médium de banco". Infelizmente, muitos CCTs perderam a essência desse trabalho, nessa fase primordial para o desenvolvimento pessoal do ser humano que adentra a Escola da Vida. É aqui, enquanto médium de banco, que esse ser humano mergulhará em suas trevas mais íntimas, naquele mundo subterrâneo que todos nós carregamos e que muitos pensam que basta um "verniz" exterior para que tudo fique bem.

A função do trabalho do bojá é o de ser elemento passivo, telúrico, um verdadeiro "fio terra" da corrente astral da Tenda durante as sessões de caridade. Enquanto a Casa canta e vibra positivamente ao seu redor, esse médium deve se isolar em seu silêncio sepulcral, em profunda observação de si mesmo, percebendo as sensações e manifestações que aflorarão naquele momento, participando lentamente desse processo pessoal de aprendizado das coisas da alma humana. Sob a guarda de seus protetores e dos exus guardiões que garantem os trabalhos da Tenda, o cabeça de bojá se permitirá ser doador de ectoplasma e mediador de energias, "formas-pensamento" e eguns direcionados a eles, dentro do trabalho de descarrego e socorro espiritual da Casa.

Em uma análise precipitada, baseada apenas no que os olhos veem, pode-se concluir que não há benefícios para o médium estar em contato com esse "aspecto negativo" da corrente astral, já que todos buscam a luz quando procuram um templo religioso, ao invés de "sujar as mãos" com as mazelas dos outros. Eis um raciocínio que é típico dos dias de hoje, nada caridoso, contaminado pela máxima do "cada um por si", o que não combina em nada com o "amai ao próximo como a ti mesmo"! Estudando juntos, entenderemos que Caboclo Mirim nunca quis promover a autoflagelação de ninguém, pois aqui o objetivo é a transformação e a conscientização pessoal do cabeça de bojá. Entendamos a mecânica que se passa neste "trabalho de banco".

Para começar, o primeiro a ser socorrido é o próprio médium, já que no plano espiritual "semelhante atrai semelhante". Assim, uma "carga" negativa desprendida durante um trabalho escolherá seguir pelo caminho que ofereça menor resistência, fazendo com que, ao trilhar pelo médium A ao invés do B, esta carregue também outras emanações afins desse médium, dissipando-se tudo no solo do plano astral. Isso também acontece quando estamos lidando com espíritos "exunizados", ou melhor, eguns ou quiumbas, que tentam se passar por seres poderosos e respeitados em qualquer casa umbandista: os verdadeiros exus guardiões! Tais manifestações tentam escolher médiuns de psiquismo afim, sempre no intuito de subjugar e exigir reverências que nenhum verdadeiro guardião jamais faria ao chegar a uma tenda. Portanto, deixemos claro que, se necessária a intervenção de Exu no trabalho de banco, esta se dará discretamente, sentado, sem *show* nem alarde, chegando para equilibrar energeticamente o médium.

Na prática do trabalho de banco vai aprendendo o médium a ir além de apenas canalizar essas forças diversas: vai conhecendo seu poder, características e impacto, informações que deverão ficar gravadas para sempre em seu ser. Essa maturidade no terreiro será indispensável a um futuro "Cavaleiro de Ogum", senhor direcionador das forças do astral, mantenedor da ordem e comandante das tropas de Oxalá!

Outra manifestação comum ao médium que trabalha no banco é a de eguns, as almas sofredoras que são trazidas pelos trabalhadores espirituais da corrente astral da Tenda, visando ao despertar de seu estado de confusão consciencial através do "choque anímico" recebido pela interpenetração de seus fluidos com o do médium que se conecta ao sofredor espiritual. Claro que esse trabalho foi herança da raiz espírito-kardecista de nossa religião, daquela "mesa branca" de Umbanda que já praticavam Zélio de Moraes e depois a Tenda Mirim, bem como várias outras casas que vieram a fundar a Escola Iniciática do Primado de Umbanda. Com o evoluir da dinâmica do atendimento e do número de médiuns participantes, acabou-se por abolir as mesas, deixando-se apenas as cadeiras, depois bancos, para realização do trabalho.

> Um homem só é nobre quando consegue sentir piedade por todas as criaturas. (BUDA)

Parece complexo o trabalho desenvolvido pelo cabeça de bojá, humildemente sentado no banco. Mas não percamos de foco que, apesar de bastante exigido, o médium ali em questão ainda é um candidato à iniciação, passando por suas provas e aprendizados.

> Seja o poder da pequena semente, profundamente escondida na terra escura, para atravessar as barreiras que a circundam e emergir para a luz, seja o poder do ser humano de elevar-se da morte na matéria para a vida em Deus, e de penetrar no mundo do Real, libertando-se do mundo irreal, é sempre a manifestação da mesma força fundamental, que é o idealismo. (BAILEY citada por BATÀ, 1995)

O bojá será primeiramente desenvolvido por aqueles que chamamos na Umbanda de exu e pomba-gira, que irão promover a vitalidade, acendendo magisticamente o médium para que este desabroche em todo o seu potencial físico e astral. Depois, as emanações de Oxóssi e Jurema irão vibrar em coragem e intuição, promovendo um verdadeiro despertar daquela letargia espiritual em que se encontra o neófito, fazendo com que dessa semente germine uma nova consciência sedenta de ir além, rumo à luz que começa a ser percebida no âmago desse indivíduo.

Outra grande experiência transformadora acontece quando o bojá, participando da corrente das sessões de caridade, é posto em contato com a dor do próximo, o sofrimento advindo daqueles encarnados e desencarnados que afluem à Tenda. Só quem já participou ativamente desse tipo de trabalho poderá descrever o que é ter pulsando em seu peito o desespero pela morte precoce, o desencanto, a desesperança e a revolta por seu destino. Às vezes, essa raiva advém contra o próprio médium, em um daqueles encontros cármicos em que é preciso "lavar a roupa suja", ou seja, encarar seus erros pretéritos, e, principalmente, promover o perdão libertador para ambos os envolvidos, o médium e o desencarnado, para que cada um possa continuar a seguir o seu caminho.

Nesse impacto com a real condição de muitos de nós, o bojá terá aflorada a compaixão sincera pela miséria humana em muitas de suas faces, onde não distingue raça e *status* social, cultura ou idade biológica quando encarnado; como a nos lembrar do quão insignificante somos enquanto indivíduos sociais, mas eternos em nossas crenças, nossas percepções, sentimentos e fé!

Hoje, a psicoterapia analítica explica facilmente o que Mestre Mirim nos trouxe há mais de sessenta anos, quando relacionava os processos de conscientização dos complexos inconscientes com as sombras que todos nós trazemos em nosso psiquismo. É assim, penetrando nos mistérios de nosso templo interior, sede de nossos valores infinitos, agradáveis ou não, que daremos o primeiro e fundamental passo rumo à nossa iniciação espiritual.

No grau de bojá prepara-se a "matéria negra", primeira etapa da fantástica alquimia dos ocultistas da Antiguidade. Quando lidamos com o ser humano, cada caso é um caso; então, alguns chegarão ao grau de bojá já em condições de iniciar seu *calcinato* interior, mas a maioria precisará, primeiramente, "botar para fora" muito daquilo que jaz enterrado no fundo de sua personalidade, pois só assim será promovida a verdadeira transmutação de suas mazelas e paixões inferiores em sentimentos de valor e quilate preciosos.

Nos dias de hoje, muitas pessoas vivem tais qual gado, seguindo a multidão sem pensar, vivendo as impressões e os sentimentos que são ditados pela TV ou pelo grupo social mais próximo, ignorando a beleza da centelha de vida que brilha em seu âmago, única, fulgurante e divina! Nelas, ainda não despertou a individualidade, pois parecem almas não nascidas, que, no céu, fogem da queda na realidade concreta. São pessoas que não sabem o que querem e temem os próprios desejos. Para elas, o primeiro passo em seu desenvolvimento dentro da Escola da Vida será identificar suas necessidades naturais básicas e se reconhecer capaz de lutar por elas, ou seja, ser dono de seu pequeno mundo.

O bojá não está pronto para contemplar a vida, é preciso experimentá-la! Trabalhar, estudar, se alimentar, se divertir, amar e ter prazer com reponsabilidade, sempre. Esse "viver o mundo" tem finalidade educativa, pois é importante não esquecer que somos corpo, alma e espírito. Não devemos recusar reconhecer nosso papel na natureza e o papel da natureza em nós. É importante sentir o fluxo do magnetismo vitalizante que circula entre a parte e o todo, se sentir "vivo" e feliz no mundo da matéria. Uma atitude mental inadequada, que tenta forçar uma santidade artificial à sua personalidade, muitas vezes acompanhada de indisfarçável vaidade espiritual, faz com que o fiel considere "sujos" os aspectos mais primitivos da natureza, o que será causa certa de desiquilíbrios psíquicos. Colocando a energia vital em movimento, o bojá irá cada vez mais se sentir forte e capaz, física e psiquicamente, despertando assim daquela apatia psíquica, o que impulsionará a semente a germinar e seguir adiante, rumo ao Sol.

Assim, cheios de vida, de calor e vitalidade, qualidades adquiridas nos anos de trabalho do banco, terá o cabeça de bojá os instrumentos para realizar seu processo de calcinação intima, ou seja, transmutar essa força em um poder maior. Essa fase da alquimia, a *calcinato*, está relacionada ao fogo purgador, que seca a dita "matéria negra", os desejos das coisas deste mundo. Jung (citado por EDINGER, 1995) escreveu:

> O fogo do desejo é o elemento que deve ser combatido no bramanismo, no budismo, no tantrismo, no maniqueísmo, no cristianismo. Também tem importância em psicologia. Quando você se abandona ao desejo, seu desejo se volta para o céu ou para o inferno.

Acho que já está claro que não será sufocando as paixões do mundo, escondendo-as sob um "verniz", seja este roupas, palavras ou qualquer teatro voltado para impressionar as pessoas ao seu redor, que ele – o desejo – deixará de existir e corroer o indivíduo. É preciso, primeiramente, conhecer suas qualidades e fraquezas, para que se saiba onde deve trabalhar! O segredo da iniciação alquímica está na transmutação dos desejos primitivos em um novo, de valor e conteúdo superiores. A *calcinatio* trabalha simbolicamente com o fogo, ou a energia que alimenta os complexos e as limitações do médium, levando este a viver as emoções pessoais que, de alguma forma, precisam se expressar. Assim, liberados, não mais contaminarão o inconsciente do indivíduo. Além disso, no banco, a vivência próxima com as dores do outro faz com que compreendamos as nossas próprias dores, explorando sensações que trazemos escondidas que, muitas vezes, afloram pela presença provocadora de uma energia afim. Novamente, lembro-me de Jung (citado por EDINGER, 1995), que já dizia o quão dolorido é esse processo de levar o ego às cinzas para poder renascer o espírito: "[...] quando o seu demônio sofre, você também sofre. [...]".

O fogo que arde de dentro para fora é o grande agente transformador, pois exaure os apegos às pequenezas do mundo contemporâneo, libera o ser para seguir mais leve em nova direção, sob nova perspectiva de vida, em que o desejo é sublimado para uma experiência de amor universal, onde experimentamos o contato com o fogo etéreo, espiritual, que vai substituindo o "fogo terrestre" das paixões, carregado das dores dos desejos frustrados. Nessa fase de preparação do médium, começam a se tornar mais fortes as vibrações de Ogum, o Senhor Ordenador. Ogum auxiliará o bojá na condução produtiva do processo de "queima" e no correto direcionamento de sua vontade.

Estamos, então, chegando ao grau de bojá-guassu. Nessa fase, espera-se que o médium já tenha começado a aprender a assumir as rédeas de sua própria vida, pois, tendo renascido das cinzas nessa jornada de autoconhecimento, vislumbra o verdadeiro indivíduo que adormecia escondido nas profundezas de seu ser. A vibração de Oxóssi irradia coragem e força de vontade que impulsionarão o médium a decidir como quer caminhar neste mundo e aonde quer chegar! Ogum trará força, determinação e direção, mas o passo precisa ser do próprio candidato à iniciação. É preciso viver a "escola da disciplina física", que exige que o médium aprenda a mastigar bem os alimentos, beber água, saber respirar corretamente, saber deitar-se para dormir adequadamente, bem como executar os preceitos de higiene externa e interna, para aumentar, desse modo, o seu potencial de vibração sadia, que será mais bem aproveitada em todos os setores da vida, mantendo assim a lucidez e a harmonia de seu próprio corpo.

Se apreendidas essas valiosas lições, o cabeça de bojá-guassu agora está preparado para adentrar os mistérios do sagrado e iniciar sua jornada de descobertas. Estando mais equilibrado, o médium começará a reconhecer seus iluminados guias, que o conduzirão pela estrada da evolução e do crescimento espiritual. Aproxima-se a hora do primeiro juramento...

Abarés

Tendo perseverado nas provas íntimas vividas nos anos como bojá junto à Tenda, agora mais seguro de si, o médium se encontra preparado para uma nova etapa em sua jornada pessoal. Ao realizar seu sagrado juramento de fidelidade perante o morubixaba da Tenda, o agora abaré-mirim assumirá seu lugar como aprendiz de sacerdote, ou "sacerdote-menor", conforme a tradução da própria designação de seu grau. Esta é a primeira iniciação na Escola do Primado de Umbanda. Significa que o médium já tem maturidade suficiente para entender por si só o verdadeiro valor dos ideais de verdade e virtude, pelas quais deverá pautar sua vida pessoal.

Este é o grau do portador da espada flamejante, que defende o reino de Deus, o nosso mundo interno, o paraíso, da invasão do astral inferior. É um grau sob a regência de Ogum, o que deixa claro que a palavra de ordem do grau de abaré-mirim será disciplina. Ogum é o grande direcionador das forças do astral, e, através de sua vibração, o médium imprimirá definitivamente sua vontade e comando à própria vida, desde o aspecto espiritual até a própria disciplina física. Aliás, o primeiro sacerdócio é diante de si próprio, no altar de seu templo vivo, esse sagrado veículo físico: "Não sabeis que o vosso corpo é o templo do Espírito Santo, que está em vós?" (SÃO PAULO, 1; CORÍNTIOS, 6:19).

Consagrado como um dos "Cavaleiros de Ogum" dentro da hierarquia do culto, o cabeça do abaré-mirim tornar-se-á um vencedor nas provas do elemento fogo, no qual irá se aperfeiçoar cada vez mais e que será um poderoso instrumento de trabalho. A vibração de Ogum auxiliará que se desenvolva uma vontade marcial, inquebrantável, no médium no grau de abaré-mirim, para que este não sucumba diante do poder que se agigantará diante de quem atrairá para junto de si legiões de trabalhadores e guardiões dispostos a atender ao seu comando.

Dion Fortune (1985) nos alerta sobre essa fase da iniciação do médium dentro de uma escola iniciática:

> A manipulação correta do poder é um dos maiores testes que podem ser impostos a qualquer ser humano. Até esse ponto de seu progresso nos graus, o iniciado aprende as lições da disciplina, controla a estabilidade; ele adquire, de fato, o que Nietzsche chama de "moralidade do escravo" – uma disciplina muito necessária para a natureza humana impenitente, tão orgulhosa de seu próprio conceito. Com o grau de *Adeptus Major*, contudo, ele deve adquirir as virtudes do super-homem, e aprender a utilizar o poder em vez de submeter-se a ele. Mas, mesmo assim, ele não é a lei, e sim o servo do poder que utiliza, devendo seguir-lhe os propósitos e não servir aos seus. Embora não mais responsável perante seus colegas, ele é ainda responsável perante o Criador do céu e da Terra, e deverá render-lhe conta de sua administração.

Servir a Ogum é ser cavaleiro fiel, disciplinado e justo. É honrar seu juramento à hierarquia espiritual da qual se faz parte, reconhecendo humildemente o valor daqueles que, antes de si, trilharam o caminho que agora inicia. Como um militar, saber que é seu dever guardar e preservar segredos, e, antes de tudo, estar sempre pronto para cumprir ordens. Respeitar para ser respeitado.

Ao chegar ao quarto grau, o médium fará o sagrado juramento de fidelidade (FIGUEIREDO, 1954):

> O JURAMENTO DE FIDELIDADE será feito pelos SUBCHEFES DE TERREIRO, em dia previamen-

te marcado pelo seu MOROBIXABA. Nesse mesmo ato, será feito o JURAMENTO DE FIDELIDADE pelo ABARÉ-MIRIM, na cabeça do SUBCHEFE DE TERREIRO.

Estas cerimônias serão efetuadas na TUPÃOCA do MOROBIXABA a que pertencer o SUBCHEFE DE TERREIRO.

O SUBCHEFE DE TERREIRO, cabeça de ABARÉ-MIRIM, será conduzido ao centro do PENTÁGONO por um CHEFE DE TERREIRO, cabeça de ABARÉ. Logo após a colocação do SUBCHEFE DE TERREIRO, cabeça de ABARÉ-MIRIM será feita pelo CABECEIRA da Cerimônia, a saudação à cabeça do ABARÉ-MIRIM DE UMBANDA. Terminada a saudação do Cabeceira, o SUBCHEFE DE TERREIRO, cabeça de ABARÉ-MIRIM, declarará explicitamente aceitar o COMPROMISSO DE FIDELIDADE de bem servir, com DISCIPLINA FÍSICA, O APOSTOLADO DE UMBANDA.

Terminada a cerimônia material do juramento, o SUBCHEFE DE TERREIRO receberá seu ABARÉ-MIRIM, para a Ordenação feita por um ABARÉ-GUASSU, e confirmada pelo seu MOROBIXABA.

O abaré-mirim, como canalizador das vibrações de Ogum na Tenda, estará sempre alerta e em prontidão para defesa dos trabalhos espirituais da Casa. Não alimentará guerras, mas evocará a força de Ogum, da qual está revestido, para levar a ordem, a convivência pacífica e o respeito mútuo entre os seres. Seu poder será sempre garantia de paz! Tendo sob sua direção diversos exus guardiões, que ordenarão legiões de "soldados" do astral, esse "Cavaleiro de Ogum" será a inspiração ao serviço edificante e à luta pelos mais nobres ideais. Sob sua supervisão será garantida, ainda, a segurança das "porteiras astrais" dos nossos templos e a integridade de todo o corpo mediúnico.

Aquele que não tiver disciplina para se entender a si próprio, nunca poderá entender os outros. (FIGUEIREDO, 1962)

Nossa Escola reforça a importância da disciplina e da conduta ilibada daquele que representa Ogum na Tenda, pois só assim o cabeça de abaré-mirim não será seduzido pelo poder que o fogo traz. Seus exemplos de superação, de virtude íntima e de sincera fidelidade à hierarquia espiritual de sua Casa serão mais poderosos do que qualquer animal sacrificado nas encruzilhadas, pois as legiões de trabalhadores do astral sabem reconhecer um verdadeiro líder, respeitam-no e o seguem, em uma relação de admiração e serviço que pode perdurar por toda uma vida!

De forma análoga ao que ocorreu no primeiro grau de sua primeira fase de desenvolvimento, mas em uma "oitava" ou faixa vibratória superior, agora o médium no grau de abaré-mirim já tem seus guardiões definitivamente firmados pelo caminho do fogo, sob a direção de Ogum. Após todos esses anos, a maturidade e o trabalho incessante permitiram que fosse realizada a *calcinato* alquímica, lenta e gradual, derrotando-se um dragão por vez, vencendo batalha por batalha. Alguns poderão até viver uma catarse íntima, que marca a mudança dos paradigmas de sua vida pessoal. Mas, para a maioria, as transformações são vividas em anos de trabalho duro, muitas vezes só percebidas quando o indivíduo acorda e se dá conta de que não consegue mais se relacionar com o mundo do jeito que fazia antes, pois aquela velha mentalidade mundana precisou perecer nas chamas para dar lugar a uma forma renascida de viver, mais focada e atenta às próprias palavras proferidas e aos pequenos atos praticados.

Não sendo mais o que se era e ainda não plenamente desperto de quem realmente se poderá ser, afloram, avidamente, a consciência da responsabilidade assumida diante de sua centelha de vida e uma enorme sede de buscar o amor maior que ainda falta na alma. A sagrada alquimia espiritual está apenas começando.

Estando a manifestação física amansada sob seus pés, a alma do médium agora está pronta para se libertar. É chegado o momento de voltar às origens, nas águas das mães sagradas, mergulhando em seu "útero", de onde o indivíduo renascerá das cinzas, com mais saúde, mais nobreza e mais força!

É a hora da segunda iniciação: o juramento de abaré de Umbanda, o filho renascido no batismo das águas! O mundo físico perde o foco agora. Transbordam da alma emoções, sentimentos e a clara percepção de ser pequenino diante de Deus! Como uma criança, somos acalantados pelo amor de mãe, cobertos por seu manto, agasalhados e recebidos em segurança junto dessa iluminada vibração de vida e paz...

> Em verdade, em verdade te digo: quem não nascer da água e do Espírito não pode entrar no reino de Deus. (JOÃO, 3:5)

O renascer em espírito, pela travessia desse oceano de vida, é a grande alegoria desse grau iniciático, em que o iniciado viverá a fase do clareamento, na *Albedo* alquímica. A força das águas, que vem envolver o iniciado do quinto grau, remodela e reeduca o ser. Yemanjá vem ensinar seus filhos novamente a caminhar, vem fertilizar o "solo" arado e preparado por Ogum e apresentar a beleza do grande oceano etérico, com seus segredos e perigos. Para que o filho de fé aprenda a navegar seguro em suas águas, é preciso sentir as marés, seus fluxos e refluxos, e dedicar todo o respeito que o grande oceano merece...

As Mães d'Água exercem o papel de intermediárias ao Pai, pois são força em movimento, intercessoras entre seus filhos e o Criador. Atuam no plano etérico, que interpenetra o mundo físico e o plano mental superior dos espíritos das mais altas esferas do astral. Sabemos que um espírito não opera em nosso plano físico diretamente, posto ser de natureza distinta. Os guias operam por meio da mente e do nosso sistema nervoso e estes vibram e alteram o éter astral, essa estrutura de matéria sutil que atua como veículo das forças vitais. A mente é a sede das emoções, das percepções e intuições, por isso a vibração das águas sagradas, sob a regência da Lua, é tão influente quando o assunto é o psiquismo humano. As impressões e sensações emanadas em nossas almas oriundas do plano astral, etérico, ficam gravadas na mente física, na forma de imaginação, de inspiração, fantasia etc. Cabe ao abaré aprender a decodificar essas formas de comunicação, oriundas do grande oceano de vida, percebendo e diferenciando as imagens ilusórias refletidas das mais diversas fontes, da verdadeira mensagem dos guias iluminados, portadores da fonte primeva da vida.

Se, primeiramente, buscou-se estimular a disciplina física, agora nessa etapa de seu desenvolvimento os médiuns devem amadurecer emocionalmente, exercitando a disciplina mental e, por conseguinte, psicológica. Caboclo Mirim ensinava que, pelo aprimoramento da "escola da fonte mental", o médium entende o valor de evitar preocupações e estresse cotidianos, aceitando tudo a princípio, para que o tempo se encarregue de resolver a verdade. É hora de perceber a "perda de tempo" e energia que alguns debates acalorados podem gerar, apenas para impor pontos de vista, posto que uma forte natureza emotiva será sempre fonte de perturbações prejudiciais. A observação sobre suas próprias palavras e atitudes permitirá que o médium vá, gradativamente, anulando o jugo do mundo objetivo, material que tanto envenena a fonte mental, obtendo, com paciência e tolerância, um ambiente saudável em torno de si, para, enfim, dar aos seus pensamentos uma serenidade construtiva.

Também sob a vibração de Oxum, em sua irradiação mais quintessenciada, será o médium auxiliado na tarefa de sublimar as emoções terrenas em favor de um amor quase devocional ante a divindade, levando à transformação do desejo instintivo em aspirações voltadas para um ideal maior e para o mundo espiritual. O enorme magnetismo das Senhoras das Águas envolve as almas e as aproxima do mundo divino que deixamos para trás quando retornamos ao corpo físico em cada encarnação. Tendo ampliada sua sensibilidade, perceberá o cabeça de abaré que toda a obra do Criador coexiste em graus e polaridades de vibrações distintas e que o visível ou invisível são apenas limitações de nossa própria consciência.

Pelo seu poder atrativo, as águas levarão o médium a trazer aquilo que falta em si, equilibrando forças distintas, mas que se completam. Psicologicamente, os médiuns homens deverão reconhecer seu lado feminino (*anima*) e as mulheres, seu lado masculino (*animus*), desenvolvendo a integração do elemento psíquico contrassexual, fundamental para ambos os sexos. Um lado feminino mal desenvolvido no homem acarretará um indivíduo mal-humorado, irritadiço, insatisfeito e até depressivo. Exteriormente, ele pode até parecer efeminado, mas suas reações serão muito rudes, pela frustração inconsciente de não se expressar por completo, de modo saudável. Em um homem equilibrado, se percebe nascer a autêntica habilidade para o amor tanto na área biológica quanto na área psicoespiritual, manifestados em sua forma mais elevada. Na mulher, se o lado masculino permanece não desenvolvido, ela se comportará de forma "briguenta", com intolerável obstinação, levando a rudeza e severidade desagradáveis. Quando seu lado masculino é completamente desenvolvido e integrado, então há manifestação positiva de efeitos como iniciativa, coragem e profundidade espiritual. Viver esse processo psicoespiritual será fundamental para que possa emergir um ser humano completo, bonito, homem-mulher em um só ser, transbordante de poderosa força criadora, à imagem e semelhança de Deus!

Ao chegar ao quinto grau, o médium fará o sagrado juramento de submissão:

> O JURAMENTO DE SUBMISSÃO será feito pelos CHEFES DE TERREIRO, será em dia previamente marcado pelo seu MOROBIXABA. Nesse mesmo ato será feito o JURAMENTO DE SUBMISSÃO pelo ABARÉ, na cabeça do CHEFE DE TERREIRO.
>
> Esse JURAMENTO será feito na TUPÃOCA do MOROBIXABA a que pertencer o CHEFE DE TERREIRO.
>
> O CHEFE DE TERREIRO, cabeça de ABARÉ, será conduzido ao centro do PENTÁGONO por um SUBCOMANDANTE CHEFE DE TERREIRO, cabeça de ABARÉ-GUASSU.
>
> Logo após a colocação do CHEFE DE TERREIRO, cabeça de ABARÉ, será feita pelo CABECEIRA da Cerimônia a saudação à cabeça do ABARÉ DE UMBANDA. Terminada a saudação do Cabeceira, o CHEFE DE TERREIRO, cabeça de ABARÉ, formulará explicitamente aceitar o COMPROMISSO DE SUBMISSÃO de bem servir, com paciência construtiva, O APOSTOLADO DE UMBANDA.
>
> Terminada a cerimônia material do juramento, o CHEFE DE TERREIRO receberá seu ABARÉ, para a Ordenação que será feita por um ABARÉ-GUAS-

SU, e confirmada pelo seu MOROBIXABA.

O quinto grau da escola iniciática é, no estudo esotérico do tarô, associado ao Arcano V, a Carta do "Papa" ou "O Pontífice" (o "construtor de pontes"). O magnetismo das Senhoras das Águas é mostrado atuando como a força que nos conecta ao Criador, do "religare",

Figura 22: Cartas dos tarôs de Marselha e de Oswald Wirth, respectivamente.

pela conscientização da unidade por detrás das manifestações, onde os quatro elementos da criação se unem ao espírito, de natureza divina. O simbolismo aqui vai muito além das religiões, pois se refere ao templo vivo que habita no interior de cada um. O "papa" em questão é o nosso mestre interno, nosso sagrado anjo guardião, ou seja, nossos iluminados guias de Aruanda! Em toda escola iniciática, aprende-se a reconhecer o seu próprio mestre interior pela convivência pessoal junto à luz emanada pelo mestre exterior que nos conduz em segurança pela senda do conhecimento. Em nossa Escola, este é o morubixaba da Tenda, mestre de iniciação que opera em perfeita sintonia com os guias do médium. O morubixaba ocupa simbolicamente o lugar do Sol no microcosmo da Tenda, no qual o abaré se espelhará tal qual a Lua.

As personagens que ilustram as mais tradicionais cartas do tarô representativas do Arcano V mostram o pontífice de frente, com duas figuras humanas representando as polaridades complementares, que aparecem de costas e de joelhos, como a se aconselharem.

É exatamente essa configuração que vemos nas sessões de caridade da Tenda Espírita Mirim, onde os cabeças de abarés são alinhados de costas para o Médium Supremo, mas de frente para o Comandante da Tenda. A tônica do quinto grau, onde se vive a etapa da *Albedo* alquímica, é essa intermediação entre o plano físico e o mental, em que se busca a conciliação de polos aparentemente opostos, buscando a unidade dentro de si. Na união do corpo e da alma, do macho e da fêmea, ocorrerão as núpcias do céu com a terra, gerando o nascimento da pedra filosofal:

> A lavagem (*ablutio*, *baptisma*) conduz diretamente ao embranquecimento [...] a alma (*anima*) liberta pela morte é reunida ao corpo morto e cumpre sua ressurreição; pode dar-se finalmente que as múltiplas cores (*cauda pavonis*) conduzam à cor branca, que contém todas as cores [...] trata-se da Albedo. A Albedo é, por assim dizer, a aurora; mas só a Rubedo é o nascer do sol. (JUNG, 1994)

No momento certo, o médium adentrará à próxima etapa iniciática, a de abaré-guassu, o sexto grau de nossa Escola. Na alquimia, essa fase denomina-se *Citredo* ou *Citrinitas*, que é o estágio de nascimento da luz, ou "amarelecimento". O amarelo significa que a *Albedo* envelheceu, como um papel branco que se torna amarelado com o tempo. Alguns estudiosos consideram as fases de *Citrinitas* e *Rubedo* como uma única etapa, e eu acredito que esta foi a interpretação nos primeiros anos de nossa Escola, quando eram os SCCTs os comandantes das filiais. Mas a prática contemporânea em nossa Escola deixa claro que o grau de abaré-guassu funciona hoje em dia como a etapa de *Citrinita*, um degrau que é a última preparação para o sétimo grau, o de cabeça de morubixaba.

No passado, ao assumir o comando de filiais na Tenda Espírita Mirim, ficava claro que a missão do cabeça de abaré-guassu era a de agregar pessoas em torno do templo, consolidando aquele espaço na propagação dos valores da Escola de Mirim. Hoje, o comandante de uma Casa é sempre cabeça de morubixaba, tendo como valorosos auxiliares cabeças de abarés-guassus, que, pela vivência no terreiro, vão se preparando para assumir, sozinhos, a responsabilidade maior de dirigir um novo grupamento espiritual. Nessa fase será consolidada sua autoridade com serenidade, adquirindo maturidade e nobreza irradiadas por Xangô. O subcomandante chefe de terreiro, cabeça de abaré-guassu, sentirá a expansão da compreensão de todos os processos pelos quais passou, bem como da empatia com seus irmãos de caminhada em seus próprios dramas e desafios.

O médium fará o sagrado juramento de honra:

> O JURAMENTO DE HONRA feito pelos Srs. SUB-COMANDANTES CHEFES DE TERREIRO realizar-se-á em dia previamente marcado pelo Sr. MOROBIXABA e homologado pelo Sr. PRIMAZ DE UMBANDA.
>
> Esse juramento será feito na TUPÃOCA do Caboclo Mirim, como sede provisória do PRIMADO DE UMBANDA. O SUBCOMANDANTE DE TERREIRO, cabeça de ABARÉ-GUASSU, será conduzido ao centro do SEPTENÁRIO pelo seu COMANDANTE CHEFE DE TERREIRO. Logo após essa colocação do SUBCOMANDANTE CHEFE DE TERREIRO, cabeça de ABARÉ-GUASSU, será feita pelo Cabeceira a saudação à cabeça do ABARÉ-GUASSU DE UMBANDA. Terminada a saudação do Cabeceira, o SUBCOMANDANTE CHEFE DE TERREIRO, cabeça de ABARÉ-GUASSU, dirá explicitamente que aceita o COMPROMISSO DE HONRA de bem servir, com serenidade construtiva, o APOSTOLADO DE UMBANDA.
>
> Terminada a cerimônia material do juramento, o SUBCOMANDANTE CHEFE DE TERREIRO receberá seu ABARÉ-GUASSU, para a Ordenação, que será feita pelo seu MOROBIXABA e homologada pelo Sr. TUBIXABA.

Xangô agrega conhecimentos, faz a mente trabalhar, raciocinar e brilhar na plenitude de suas potencialidades. Após tantos anos de esforço e concentração do médium, espera-se que este tenha desenvolvido maior maturidade mental e emocional, indispensável para que possa aflorar uma nova inteligência, inspiradora e criadora, cada vez mais em sintonia com a Mente Divina irradiada da fonte de Vida Primordial. Mas, lembramos que inteligência não é somente a capacidade de produzir pensa-

Reflexões sobre a Escola de Caboclo Mirim

mentos ou de mover o intelecto, posto que, para funcionar, ela deverá encontrar no indivíduo outras qualidades intelectuais, tais como clareza, discriminação, capacidade de análise e de síntese, poder de deduzir, de juntar vários dados etc. Então, deve o médium, sobretudo, esforçar-se para alcançar a capacidade de compreensão, no sentido de "entender" e "conhecer", tal qual o significado do termo "inteligência", do latim *intelligo*, que quer dizer 'compreender'.

Quando se aproxima o momento, torna-se evidente que a vibração do amarelo em *Citrinita* está cada vez mais radiante, dourada, como os raios de Sol da aurora que anunciam um novo dia. Nos evangelhos, é simbolizado pelas transfigurações de Moisés no monte Sinai ou do Cristo-Jesus no monte das Oliveiras. Não por coincidência, ambas estão relacionadas a um "monte" ou "montanha", a "morada de Xangô", local acessível a poucos, é também o ponto mais alto da caminhada humana, em que acontece a perfeita integração com Deus-Pai.

A transmutação alquímica está quase completa, pois a prata da vibração nas águas tornou-se o ouro do verdadeiro comandante dentro da escola iniciática... É chegada a hora do sagrado juramento do futuro cabeça de morubixaba!

Morubixaba

O médium cabeça de morubixaba ocupa o mais alto cargo na hierarquia sacerdotal da escola iniciática, pois é o comandante chefe do terreiro (CCT). Por isso, advertimos que essa função não é para qualquer um, como não é para qualquer um ser condutor de seu rebanho, seja este padre, pastor ou babalorixá. Infelizmente, alguns pensam que basta colocar a letra CCT no braço, ter condições financeiras para manter seu terreiro e arregimentar meia dúzia de familiares, que está tudo pronto para a tenda "decolar".

O médium à frente de um templo é sua espinha dorsal, a coluna principal de uma tenda umbandista e será, certamente, o alvo principal quando nos confrontos astrais! Só com a segurança, a humildade e a maturidade adquiridas pelos anos, bem como a certeza de que não está só (posto que o morubixaba e sua egrégora são os verdadeiros condutores dos destinos da tenda), é que o médium pode caminhar sereno na missão de servir ao Altíssimo, auxiliando nossos irmãos a crescer.

Penso que, por tudo que expusemos até aqui, fica patente como é enorme a responsabilidade assumida diante da Espiritualidade, de si e de seus irmãos. É preciso ter se preparado bem nos anos vividos nos demais graus, quando conheceu a queima dos instintos inferiores à morte em cinzas da personalidade mundana, renasceu em amor após mergulhar nas águas sagradas e consolidou sua fé racional na vibração de Xangô. Mais do que nunca, há de se ter uma espiritualidade sólida como rocha, pois, conforme as palavras do Cristo-Jesus na narrativa bíblica:

> E Eu te declaro: tu és Pedro, e sobre esta pedra edificarei a Minha Igreja; as portas do inferno não prevalecerão contra Ela. Eu te darei as chaves do Reino dos céus: tudo o que ligares na terra será ligado nos céus, e tudo o que desligares na terra será desligado nos céus. (MATEUS, 26, 18-19)

Percebe-se como um CCT é fruto de uma jornada épica, cujas etapas permeiam diversas mitologias, de lições trazidas de tempos imemoriais, muito vivas em nosso inconsciente até os dias de hoje. Em seu caminho iniciático, o médium precisou caminhar e se superar no deserto seco, inóspito e sem vida. Inspirado por um mestre encontrou o renascimento espiritual nas águas (e/ou as "atravessou" em segurança). Subiu ao monte, comungou e se fez uno com Deus, recebendo as mais iluminadas lições, ou leis sagradas. Tornou-se espírito vivo em fé, pronto a morrer para este mundo físico...

Na alquimia, brilhantemente atualizada pela visão psicológica de Jung, vimos que o indivíduo que chegou a sacerdote precisou conhecer suas próprias sombras e de trabalhar as duplas polaridades da psique humana, até ser capaz de deixar aflorar uma terceira figura, gradativamente construída, surgida de dentro de sua própria alma, a lhe traduzir a real expressão de convivência com o dual. Assim se concretizou a pedra esmeraldina de Hermes, em cujo âmago se fixa o espírito. Ser cabeça de morubixaba é ter descoberto sua própria pedra filosofal, é revelar os efeitos transmutadores desta e receber o poder de transformar, em uma profusão de vida que flui do Universo para si e para os outros, exteriormente manifestado em amor altruístico pelo mundo, e na psique como a conexão com o si-mesmo, em unidade crística, um homem/mulher completo.

Da mesma maneira que Xangô foi o regente do sexto grau, no sétimo grau vibra a força do Raio de Xangô-Kaô, pois o CCT totalmente integrado ao morubixaba agora é canal da luz dourada do Cristo àqueles que chegam à Tenda. Para ser o Sol, centro espiritual referencial para todos os demais graus no mi-crouniverso do terreiro, é mister ter a coroa iluminada pelo Pai e um veículo físico e mental o mais cristalino possível, para que, tal qual um belo diamante lapidado, possa permitir a irradiação luminosa da força do morubixaba!

Há de ser mais exigente na formação sacerdotal em nossa Escola e na Umbanda em geral! Como querer ser veículo de ilu-minados guias que vêm conduzir nossa gente, se a vida profana do médium é uma imundície? Como servir a mais abençoada refeição em pratos que não se prestam nem para alimentação de animais? Um CCT integrado ao morubixaba é a própria vi-bração do Cristo na Umbanda, movendo o universo astral e as egrégoras espirituais em prol da evolução do homem e do planeta. Isso é muito sério e merece reflexão... Quantos estão à altura desse compromisso junto ao seu morubixaba e perante o Senhor do Mundo?

Nossa Escola não visa a ensinar alguém a incorporar seus guias nem a dizer que a entidade tem de dançar assim ou assa-do! O objetivo é a integração final de ambos, médium e guias, de tal forma que a incorporação seja mero detalhe. Essa cone-xão mental e espiritual só se dará plenamente quando o mé-dium atingir, por sua evolução, a faixa vibratória compatível com seus guias. A partir daí, tais quais os apóstolos ungidos pelo Espírito Santo, SCCTs e CCTs farão de seu caminho a pro-pagação da luz do Cristo através de seu exemplo de ética e reti-dão de valores, a despeito de forças exteriores contrárias ou de valores culturais deturpados que insistirão em apontar e julgar o verdadeiro sacerdote de Oxalá.

O médium fará o juramento de honra, recebendo a "Ordem Sagrada de Comando":

> O JURAMENTO DE HONRA, feito pelos Srs. CO-MANDANTES CHEFES DE TERREIRO, será em dia previamente marcado pelo Sr. PRIMAZ DE UMBANDA.
>
> Esse juramento será feito na TUPÃOCA do Caboclo Mirim, como sede provisória do PRIMADO DE UMBANDA.
>
> O COMANDANTE CHEFE DE TERREIRO, cabeça de MOROBIXABA, será conduzido ao centro do SEPTENÁRIO pelos MOROBIXABAS. Logo após essa colocação do COMANDANTE CHEFE DE TERREIRO, cabeça de MOROBIXABA, será feita pelo Cabeceira a saudação à cabeça do MOROBIXABA DE UMBANDA. Terminada a saudação do Cabeceira, o COMANDANTE CHEFE DE TERREIRO, cabeça de MOROBIXABA, dirá explicitamente que aceita o compromisso de honra de bem servir, com indiferença construtiva, o APOSTOLADO DE UMBANDA.
>
> Terminada a cerimônia material do juramento, o COMANDANTE CHEFE DE TERREIRO receberá o seu MOROBIXABA para a Ordenação, que será feita pelo Sr. TUBIXABA.

A consagração como cabeça de morubixaba, longe de ser o fim do caminho, marcará o início de um novo ciclo iniciático, muito mais etérico e espiritual. Nas primeiras décadas, nesse grau brilhará a luminosa plenitude solar, aquecendo e levando vida para muitos em torno do CCT, mas, gradativamente, este também precisará transcender nosso plano existencial de consciência, colocando-se cada vez mais próximo da pátria espiritual e distante da matéria física. Mais do que em qualquer outro grau, espera-se que o médium tenha entendido a importância de se afastar, por meio de um distanciamento produtivo, das agitações da vida mundana ordinária. Falando o necessário, e observando muito, compreenderá, enfim, o sentido de servir com "indiferença construtiva".

O CCT é o equivalente no estudo esotérico ao iniciado ou adepto maior. É representado pelo Arcano IX do tarô, que

Reflexões sobre a Escola de Caboclo Mirim

simboliza sua passagem pelos três ciclos iniciáticos. Conhecido como "O eremita", tem como correspondência astrológica o signo de Leão, regido pelo próprio Sol, Oxalá!

A imagem desse arcano é sempre a de um ancião, coberto por um manto, a caminhar com seu cajado e uma lanterna à frente. O eremita é o símbolo de todo aquele que mergulhou dentro de si mesmo para compreender as experiências vividas e encontrar a sua luz interior. O ancião é o homem maduro que já superou as tempestades das paixões e as ambições da vida terrestre, mas, em contínuo movimento, faz sua caminhada levando a luz onde há trevas, como a levou às trevas de sua própria ignorância!

O seu manto o protege dos olhos deste mundo cético e sem fé, reservando seu verdadeiro ser e suas mais altas aspirações da maldade dos profanos. É o próprio silêncio interior carregado de sabedoria, na solidão de todas as alegrias e dores que o tornaram quem é, na soma das experiências vividas em todas as suas passagens por este orbe. Essa imagem simbólica do velho encurvado, com um triângulo na testa e apoiando-se sobre sua bengala, resume a plenitude de *Rubedo* na *coniunctio* da iniciação alquímica: é a imagem daquele que realizou a união da trindade corpo-alma-espírito, ou seja, a pedra filosofal solar, dotada do poder de tingir e curar!

Chegando ao final desta narrativa, queria lembrar que todo ser vivo, seja homem ou até uma estrela, tem seu tempo de expansão e de retração. São eternos os ciclos de nascer, amadurecer, alcançar o ápice e depois se recolher e morrer. Morrer é voltar ao princípio, à fase de não existência nessa realidade física, em que o tempo e a consciência são outros. Xangô-Kaô é a última fronteira, que nos permitiu sentir as emanações dos planos maiores da existência através dos anos de convivência junto ao morubixaba. O sacerdote percebe agora que o vigor solar foi lentamente transferido para um vigor mental e espiritual, reforçando a perfeita integração de ambos, CCT e morubixaba. Cada vez mais será forte a vibração junto a Yofá, a sabedoria do ancião carregado de serenidade e paz, de enorme fortaleza moral e espiritual, que nos remete à lembrança de nossos sábios Pretos-Velhos e Pretas-Velhas, Mestres de Aruanda, iluminados espíritos libertos do cativeiro das reencarnações. Aqui se darão as últimas e solitárias lições de um CCT nesta encarnação...

Um CCT é um agente doador de vida, pois sempre atuou como canal da luz do Cristo em nosso mundo, mas viver em Cristo significa transcender além deste plano da existência. Até o Sol deve cumprir seu ciclo e permitir que venha a noite, na certeza de que na manhã seguinte as luzes voltarão. Com serenidade, é preciso deixar os pequenos crescer e caminhar sozinhos, assumindo suas responsabilidades na Tenda, até que seja a hora de o CCT se retirar do centro desse microcosmo.

Benjamin Figueiredo (1953) escreveu:

Quem observa cuidadosamente a reação da Vida no tempo e no espaço, verifica que a própria Vida manifestada é dividida em épocas, como que proporcionando a uma determinada coletividade o esplendor do seu apogeu. Depois, passa a se desfazer naturalmente, e como que se transformando, revive para outras épocas que, devidamente reunidas, formam o grande manancial orgânico da energia propulsora.

A missão final de um CCT será ver a Escola continuar a gerar bons frutos. Sua experiência e sabedoria serão sempre referência na Tenda, mas o ciclo deve se renovar. Assim, é fundamental seguir adiante, sem qualquer apego à Obra e com a consciência do dever cumprido, de quem sempre foi, antes de tudo, um humilde operário da fé, soldado de Oxalá, pequenino aprendiz dos mistérios insondáveis do divino!

O templo da nossa escola

Queridos irmãos, vamos abordar um dos temas que considero mais interessantes: os segredos que envolvem os templos religiosos, em especial, das tendas de Umbanda que seguiam a orientação doutrinária de Mestre Mirim e do Primado de Umbanda. Muito do conhecimento e da prática esotérica que permeiam a liturgia do Primado foi mantida propositalmente oculta, preservada da curiosidade profana. Mas, quando falamos de templos, os sinais são mais concretos, claro!

Mesmo à vista de todos, os fundamentos que organizam a construção e a ritualística de nossa Escola não se revelam à primeira vista, pois necessitamos de algumas "chaves" para acessar esses mistérios carregados de enorme beleza e ancestralidade, que conectam nosso ritual umbandista às mais antigas escolas esotéricas da humanidade. Cada detalhe precisa ser visto como uma peça viva, carregada de sentido e respeito, pois compõe nossa manifestação de religiosidade e nos faz interagir com o sagrado.

O templo, por si só, é fonte de inspiração que transmite aos fiéis a noção da força evolutiva e do destino do homem. Caboclo Mirim via o espaço sagrado do culto da Umbanda muito além do que um obscuro local impregnado de cheiros exóticos, iluminado apenas à luz de velas, onde se acumulam dezenas de imagens católicas e que, muitas vezes, mais oprime psicologicamente o visitante do que o deixa realmente apto a encontrar alguma harmonia íntima ao chegar! A Umbanda, em essência, é religião intimamente ligada ao Universo e à natureza, a maravilhosa obra do Criador ao nosso redor, onde encontramos ambientes sagrados que nos envolvem e nos aproximam dos orixás. Assim também eram os antigos cultos pagãos, que, do mesmo modo que na Umbanda, precisaram transportar essa religiosidade ancestral para centros onde o sagrado fosse preservado dos profanos, onde ganhassem uma forma mais definida dentro da comunidade. Todas as antigas culturas religiosas sabiam que em um templo há componentes essenciais para os rituais, para as atuações magísticas e iniciações, pois ali são vividos os processos de morte e regeneração de cada adepto em seu caminho de crescimento íntimo.

Os templos de todos os tempos

Seja qual for a fé, quando há (ou houve) verdadeira ligação com o conhecimento oculto, com antigas tradições esotéricas, encontramos conceitos comuns que inspiraram e orientaram a construção dos templos e a disposição de seus símbolos sagrados. Tanto faz se nos referimos a lojas maçônicas ou templos pagãos da Antiguidade; igrejas católicas ou templos do antigo Egito! Nesses espaços, são impressas orientações, simbologias, harmonias e proporções físicas, que, somadas à liturgia, tornam-se instrumentos que demonstram e facilitam a conexão dos devotos com o universo espiritual, por ampliação de sua percepção e desenvolvimento de níveis mais abrangentes de consciência.

Os povos da Antiguidade tinham profundo respeito e reverência por seus templos ou locais sagrados, geralmente o ponto focal de toda a comunidade, que crescia aos pés (ou ao redor) da "morada" de seus deuses, os guardiões dos destinos daqueles povos, entidades conhecidas como "deuses da raça" pelos estudiosos, como os são os orixás do panteão africano ou os deuses gregos. Com o desenvolvimento das sociedades antigas, após guerras e conquistas, muitas culturas antigas simplesmente sumiram e outras foram incorporadas por seus conquistadores. De qualquer modo, sempre foi muito forte o envolvimento emocional dos povos com as forças sobrenaturais que poderiam trazer a fartura, a fertilidade e a continuação da vida, ou também a miséria, a seca, a perda das plantações e a fome. A cultura gre-

Reflexões sobre a Escola de Caboclo Mirim 243

ga, base de toda a cultura ocidental, exemplifica bem como uma sociedade se desenvolve em torno de suas crenças, venerando seus deuses desde simples encontros em torno de fogueiras, depois em suas próprias residências, chegando à construção de magníficos templos.

A mitologia grega foi expressa por seu povo por meio de artesanato, pinturas e narrativas transmitidas inicialmente pela tradição oral, em forma de poesias, posteriormente transcritas, formando a literatura clássica grega. Pelas aventuras de seus deuses e deusas, os gregos nos contaram como seu povo vivia e se relacionava com as forças sagradas da natureza, em uma sociedade em constante evolução e grande transformação através dos tempos. Há várias fases, ou eras, na narrativa dos mitos gregos. Em um primeiro momento, nos contam sobre o nascimento de seus deuses, os mitos sobre a origem do planeta e da raça humana; em um segundo momento, as histórias ganham contornos que nos mostram seus deuses imortais deixando o seu isolamento no monte Olimpo, passando a interferir na vida cotidiana dos gregos, seja em histórias de amor com os mortais, ou histórias de castigo àqueles que não os respeitavam. Dessa relação com os humanos nasceriam os semideuses, ou heróis, que, embora sujeitos à mortalidade, diferenciavam-se dos humanos por serem capazes de façanhas impossíveis, talvez pelo fato de serem fruto da relação entre um mortal e um deus.

A veneração do povo grego a seus heróis "semideuses" era proporcional à de seus deuses, e, por isso, era comum a construção de um *heroon*, um túmulo monumental nos locais em que, supostamente, heróis tinham vivido ou morrido. Grandes líderes locais, lembrados após a morte por sua atuação pela consolidação de seu povoado, eram também dignos de tais túmulos, geralmente erguidos no interior do perímetro urbano, em posições de grande relevo, reforçando a sua união com a comunidade, tornando-se logo local de culto e veneração popular. Segundo a mitologia, as relíquias desses valorosos homens possuíam poderes extraordinários, trazidos do mundo espiritual em que agora habitavam.

Como sabemos, os gregos foram conquistados pelos romanos, e estes herdaram a tradição de homenagear seus heróis míticos ou dirigentes "heroificados" pela construção de túmulos consagrados. Vivendo dentro do Império Romano, os primeiros cristãos também absorveram a cultura de culto aos seus "heróis" – os mártires – os primeiros santos do Cristianismo. Seus túmulos, muitas vezes em catacumbas belamente decoradas, também viraram pontos de oração do nascente culto cristão, dotados da mesma aura de poder e fé nos mártires ali enterrados, do jeito que faziam os gregos pagãos. Assim, esses locais sagrados passaram a ser conhecido como "campo santo".

Séculos depois, Roma foi influenciada pelo cristianismo de Constantino I, o último imperador pagão, então "convertido" ao Cristianismo. Há dúvidas históricas se realmente Constantino teria se tornado cristão (pois este nunca deixou de venerar o deus romano *Sol Invictus*, por exemplo), mas é fato que ele educou seus filhos no Cristianismo e associou a sua dinastia a essa religião, dando-lhe uma presença institucional no Estado romano. No reinado de Constantino, por volta de 327 d.C., começaram a ser erguidos os primeiros edifícios de igrejas cristãs "romanas", exatamente sobre os cemitérios onde os cristãos honravam seus santos mortos! Nos locais sagrados, os "campos santos", foram construídas, por exemplo, as igrejas de São Pedro (sobre o monte do Vaticano – local da suposta tumba de Pedro), de São Paulo, do Santo Sepulcro, em Jerusalém (construída em cima da suposta tumba de Cristo), e da Natividade, em Belém (nesta Jesus teria nascido), apenas para citar algumas.

No contexto dos templos católicos, não poderíamos deixar de lembrar as fabulosas catedrais góticas, provavelmente as mais carregadas de simbolismos ocultos. Os arquitetos de tais catedrais somaram o uso das cores e da luz nos famosos vitrais, do efeito sonoro nos interiores, da proposital incidência de raios solares para que iluminassem o sacerdote durante as homilias, sem contar a fabulosa construção em si! Sempre com suas fachadas voltadas ao leste, os templos de estilo gótico têm a forma de uma cruz latina estendida no solo e proporções que visam a capturar o sentido do sublime pelo tamanho exagerado. Sobre a estrutura gótica, Turner (1979 citado por VIOLA; BARNA, 2008) diz que "o edifício inteiro parece preso à terra em pleno voo. [...]. Eleva-se como uma exalação do solo. [...].

Nenhuma arquitetura espiritualiza, purifica e lança tanta proteção celeste ao material usado".

Complemento com as observações do teólogo Edmundo Pellizari (citado por LAKATOS, 2008), sobre o tema:

> Enquanto as igrejas românicas eram escuras, lembrando cavernas, as catedrais góticas são exuberantes, convidam a olhar para o alto e dão um sentido ascensional ao ato de estar na igreja. [...]
>
> Sem falar nas cores das rosáceas (vitrais circulares, geralmente localizados sobre o pórtico central), em que o vermelho se destaca. A intenção era que, durante as Vésperas e na Hora Mariana (horários canônicos correspondentes a 6 e 18 horas), a luminosidade filtrada criasse a sensação de um incêndio, verdadeiro fogo iniciático.

A arquitetura dos templos sempre foi observada nos meios ocultistas. C.W. Leadbeater, ex-sacerdote da Igreja Anglicana e bispo da Igreja Católica Liberal, mestre maçom e uma das mais influentes personalidades da Sociedade Teosófica, cita em seu livro *A vida oculta na Maçonaria* (2013):

> Ao falar-se da Loja maçônica a que se pertence, é costume pensar-se numa sala ou aposento de um edifício comum do mundo físico. Portanto, quando se menciona sua extensão, acodem à mente as ideias de comprimento, largura e altura. No entanto, *é* mister pensar-se em muito mais que isto, porque a Loja *é* uma representação do universo, segundo explica o ritual dos graus da Comaçonaría universal. Na descrição do p.:.1 se nos diz que o comprimento da Loja se estende do Oriente ao Ocidente, a largura do Norte ao Sul, e a altura, do Zênite ao centro da Terra, o que demonstra que é um símbolo do mundo. [...]
>
> A forma do recinto da Loja deve ser um paralelogramo de, no mínimo, uma terça parte maior do Oriente ao Ocidente do que do Norte ao Sul. Se possível, há de estar devidamente orientado, isolado de qualquer outro edifício e de teto bem alto, para que, além de saudável, dê a impressão de uma espaçosa sala.

Hermes Trimegisto já nos ensinava a lei maior da analogia: "O que está em cima é como o que está embaixo, e o que está embaixo é como o que está em cima". Para um ocultista, o templo é muito mais que um prédio para reuniões de fiéis, pois ali é o local do "religare", onde o homem se comunica e se funde com Deus. Por isso, o templo será simbolicamente um reflexo de todo o Universo e da humanidade, do macrocosmo e do microcosmo. O ancestral conhecimento esotérico expressa os diversos aspectos desse antropocosmo, de Adam Kadmon, o "Homem que é em si o Universo". Os templos da Antiguidade são apenas mais uma realidade desse fundamento!

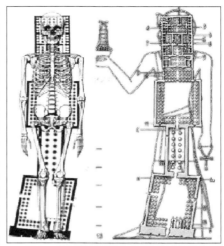

Figura 23: Planta do templo de Luxor.
Fonte: LUBICZ, 1949.

Entre 1936 e 1951, o filósofo, matemático e ocultista René Adolphe Schwaller de Lubicz estudou o Templo de Luxor no Egito, registrando seus achados em dois volumes de seu livro *Le temple dans l'homme* (1949). É fenomenal constatar como a avançada cultura egípcia dominava a matemática, a qual permitiu cálculos arquitetônicos que levaram à construção de templos com a clara intenção de corresponder ao esboço da estrutura do corpo humano, inclusive com correlações às medidas das pirâmides.

Os templos egípcios expressam conhecimento científico avançado a serviço da iniciação dos adeptos dos segredos daquela cultura e religião. O estudo mais aprofundado do Templo de Luxor revela como este expressa uma detalhada compreensão do corpo humano, com seu metabolismo, seus processos sutis e ocultos (sistema de glândulas endócrinas, chacras, despertar e ascensão da *Kundalini* etc.).

A escola iniciática egípcia, da qual Hermes Trimegisto foi

um dos guardiões, recebeu sábios dos mais distantes reinos, que, tendo concluído sua iniciação, retornaram a seus locais de origem, onde transmitiram a sabedoria arcana aos poucos iniciados de suas próprias escolas. A Maçonaria, que preservou muito do conhecimento oculto advindo dos rosacruzes, é um exemplo. Volto a citar o mestre maçom Leadbeater (2013):

> Considerado como conjunto, o recinto da Loja é um templo da humanidade, e como tal, simboliza um homem estendido de costas. Nesta posição, os três grandes sustentáculos correspondem a importantes centros do corpo humano. A coluna do Venerável Mestre ocupa o lugar do cérebro; a do Primeiro Vigilante corresponde aos órgãos geradores, símbolos de fortaleza e virilidade, assim como o plexo solar, o grande centro ganglionar do sistema simpático; e a do Segundo Vigilante corresponde ao coração, considerado antigamente como a sede dos afetos.

Antes que meus irmãos se precipitem em pensar "O que é que a umbanda tem com isso?", lembro novamente: A Escola de Mestre Mirim, codificada pela ritualística do Primado de Umbanda, teve as mesmas inspirações esotéricas que a Maçonaria, por exemplo. Os fundamentos que agora expomos são exatamente os que explicarão os graus iniciáticos de nossa Escola, facilmente observados na formação litúrgica do terreiro para a Gira!

Percebam que o templo em si simboliza o universo, e o conjunto de seus fiéis, detalhadamente dispostos dentro de um ritual, formarão o homem arquétipo ou homem celestial, conhecido por Adam Kadmon na Cabala. Esse gigante estará "deitado de costas" sobre o piso do templo, tendo a "cabeça" indo até a "cabeceira" da Tenda e seus pés junto à porta da entrada principal, para a rua.

O templo iniciático umbandista

Nessa jornada de conhecimento, não poderíamos tomar por referência outro templo umbandista que não a "matriz" da Tenda Espírita Mirim, no bairro de São Francisco Xavier, na

Figura 24: Vista parcial do salão da Tenda Espírita Mirim (década de 1940).
Fonte: Acervo da família Figueiredo.

cidade do Rio de Janeiro. Primeiramente, por ter sido a "casa-mãe" idealizada por Mestre Mirim, já atuante há mais de vinte anos na coroa de Benjamin Figueiredo quando determinou sua construção. Segundo, porque exemplifica perfeitamente como a soma de aspectos de nossa escola iniciática, sua ritualística e as disposições do templo trabalharam por décadas pelo desenvolvimento humano de forma espetacular, mas de simplicidade ímpar aos olhos desavisados!

A "matriz" da Tenda Espírita Mirim é um prédio imponente, com 20 x 50 metros. Começou a ser construído no final dos anos de 1930, sendo inaugurado em 1942, praticamente com a mesma aparência que muitos só viriam a conhecer décadas depois. Com a implantação do Primado de Umbanda, recebeu os últimos detalhes para que fosse a sede dessa verdadeira maçonaria umbandista.

Quando chegamos à Tenda Espírita Mirim, primeiramente atravessamos o *hall* de entrada (nos "pés" do templo), onde há atividades mundana e social da Tenda, como a recepção de visitantes e atendimento da Secretaria e da Tesouraria, por exemplo. Ao nos dirigirmos ao templo propriamente dito, defrontávamo-nos com uma placa, tal qual a reprodução que inserimos na abertura deste título: "Tende por Templo o Universo...".

Não há como não lembrar a descrição de Leadbeater sobre o templo maçônico! E, tal qual a colocação do teólogo Edmundo Pellizari sobre a arquitetura sacra, ao adentrar percebemos a majestade do salão principal, e somos imediatamente levados a olhar para o céu, pois, no teto, brilha como estrela o tradicional ponto riscado de Caboclo Mirim, onde até as luminárias têm a forma de estrela! Com o salão vazio é mais difícil perceber a analogia com Adam Kadmon, mas ele está lá...

Há duas configurações principais, em dois momentos específicos dos trabalhos da Tenda. Um é a formação do terreiro

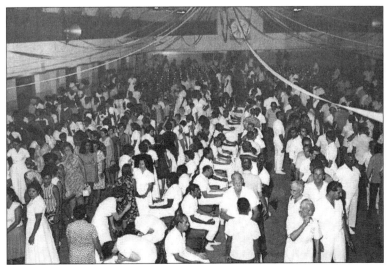

Figura 25: Vista geral de sessão de caridade na Tenda Espírita Mirim (década de 1970).
Fonte: Acervo da família Figueiredo.

para a gira (que abordaremos mais adiante), e o outro a arrumação para as sessões de caridade. Nessas sessões, havia o tradicional "trabalho de banco", quando os cabeças de bojás assumiam o papel de "para-raios", realizando um descarrego coletivo por serem o elemento passivo do atendimento prestado, somado aos passes ministrados pelas entidades incorporadas em seus médiuns. Por se tratar de um momento delicado de socorro, a que afluem almas perdidas, irmãos encarnados e desencarnados em busca de seu próprio caminho de evolução espiritual, de forma muito apropriada era a Tenda arrumada para formar uma grande cruz, um símbolo universal da união dos planos material e transcendental, de ressurreição e esperança na vida eterna. O "tronco" da cruz partia da entrada e se alongava até a cabeceira através dos bancos centrais; em seus "braços" perfilavam-se os SCCTs, bem como o CCT Benjamin Figueiredo, este exatamente na intercessão das duas barras da cruz.

A cruz é símbolo de ascensão espiritual, por isso parte da terra – o mundo material – rumo aos céus, o mundo espiritual. Assim também é a humanidade, representada no homem arquétipo, o Adam Kadmon, deitado sobre a cruz. Ou seja, o templo é a representação desse homem universal, cujos membros inferiores estão no *hall* de entrada da Tenda. Subindo pelo seu corpo adentramos o terreiro propriamente dito e percebemos que os fundos do salão equivalerão à região do chacra Básico ("Muladhara", em sânscrito), ou ainda da localização da *sephirah* Malkuth na Árvore da Vida da Cabala. Não por acaso ficava ali o ponto riscado daquele que sempre foi o guardião dos trabalhos da Tenda, o nosso querido preto velho Pai Roberto!

Cada região no homem e, por conseguinte, no templo, tem características e atuação de uma série de forças cósmicas, ou orixás. Tal qual Pai Roberto, mestre na vibração de Yofá, que ali vibra usando o elemento terra, veremos que cada degrau na formação do terreiro para a Gira Cósmica de Umbanda também está sob uma vibração específica.

Lembremos que, em cada grau iniciático de nossa Escola, estará o médium vivendo as experiências trazidas pela vibração de seu grau, partindo do mais denso ao mais sutil, na jornada de retorno do espírito encarnado ao seio da verdadeira iluminação, libertando-se do cativeiro da vida terrena pela sublimação da realidade ao seu redor. O crescimento do aprendiz pelo caminho da iniciação é bastante semelhante nas mais diversas escolas de mistérios.

Na Maçonaria, é muito difundida a lenda de Hiram Abiff, que visa a transmitir aos neófitos alguns antigos ensinamentos sobre os caminhos iniciáticos, particularmente bem interpretada por Jorge Adoum em seu livro *Grau do mestre maçom e seus mistérios* (2013). Não vou reproduzir a lenda integralmente, mas acho que vale a leitura, irmãos! A lenda nos diz que o rei Salomão (*solar man* / o homem solar), querendo fazer de seu corpo um templo digno para o Deus íntimo, pediu a indicação de um mestre arquiteto de obra ao rei Hiram, do reino de Tiro (simbolicamente, a Consciência Elevada, o Sol Elevado, porque Hiram significa também Sol). Então, Hiram, Rei da Consciência, envia e lhe recomenda o Mestre Construtor Hiram Abiff, simbolicamente o sol espiritual despertado no homem. Ele era filho de uma viúva, o que significa dizer que foi manifestado na natureza pela natureza, a mãe que não tem um marido (tal qual a Virgem Santíssima?). Hiram Abiff, a serviço do "sol-pai" interior é, portanto, designado como chefe supremo dos obreiros (átomos, células, moléculas), para a construção do templo.

Lembram-se de quando estudamos que as manifestações do Criador se dão em oitavas? Cristo-Oxalá está na Sagrada Trindade, no altíssimo plano do "Triângulo da Vida", mas também é a própria vida manifestada em nosso plano, simbolizado por Mestre Jesus, "Sol-filho", o Médium Supremo!

Esses "obreiros átomos", que impulsionam o homem desde épocas remotas para a formação de seu corpo-templo nessa Jerusalém simbólica, tinham diferentes graus de capacidade e diferentes talentos individuais. Era, pois, necessário dividi-los segundo suas capacidades (superiores, medianos e inferiores), para melhor aproveitar o trabalho de cada um. Hiram Abiff, como sábio, justo e benevolente, repartiu-os em três categorias, os conhecidos graus da Maçonaria:

– **Aprendizes** (trabalhadores no mundo inferior do homem, o que equivale ao baixo ventre)

– **Companheiros** (trabalhadores no mundo mediano, a caixa torácica)

– **Mestres** (trabalhadores no mundo superior, o que equivale à cabeça)

A lenda mostra a jornada de Hiram Abiff entre os homens. Mas, o que eu queria salientar, é que quando Caboclo Mirim trouxe para a Umbanda os sete graus, formatados através de um primado de clara inspiração maçônica, tinha em vista a formação iniciática daqueles neófitos, que, enquanto nos graus de bojás, demonstrassem condições de ir além – e adentrar os graus de formação sacerdotal – o segundo ciclo de sua formação (abaré).

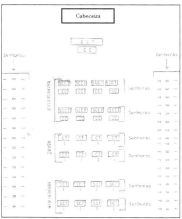

Figura 26: Formação do terreiro para as giras na Tenda Espírita Mirim. Fonte: FIGUEIREDO, 1983.

Com a noção de que o espaço físico é reflexo das emanações do plano sutil, podemos analisar a formação do terreiro para a Gira, que aplica os mistérios ancestrais na preparação desse ritual.

De modo a sintetizar tudo o que aprendemos até aqui, apresentamos uma representação do homem arquétipo, o homem celestial – Adam Kadmon –, cristalizado a partir da poderosa egrégora formada na Gira de Umbanda, o mais formidável ritual da Escola de Mirim! Cada linha com os médiuns forma-

Figura 27: Vista geral do salão da Tenda Espírita Mirim.
Fonte: O AUTOR, 2013.

dos para a Gira se localiza em um espaço específico da Tenda, ou uma área orgânica dotada da vibração própria de cada grau. Macro e microcosmos reunidos pelo ritual!

Acredito que possamos acrescentar algumas observações, que, certamente, instigarão nossos irmãos a ir além em suas próprias reflexões:

– O Povo da Mata atua como regente da energia psíquica e biológica, indispensável à manutenção de nosso corpo físico. Essa energia densa, sentida "à flor da pele", deve ser movimentada e levada a todas as partes de nosso ser, para que tenhamos saúde perfeita. No ocultismo, correlaciona-se a Mercúrio, aos órgãos sensoriais, às mãos e aos braços, exatamente nas laterais onde se postam os cabeças de bojás-guassus (e os respectivos aprendizes bojás e bojás-mirins) no início das giras.

– Os abarés-mirins posicionam-se no baixo ventre, próximos à área responsável por captação e controle de densas energias telúricas, força indispensável à vida. Aqui atuam os "Cavaleiros de Ogum", prontos a ensinar e disciplinar as relações com a poderosa energia de *Kundalini*, permitindo, assim, a transformação da energia primeva em energia espiritual, ampliando na humanidade a consciência cósmica.

– Os abarés se posicionam na altura do ventre, na área da geração da vida, reino de nossas Mães d'Água, senhoras das emoções. Mestres do plano astral, nível em que atuam entidades mediadoras da humanidade com os elevados planos da criação, cuidam também dos influxos e refluxos de vida que sempre recomeça e se transforma.

– Os abarés-guassus vibram com Xangô, na altura do chacra cardiaco, ou melhor, "ao lado" deste, exatamente onde fica o emblema da Tenda em nossos uniformes, e onde colocamos o dedo médio nas orações da Tenda, o chamado "oitavo chacra" ou "Câmara Secreta do Coração", que atuará como elo entre o Pai e o Filho – a luz maior inspirando os mais nobres sentimentos.

– O CCT se posiciona próximo à "boca" e ao "pescoço" de Adam Kadmon, no ponto de ligação entre o plano mental superior, espiritual, e o nosso plano manifestado... É o Senhor do Verbo, da palavra criadora, o verdadeiro iniciado que direciona e aplica tamanho poder para transformar e transmutar a vida!

No nível do terreiro, acima do CCT só o plano seguinte, o "abismo" da Árvore da Vida, adentrado apenas quando atingimos outro estágio evolutivo, livre da "roda das reencarnações". Fisicamente, na Tenda há uma representação desse "portal", que leva a um nível puramente espiritual, último estágio da evolução do espírito: é a cabeceira do terreiro. Os mais antigos da Tenda Espírita Mirim sabem que havia a determinação de que a função do "cabeceira" deveria ser exercida por um senhor de idade avançada, de vida regrada. Quantos simbolismos! Por tudo que estudamos até aqui, fica claro que esse ponto da Tenda é regido por Saturno, a mais velha divindade ancestral!

Isso é corroborado por outro símbolo, uma representação que poucos percebem, e que muitos pensam se tratar apenas de uma luminária sobre a cabeceira da Tenda. É o triângulo invertido com um traço ao meio, símbolo adâmico de Saturno. Quando se trata de estudar as correlações dos primeiros alfabetos e seus signos, em especial os provenientes da língua adâmica (o *vattan*), não temos como não recorrer a obra de Saint-Yves d'Alveydre (2004), onde o autor nos mostra que o triângulo de Saturno está relacionado à letra Shin hebraica:

> Essa letra (Shin) é a planetária da Ph zodiacal. E especial no nome de Jesus como a primeira no nome do Verbo. Ambas são um trígono, o que indica que se referem à Trindade e ao triângulo fundamental e que devem ocupar a posição onde as deixamos classificar-se elas mesmas autologicamente. Porém, além de sua congênere zodiacal (Saturno), a planetária traz uma bissetriz que determina o prumo do eixo norte-sul do mundo.

Madame Blavatsky ensinou que a letra Shin hebraica é a representação esotérica do "três em um", a força criadora do "triângulo da vida" manifestada neste mundo! É o símbolo do próprio Espírito Santo propagando sua presença em contínuo movimento, sempre renovando e transformando as formas da matéria. É como em Pentecostes, quando desce o fogo serpentino sobre as cabeças dos ungidos, como o foi o Filho manifestado entre nós, o Médium Supremo, mensageiro do Cristo Cósmico!

Todo símbolo tem sua significação e transmite uma mensagem. O triângulo de Saturno trará sempre a lembrança ao verdadeiro CCT que este, mesmo estando no ponto mais "alto" da Tenda, será sempre um pequeno aprendiz diante do infinito, diante da "Escada de Jacó" à sua frente, a "fronteira final" da caminhada evolutiva de nossa humanidade encarnada. O microcosmo da Tenda termina no véu que oculta o macrocosmo acima de seus fiéis, pois estamos como diante da misteriosa *sefirah* Daath a nos vislumbrar uma nova dimensão, o mundo ígneo das emanações, o "Atziluth" da Cabala. Orlando Junior, em *Decifrando o arqueômetro* (2009), lembra que Shin, quando observada pelos princípios filosóficos, "é a porta de entrada para as almas no mundo astral". "Portal" é, sem dúvida, a melhor definição, posto que é por ele que nos chega o raio luminoso do Criador e seus enviados; e será por esse portal que, em algum momento de nossa existência, deixaremos a nossa individualidade astral e nos reintegraremos ao Todo, libertos do cativeiro da matéria...

Figura 28: Símbolo adâmico de Saturno (Tenda Espírita Mirim).
Fonte: O AUTOR, 2013.

Analisando a gira

> Chamamos de Gira de Umbanda, porque, para nós, Umbanda é a própria Escola da Vida, difundindo um conjunto de leis que rege a vida e a harmonia do Universo. A Gira de Umbanda é para nós, umbandistas, a própria proteção suprema do amor inconsciente da vida, garantindo a integridade física de cada coisa, para que o amor consciente da vida manifestada una todas as coisas pelo equilíbrio do movimento. – Benjamin Figueiredo

Após reavivarmos a filosofia e o conhecimento oculto que movem a Escola de Caboclo Mirim, podemos abordar esta grande cerimônia, evocatória e manipuladora das magníficas forças do Universo em prol do crescimento do ser humano e do orbe terrestre: as giras!

Ficará fácil perceber que, muito longe de ser um "xiré" de orixá, as giras são o momento maior da Escola, onde se une todo o manancial do conhecimento esotérico, dos fundamentos da alquimia, da astrologia, da Cabala e da força e vibração do culto aos orixás.

Peço licença a todos os morubixabas da lei de Umbanda, os verdadeiros comandantes de nossa Escola, para inserir nas linhas a seguir um pouco da emoção e da admiração que este CCT traz no peito ao descrever uma gira de Umbanda. Claro que meu relato mesclará nossos estudos com um pouco de minha visão pessoal, das experiências que vivi em meus anos de desenvolvimento e, principalmente, da forma que o Sr. Jaguari me expôs alguns mistérios pela sua forma de conduzir os trabalhos. Que fique claro que não estamos ditando regras e procedimentos, pois cabe ao morubixaba à frente de cada Casa a sensibilidade perante o momento magístico da gira, absolutamente repleto de variantes e necessidades próprias daquele instante.

Há na gira o movimento material e ritualístico, e a cerimônia espiritual executada sob o comando das entidades – e ambos se interpenetram sempre, em equilíbrio. Um ritual rígido, ou cheio de firulas, não deve ofuscar a cerimônia espiritual; nem os trabalhos espirituais podem perder o foco de que em toda operação há de se manter a vibração do início ao fim. Em *O fogo criador*, Van Der Leeuw (1964) procede a uma bonita explanação sobre alguns aspectos do ritual, como instrumento de conexão com o divino:

> Para muitas pessoas o ritual parece uma perda de tempo. De um lado reconhecem que certas verdades óticas podem ser ensinadas sob o disfarce de símbolos e que por meio destes símbolos e cerimônias ritualísticas se podem compreender certos ensinamentos filosóficos; porém, de outro lado, estranha-se que tais éticas e filosofias não sejam ensinadas clara e explicitamente, em vez de ocultá-las nas diversas formas e cerimônias de ritual.
>
> Isso parece uma objeção lógica ao ritual, mas, em realidade, não passa de incompreensão de seu verdadeiro significado.
>
> Em primeiro lugar, o homem recebe no ritual o efeito psicológico dos atos realizados e, dessa forma, experimenta como uma realidade em sua consciência o que se pode dizer verbalmente nos ensinamentos éticos e filosóficos. Em segundo lugar, por meio do ritual o homem participa simbolicamente das coisas que ainda não pode compreender plenamente. Em terceiro lugar, o ritual tem o excelso e supremo significado de que nele e por meio dele, mesmo enquanto é apenas homem, este pode tomar parte na obra de Deus Espírito Santo, na obra da criação do mundo.
>
> Parece incrível que os seres humanos possam contribuir para uma obra tão formidável; porém, por alguma razão se tem dado à maçonaria a denomi-

nação de *Arte Real,* e a sagrada eucaristia, que é o supremo ritual da igreja cristã, tem sido sempre rodeada de incomparável reverência e respeito. Todos os rituais estão baseados no único ritual primário; e tão íntimo enlace há entre eles e o divino ritual da criação, que cada cerimônia do ritual terreno corresponde a alguma muito maior realidade do eterno e supremo ritual. Assim é que, do nosso ritual humano, deriva uma contínua corrente que vai unir-se com o caudaloso fluxo de Fogo criador, manifestação de Deus Espírito Santo, enquanto, por outro lado, embora o ritual terrestre esteja só de alguma forma em harmonia com o ritual celeste, pode transmitir ao mundo algo da divina Energia criadora, pelos arredores do lugar onde seja praticado.

Cuidados básicos para a gira

Há alguns fatores que devem ser observados para que haja melhor convergência do ritual material à cerimônia espiritual durante a realização da gira de Umbanda. Lembramos que não é possível alcançar o pleno êxito em uma cerimônia espiritual dirigindo-a de forma "robotizada", sem entusiasmo e amor. A seleção das curimbas, por exemplo, não deve ser feita sobre um "roteiro" preestabelecido para sua execução, posto que a curimba é uma poderosa evocação magística que na gira deve fluir naturalmente, vindo de forma inspirada na mente dos guaús, que estarão, necessariamente, sob a condução de um morubixaba, um iluminado líder espiritual, que equalizará as forças do terreiro de acordo com as necessidades daquele momento. Isso explica por que a vibração da gira em uma Casa nunca é igual à de outra Casa, nem mesmo duas giras serão iguais na mesma Casa, pois há muitas variantes envolvidas, algumas que fogem inclusive ao comando material da Casa e que podem influenciar o sucesso pleno da cerimônia espiritual da gira.

Cito alguns outros elementos que decidem a qualidade dos resultados da gira:

– O ambiente físico deve estar de acordo com o que se propõe:

limpo e harmonioso, bem como devidamente arejado. O tamanho do terreiro também deve ser levado em conta na hora de se pensar em uma gira, pois tanto a falta como o excesso de pessoas acarretará problemas relacionados a conforto e bem-estar dos presentes, que precisarão relaxar e se deixar envolver naquele momento de comunhão espiritual.

– A música bem executada também será essencial, pois não se trata apenas de "bater tambor" e "gritar" os pontos, posto que estes devem ser cantados! Serenidade, afinação e acuidade vocal são importantes, bem como uma aparelhagem de som digna para o tamanho do terreiro, para que todos possam entender as palavras cantadas nos pontos e, portanto, vibrarem juntos. As curimbas são tais quais mantras, pois têm o poder de transmitir a vibração de um guia ou orixá, criando formas mentais extraordinárias através de imagens e sentimentos que acompanham os umbandistas há décadas. O lendário maestro e compositor germano-brasileiro Hans-Joachim Koellreutter certa vez declarou:

> A música transmite manifestações espirituais. A música é uma linguagem e, como linguagem, ela é um meio de transmissão. Ela transmite alguma coisa: uma mensagem, uma informação, e assim por diante. Eu diria então que a música é uma linguagem que, entre outras coisas, é capaz de transmitir manifestações espirituais.[1]

– As antigas tradições africanas e orientais sempre ensinaram como a música carrega poder ao ambiente. Um dos mitos de Ayan fala exatamente da transmissão espiritual através da criação do tambor e da construção da linguagem do canto e da dança. Não nos descuidemos, portanto, de manter um ritmo adequado aos nossos tambores, nem lento nem rápido demais. Gostaria de registrar que o toque clássico dos tambores da Tenda Espírita Mirim foi aperfeiçoado pelos médiuns Tupinambá Batista e Genivaldo (o "baiano"), que tocavam, respectivamente, nas filiais de Parada Angélica e Sétima, em

---

1 Comentário sobre a "Chacone" de Bach, na Rádio Cultura FM de São Paulo, em agosto de 1993. Disponível em: <*http://www.montfort.org.br*>.

260 Sérgio Navarro Teixeira

Jacarepaguá. Quem tocava na matriz, levando a gira do início ao fim, era o "seu Manel" (irmão do Sr. Oscar), mas, em certa ocasião, Caboclo Mirim, tendo ouvido o jovem tupi Batista tocar na antiga 23ª filial, colocou-o para tocar na gira da matriz, registrando que era assim que desejava a batida do tambor na organização. Para quem nunca ouviu, em nossa Escola o toque será sempre o mesmo para todas as linhas, mas cada momento da gira exige um "tempero" especial: se Oxóssi pode pedir rapidez e vibração, Yemanjá ou Yofá já requerem um toque mais cadenciado, associado ao carinho e à voz clara dos nossos guaús.

– A concentração dos médiuns, esquecendo a vida fora da Tenda e se entregando felizes ao movimento da gira também faz diferença. Já vivemos ocasiões em que notícias trazidas antes da gira "sabotaram" toda a preparação para os trabalhos. Pode ir de uma notícia do falecimento de alguém próximo, até a explosão de algum conflito urbano nas imediações da Tenda... Afinal, essas coisas acontecem! O CCT sabe que realmente só em caso extremo a gira não acontecerá, e por isso tomará as medidas necessárias para dar continuidade aos trabalhos. Isso me fez recordar uma festa em uma tenda, onde, poucas horas antes de começar a gira, deu-se o desabamento de uma parede construída na área dos vestiários. Ninguém se feriu, mas o susto e a decepção de ver sua Tenda "caindo" são óbvios! Nem por isso o CCT se deixou abater e, fazendo valer sua liderança, fez com que a situação fosse remediada e que seus médiuns isolassem o local para que o transtorno não "contaminasse" o restante do ambiente festivo naquela data. Quando as demais tendas convidadas chegaram, todos da Casa já estavam serenos e se preparando para a gira, e com uma boa história para contar...

É importante ter em mente que, no momento da gira, trabalha-se com a força e a vibração dos orixás canalizados por meio da aplicação de princípios cabalísticos e esotéricos, alquímicos e astrológicos. E o que é mais sensacional: isso tudo ocorrerá mesmo sem um pleno conhecimento acadêmico por parte do CCT! Caboclo Mirim e Pai Roberto, aliados a todos os grandes líderes espirituais da Umbanda, nos trouxeram esse fenomenal ritual magístico, que, quando seguido com consciência de sua importância, respeito e, principalmente, fé na direção espiritual que sempre se faz presente, atinge os mais elevados objetivos junto ao nosso plano físico! A "receita de bolo" será sempre a responsabilidade e o respeito à ordem evocatória dos orixás, forças universais que serão conjugadas para que na gira brilhe a luz do Senhor do Mundo, nosso pai Oxalá!

A formação do terreiro

Conforme apresentamos, nossos templos, nossas tendas, são tais quais organismos vivos. Devem ser tratados com o mesmo respeito que temos com a Espiritualidade. Quando adentramos o espaço sagrado, devemos nos lembrar de todas as experiências que são vividas ali, da presença

Figura 29: Preparação para a gira mensal na Tenda Espírita Mirim (década de 1970).
Fonte: Acervo da família Figueiredo.

constante e efetiva de seres da mais alta envergadura espiritual, e de como todo o amor emanado do trabalho ali realizado permanece irradiado naquele espaço religioso. Isso por si só já nos alimenta a alma e nos prepara para o encontro com o divino.

Vivemos dias corridos e nos esquecemos de nos amansar um pouco para perceber o que falamos, comemos e pensamos; por onde andamos e por onde pisamos, e não será diferente ao chegarmos ao templo. Assim, precisamos ditar um ritmo mais tranquilo no espaço do sagrado, diminuir a adrenalina e nos deter alguns segundos, a fim de ouvir o silêncio e sentir a paz que a Casa deveria transmitir.

Não permita que a Tenda seja apenas mais um ponto de encontro, um clube social de burburinho e risadas descontraídas típicas de amigos que se reencontram! Não que amizades e carinho também não sejam uma das finalidades do templo (das mais importantes), mas, no espaço do terreiro propriamente dito deve predominar o respeito. Por isso, sempre se ensinou que é positivo que o médium vista sua roupa branca e vá para o terreiro, sentar um pouco e meditar, preparando-se para a sessão ou gira. Quando se aproxima o seu início, é dado um aviso e todos devem tomar seus lugares, de acordo com o seu grau. No caso da gira, cada médium perfilará lado a lado com os demais de seu grau, de onde só sairá após a incorporação do caboclo, com a devida permissão do comandante da gira. As entidades chegarão gradativamente, grau a grau, a partir do CCT, depois dos SCCTs, CTs, SCTs e, por fim, os bojás (T, B e I).

Em relação ao momento da incorporação/desincorporação dos caboclos em seus médiuns na gira, faz-se necessária uma observação. Mesmo que não interfira na gira propriamente dita, é preciso registrar que, durante os anos de pesquisa e entrevistas para preparação desta obra, este autor se deparou com três maneiras de aplicar os conceitos vibracionais em relação à evocação das entidades que trabalharão em cada um dos graus. Lembro que a gira, da forma como a conhecemos hoje, foi concebida por Benjamin Figueiredo, Diamantino Ferreira, Narciso Cavalcanti e outros contemporâneos, que, sob a direção dos morubixabas da Umbanda conceberam o Primado de Umbanda no início dos anos de 1950. Não é fácil recuperar um conhecimento aplicado há mais de seis décadas, quando tivemos a Tenda Espírita Mirim junta e depois separada do Primado, quando havia giras próprias da Tenda e duas giras anuais do Primado, além daquelas realizadas nas filiais da Tenda. É exigir demais dos antigos que se lembrem de todos os detalhes, já que cada um estava ali para se entregar àquele momento e não para tomar nota de tudo. Aliás, a precariedade de material escrito foi o grande desafio desta presente obra! Enfim, CCTs, SCCTs e antigos curimbeiros acrescentaram aos nossos estudos o que puderam lembrar.

Nessas entrevistas, foram pontuadas três maneiras possíveis de se evocar os guias em cada grau, na abertura da gira.

Alguns relataram que o princípio norteador para as incorporações seria a "fita de Oxalá", ou seja, a vibração do mês.

Nesse caso, após a incorporação de Caboclo Mirim (na época, o único CCT na Tenda), todos os demais graus incorporavam com curimbas de caboclos da mesma vibração do mês em que acontecia a gira. Por exemplo: o mês de abril está sob a vibração de Ogum; então, serão entoadas curimbas de caboclos dessa vibração para incorporação de SCCTs a SCTs.

Já outros ensinaram que as vibrações cósmicas dos orixás devem estar em contínuo movimento, um princípio fundamental da gira! Há quatro principais orixás em que vibram os caboclos: Oxóssi, Ogum, Yemanjá (e Oxum) e Xangô. Desse modo, a referência inicial para a incorporação dos graus seria a da vibração do orixá que trabalha o morubixaba da Tenda. Por exemplo: Caboclo Mirim era da vibração de Oxóssi; então, os SCCTs incorporariam na vibração de Ogum, os CTs nas Águas (Yemanjá ou Oxum) e os SCTs na vibração de Xangô, voltando ao início (Oxóssi) para a incorporação dos bojás (T, B e I).

Por fim, há as giras do Primado de Umbanda, que aconteciam duas vezes por ano nas dependências da Tenda Espírita Mirim, com uma formação de terreiro própria, já que havia três CCTs formados no "Triângulo da Vida", seguidos de uma linha com o Setenário de CCTs eleitos entre seus pares e, depois, outra linha com os CCTs das demais tendas filiadas (junto aos SCCTs da própria tenda). Não sei até que ponto a Tenda e o Primado seguiram juntos em suas liturgias, já que Benjamin se afasta apenas em 1974. Porém, percebemos que o Primado, desde sua fundação, aplica outro conceito cabalista que é fundamental em sua Escola e que norteia também a incorporação dos graus em sua gira: o da emanação vibratória! Parte-se de vibrações mais sutis até as mais densas, da "cabeça" até os "membros", onde o poder da egrégora espiritual vai se condensando e "descendo" pelos diversos planos da criação. O CCT incorpora na curimba de sua própria vibração, mas os SCCTs incorporam sempre em Xangô, os CTs com a vibração das Mães d'Água, os SCTs em Ogum e, por fim, os bojás (T, B e I) na vibração de Oxóssi, o que parece ser consenso dentre os entrevistados.

A conclusão a que chegamos é que cada morubixaba tem as ferramentas necessárias para iniciar sua gira conforme entender melhor para a comunidade que comanda, preservando a essência do ritual, aquilo que sabe que não pode ser alterado: a sequência alquímica da gira! Seguirei minha narrativa da gira tendo por referência aquela praticada pelo Caboclo Jaguari, o morubixaba que trabalha junto a mim, o que não desmerece absolutamente as peculiaridades próprias das giras praticadas nas centenas de tendas que se inspiraram na Escola do Primado trazida por Caboclo Mirim e seus contemporâneos.

O cerimonial

> O todo é mente; o universo é mental.

Chamamos hoje de cerimonial o conjunto de procedimentos ritualísticos que são seguidos para preparar a execução da gira, visando a unificar e homogeneizar os diversos médiuns participantes – muitas vezes, oriundos de diversas tendas e casas visitantes – em um só padrão vibratório, que conduzirá os presentes em harmonia até a intervenção dos guias de Aruanda.

Para quem olha de fora, parece um pouco com uma "parada militar", o que faz sentido, já que o ideal buscado pelo cerimonial é a ordem e a disciplina física da coletividade presente à gira.

> A Umbanda, quando feita num terreiro, se torna muito mais difícil, pela grande quantidade de elementos que a compõem, pois, que não sendo todos potencialmente iguais, e muitas vezes até opostos, como acontece comumente.
>
> Aquele que estiver, porém, na direção dos trabalhos, deverá agir cuidadosamente, a fim de não perder a armação material do terreiro, cuja liturgia provoque um potencial de força suficiente para anular ou, pelo menos, neutralizar a ação isolada desarmônica que algum elemento esteja vibrando.
>
> Assim, é necessário, pois, que cada cavalo saiba que a sua presença no terreiro está sendo observada, e que ele só poderá estar presente como elemento útil àquele ato de magia, se estiver colaborando com a sua disciplina. (FIGUEIREDO, 1953)

Concentração é a finalidade-chave de todo o cerimonial utilizado na gira. Faz com que os presentes, mesmo antes de qualquer manifestação mediúnica, coloquem-se prontos e tranquilos para o trabalho espiritual que se inicia. Nesse momento, anula-se o individual e trabalha-se o coletivo. Não há "estrelas" nem famosos em destaque, pois cada um ocupará o lugar que lhe é adequado, de acordo com o seu grau na organização. E é com a escola da disciplina no terreiro, assegurando-se a ordem da coletividade, que se garante o respeito à expressão espiritual de cada indivíduo.

Executando a gira

Inicia-se o ritual da gira seguindo-se a sequência litúrgica com o canto do Hino da Umbanda (e/ou do Primado), a defumação do terreiro e a "abertura da gira", o início propriamente dito do cerimonial magístico-alquímico da gira:

1. Hino da Umbanda e/ou do Primado de Umbanda: Entoado pelo Mestre Guaú, quando todos deverão estar de pé, inclusive a assistência, com a mão direita sobre o coração.

2. Saudações à corrente astral de Umbanda para abertura dos trabalhos: São feitas pelo Mestre Guaú:

> Salve o Triângulo da Vida!
> Viva, Tupã!
> Salve, Yemanjá!
> Salve, Oxalá!
> Salve o Povo da Mata!
> Salve o Povo da Costa!
> Saravá todo o Povo do Mar!
> Saravá todo o Povo do Oriente!
> Saravá o Caboclo Mirim!
> Saravá, _____! (o caboclo chefe do terreiro)!
> Saravá os morubixabas de Umbanda!
> Saravá todos os caboclos!
> Saravá todas as caboclas!
> Saravá, Yofá!
> Saravá o Pai Roberto!
> Saravá _____! (o preto(a)-velho(a) chefe do terreiro)
> Saravá todos os Pretos-Velhos!

Saravá todas as Pretas-Velhas!
Saravá todos os Trabalhadores!
Assim Seja...

3. Defumador: Será feito acompanhado do ponto de defumação da irradiação do mês, a ser entoado pelo Mestre Guaú. Saudação a ser feita antes do início do defumador:

Saravá o ponto do defumador!
Saravá _____! (nome do orixá cujo ponto será entoado)
Salve a gira de Umbanda!

4. Abertura espiritual da gira: Com o terreiro já na posição de caodeci, ou seja, com um joelho no chão, o Mestre Guaú canta o ponto de abertura da gira:

Com os pretos-velhos e os caboclos,
Vamos todos saravá.
(repete o terreiro)
Vamos pedir licença a Deus, Nosso Senhor,
Para os trabalhos começar,
(repete o terreiro)
Senhor do Mundo,
Oxalá, meu Pai!
(repete o terreiro)
Baixai, baixai na Umbanda, meu Senhor,
E a nossa Terra iluminai.
(repete o terreiro)
Eu abro a nossa gira com Deus e Nossa Senhora.
Eu abro a nossa gira,
Samborê pemba de Angola.

'Samborê' é um termo que tem origem na língua quimbundo, um dos muitos dialetos dos bantos, falado em Angola, Congo, Guiné e região. Samborê é uma das palavras herdadas da cabula, culto sincrético da região de Angola, uma das matrizes que compõem a base teológica da Umbanda no Brasil. Na cabula havia um momento maior de transe, de grande energia, onde as "sambas" (médiuns do sexo feminino) pulavam e dançavam com alegria. Portanto, podemos aceitar uma tradução livre da expressão "Samborê, pemba de Angola" como "Salve a pemba de Angola!", "Salve a fé do Povo de Angola!" ou ainda "Salve a força do Povo Africano!".

5. Prece de abertura dos trabalhos: O Sr. Cabeceira faz a prece.

6. Saudação a Oxalá:

> Ah! Quanta força tem meu Pai no céu!
> Quanta grandeza tem meu Pai no mar! (bis)
> Ah! Quanta força, quanta força tem meu Pai,
> Quanta grandeza tem meu Pai Oxalá... (bis)

7. Saudação aos mentores espirituais da Casa: Nessa ocasião serão entoadas as respectivas curimbas. Benjamin orientava a seus curimbeiros que os rituais respeitassem ciclos, movendo energias que se expandem e se contraem sempre. Isso deve ser observado até na saudação aos guias quando se cantam suas curimbas. Por exemplo, quando se canta ao Caboclo Mirim, inicia-se com a saudação: "Salve, Oxóssi, Saravá o Povo do Oriente, Saravá o Caboclo Mirim!". Depois de cantar a curimba, encerra-se o ciclo com a saudação retornando ao princípio: "Saravá o Caboclo Mirim, Saravá o Povo do Oriente, Salve, Oxóssi!".

8. Chamada do morubixaba (entidade do CCT 7º grau): A curimba será a do morubixaba que comandará a gira.

9. Chamada das entidades dos médiuns juramentados em cada grau, de forma "decrescente": Primeiramente, será entoada uma curimba para os abarés-guassus (entidades dos SCCTs 6º grau); depois, outra para os abarés (entidades dos CTs 5º grau) e, finalmente, aos abarés-mirins (entidades dos SCTs 4º grau).

Quando se entoa a curimba para a entidade de um grau incorporar, todos os médiuns perfilados nessa linha permitirão a chegada de seus guias. Após a incorporação de todos, o pessoal do cerimonial conduzirá essa fila de médiuns para que possam, um a um, realizar a cerimônia de "entrega de seus valores" às entidades do grau imediatamente acima, que já incorporaram na curimba anterior. O morubixaba receberá os valores dos abarés-guassus, que os receberão dos abarés, que, por sua vez, receberão dos abarés-mirins.

A esse respeito, Benjamin (1952) dizia:

> Muitos filhos de terreiro não sabem até hoje que as trocas de saudações feitas no Terreiro, entre as entidades, não significam cumprimentos de boas-vindas ou de despedidas entre elas, pois que os Espíritos não vivem estas formalidades, nem precisam tampouco de estar entre nós para viverem as nossas. Eles conhecem perfeitamente bem o valor de cada um deles, e sabem também que estão na dependência do aperfeiçoamento do seu médium.

Benjamin (1952) nos dá uma pequena explicação sobre o significado dessa "entrega de valores", ou seja, as saudações realizadas pelas entidades:

> A Saudação é a Lei de interpretação de valores, materiais ou espirituais, para a boa preparação dum ambiente. A saudação é feita dentro de três planos de ação, de acordo com os valores presentes ao mesmo ato:
> feita por um valor menor a um maior;
> feita por valores do mesmo nivel e
> feita por valores maiores aos menores.
> A Saudação, sendo um ato de magia aplicada, está sempre na dependência da forma intrínseca de atuação, para que o seu ato tenha valor de magia ou não. Na Umbanda, o respeito é um traço característico da intimidade de cada um, porém, a disciplina aplicada é função básica no ato da magia, sendo a Saudação de Vida Mestra na preparação do ato.
> Quando feita por um valor menor a um maior, é o ato de preparação da vibração.
> Quando feita por valores do mesmo nível, è um ato de condensação da energia vibratória.
> Quando feita por valores maiores aos menores, é um ato de distribuição de energia.

Reflexões sobre a Escola de Caboclo Mirim 269

Benjamin (1952) nos explica, ainda, que a saudação material (ou profana), que realizamos dentro da Tenda, é feita "tão somente colocando a mão direita completamente aberta sobre o nosso próprio coração, traduzindo, com isto, todo o nosso afeto por aquele que está junto a nós".

10. Chamada dos bojá-guassus, bojás e bojás-mirins: Entidades dos médiuns de Terreiro (3° grau), Banco (2° grau) e Iniciantes (1° grau). Curimba de um morubixaba da linha de Oxóssi, para incorporação de todos no mesmo momento.

> O que está em cima é como o que está embaixo e o que está embaixo é como o que está em cima.

Após a incorporação de todos os guias em seus médiuns em cada grau, tem-se início a evocação magística das forças universais sagradas, os orixás cósmicos, em uma sequência alquímica que visa à realização da Grande Obra, levando os envolvidos à plena conexão com os Senhores da Criação, pela vibração gradual dos chacras e interpenetração dos fluidos espirituais dos guias de Aruanda, manifestados como caboclos na Umbanda.

Todo o movimento e toda a egrégora formada pela emanação do pensamento firme e constante dos médiuns e dos guias formarão sobre a Tenda uma poderosa espiral de luz, na qual orbitam todos que se integram àquele momento sublime de fé, tal qual o universo físico em que se encontra o nosso orbe terrestre. Assim, evocam-se os raios de Mercúrio, Vênus, Marte, Lua, Júpiter e, por fim, Saturno, para que se façam vibrantes e atuantes pelos seus mensageiros para que possam receber, ao centro desta Santa Ceia, o Cristo cósmico, a presença iluminada do Sol de nosso pai Oxalá a brilhar em nossas coroas e em nossos corações!

> Nada está parado, tudo se move, tudo vibra.

O movimento das forças do Universo é sabido desde tempos remotos, demonstrado nos pergaminhos e nas artes da Antiguidade, como, por exemplo, os caldeus, um dos povos que mais desenvolveram o saber da astrologia antiga. Pela observação dos céus, perceberam que os planetas e as estrelas, assim como o Sol, surgiam no oriente (leste) e se iam ao ocidente (oeste) do horizonte, fazendo acreditar que todo o Universo seguisse esse sentido. Esse conhecimento se incorporou às ciências ocultas ou esotéricas que influenciaram todas as religiões.

No antiquíssimo culto sufi, oriundo dos primórdios do Islã, encontramos os fenomenais dervixes, que, com sua dança rodopiante, acreditam estar imitando os movimentos cósmicos, realizando profunda conexão entre o macrocosmo e o microcosmo em nível energético. Mediante a concentração dinâmica, ou meditação em movimento, realizam um movimento rítmico e compassado, no mesmo ritmo, vibração, música, cor etc. da obra do Criador, tal qual o movimento encontrado no núcleo das estrelas e das células; no coração dos animais e no dos homens; no interior das plantas e no dos minerais!

Figura 30: Dança dos dervixes.
Fonte: Disponível em: <http://camarabrasilturquia.org/a-turquia/cultura>.

No Islamismo há ainda a peregrinação sagrada à grande mesquita de Meca, o *hajj*. Lá, o peregrino efetua o *tawaf*, que consiste em realizar sete voltas à Caaba no sentido contrário aos ponteiros do relógio. A Caaba (também conhecida como *Ka'bah* ou *Kabah*), construção cúbica de 15,24 metros de altura, é considerada pelos devotos do Islã como o lugar mais sagrado do mundo, para onde os muçulmanos de todo o mundo se direcionam quando em suas orações. Conta a história que, quando o profeta Maomé repudiou todos os antigos deuses pagãos e proclamou um deus único, Alá, teria poupado a Caaba, transformando-a em um centro da nova fé. No período pagão, a Caaba provavelmente simbolizava o sistema solar, abrigando

Figura 31: Peregrinos muçulmanos cercam a Caaba, na grande Mesquita de Meca.
Fonte: Disponível em: <http://danismelange.blogspot.com.br/2012/06/holy-land.html>.

360 ídolos, sendo assim uma representação zodiacal.

Nos círculos ocultistas o movimento anti-horário é utilizado nas invocações magísticas, onde é conhecido por "sentido reto". Alguns estudos nos dizem que o movimento horário dos chacras faz com que estes projetem energia para fora, sendo o movimento anti-horário aquele capaz de captar as energias do ambiente. Por ser a gira de Umbanda um poderoso ritual de agregação de energia etérea e espiritual, torna-se fácil entender por que usamos sempre o movimento contrário ao do relógio nas giras (e em vários outros elementos de nossa Escola), deslocando-nos sempre da direita para a esquerda.

Caso alguém precise de uma referência mais científica, indicamos o estudo das "forças inerciais" explicadas pela física, tais como a "força centrífuga" e a "força de Coriolis", que ditam, por exemplo, que, no hemisfério sul, devido à sua atuação, a circulação dos ventos se faz sempre no sentido anti-horário (e o oposto ocorrendo ao norte da linha do Equador). Então, argumentos não faltam...

A gira é dividida em quatro ciclos, em que serão trabalhados os corpos físico, astral, mental e espiritual dos médiuns presentes. Sob o comando do morubixaba e condução do Mestre Guaú, a série de curimbas evocará as forças cósmicas de acordo com o ritmo e a intenção que o momento pede, levando os participantes ao envolvimento pleno com seus próprios guias e fortalecendo, gradualmente, a egrégora espiritual na Tenda.

> Tudo tem fluxo e refluxo; tudo tem suas marés; tudo sobe e desce; tudo se manifesta por oscilações compensadas; a medida do movimento à direita é a medida do movimento à esquerda; o ritmo é a compensação.

Inicia-se a gira evocando Oxóssi, orixá do Raio de Mercúrio, não por acaso o "Mensageiro dos Deuses", responsável pela movimentação astral das forças sutis que envolvem o terreiro. Esse primeiro ciclo contará com forte presença nos elementos terra e ar, Mercúrio em todas as suas oitavas, que gerará o empuxo que fará com que o poder adormecido na "terra" desperte de sua letargia, por meio de poderosas irradiações de saúde e vitalidade que levarão os médiuns a vibrar e doar o melhor de si, em prol de seu crescimento e desabrochar espiritual.

> O gênero está em tudo: tudo tem o seu princípio masculino e o seu princípio feminino. O gênero se manifesta em todos os planos da criação.

Estando Oxóssi firmado na gira, inicia-se o que interpreto como "balé das serpentes". Entenda-se "serpente" em toda a sua gama de significados místicos: de símbolo fálico ao caduceu de Mercúrio; da fundamental *Kundalini* às cobras dos caboclos da Umbanda! Todas são força, vitalidade e sabedoria canalizadas para a ascensão espiritual do ser humano. É a vibração do caçador!

> Tudo é duplo; tudo tem dois polos; tudo tem o seu oposto.

Tal qual a dança de Shiva e Shakti da religiosidade hindu, símbolo da união das polaridades universais dentro de todos nós, vivenciamos aqui o poder do entrelaçamento energético

Reflexões sobre a Escola de Caboclo Mirim 273

que gera um estado constante de paixão divina, de realização e equilíbrio vital. Na Cabala, é o encontro de Mercúrio e Vênus na "base" da Árvore da Vida, forças que se completam e se excitam mutuamente, preparando o ser para a abertura dos portais da Espiritualidade, deixando raízes firmes nessa manifestação terrena, mas a alma livre para alcançar os mais altos níveis de consciência universal. Lembram-se destas curimbas?

> Vinha caindo uma folha de guiné,
> E uma pomba-juriti,
> Atraída por uma cobra sucuri. (bis)

> Meu pai caboclo é caçador,
> Até a cobra ele matou.
> E a juriti bateu asas e voou! (bis)

> O caboclo da mata é caçador. (bis)

> O seu Mirim quando vem das matas,
> Ele traz na cinta uma cobra-coral!
> É uma cobra-coral, mas é uma cobra-coral! (bis)

> Se a coral é sua cinta,
> A jiboia é seu laço! (bis)

> Oi que zôa, que zôa aê,
> Caboclo mora nas matas! (bis)

> O piô piava lá na Jurema.
> O piô piava lá na Jurema.

> Era um filhote de jiboia,
> Enrolado no bodoque de Tupinambá.

> Era um filhote de jiboia,
> Enrolado no bodoque de Tupinambá.

A intercalação dessas forças em um balé místico é provocada por curimbas que evocam as cobras e/ou os grandes caçadores, seguidas pela evocação às forças femininas da Jurema, par energético de Oxóssi. Hoje, dentro do momento da Jurema, ainda se utiliza evocar a falange dos Caboclos Boiadeiros, outra vez se realizando clara alternância das energias masculina e feminina na gira.

Assim, "atiçada a chama do dragão", o morubixaba terá conseguido realizar a primeira *coniunctio* alquímica (também chamada de *matrimonium* ou *coitus*). O terreiro e o corpo vital dos médiuns estão "acesos", prontos para o próximo ciclo da gira, que se inicia pela evocação de outra poderosa força da Umbanda, que atua por si só no fogo e na água: é o raio de Marte em Ogum!

> Toda causa tem seu efeito, todo efeito tem sua causa;
> tudo acontece de acordo com a lei.

Ogum, em nossa Escola, é muito mais do que um "São Jorge africano". Nos dias de hoje, há certa exacerbação do sentimento de luta contra um inimigo exterior, em que os filhos de fé se colocam em uma guerra santa contra as forças do mal! Afinal, é mais fácil culpar o outro por suas mazelas do que fazer uma autoanálise da vida que se leva, por onde se pisa e das decisões que cada um escolheu para si, não é?

Caboclo Mirim nunca escondeu que cada um é o responsável por seus atos, e que é nosso dever realizar a construção de uma vida mais harmoniosa e plena de beleza. Por isso, antigamente não havia tantas curimbas evocando "Ogum, o vencedor de demandas" nas giras. A principal inspiração que Ogum nos traz será sempre a de sermos fortes e determinados, para não cairmos diante de nossa luta íntima! Na gira, evocamos Ogum para nos fazer generais de nossas vidas, para que tenhamos concentração e foco para direcionar, no sentido ascendente, as forças telúricas que despertamos em Oxóssi para se consumirem pela sagrada *Calcinato* alquímica!

Ogum nos conduz ao mistério das águas com Ogum Yara e Ogum Beira-Mar, águas que levam as cinzas da queima daquela energia densa do mundo dos instintos e da inércia que impediam nosso crescimento espiritual, mergulhando-nos em uma transformação de fé e amor nas praias da mamãe sereia!

Feita essa transição, estamos envoltos nas vibrações carregadas de emoção que tanto influenciam nossas relações com o plano astral. Na *Solutio* alquímica atuarão as mães da Umbanda, que geram a vida, vivificam e ascendem seus filhos na trilha da evolução espiritual.

Yemanjá é a lua de prata a brilhar, é a mãe extremosa que zela por seus filhos tal qual Maria no Catolicismo. As sagradas mães serão sempre as grandes intercessoras dos filhos junto ao Pai, ou seja, deste plano da existência com os planos superiores da Criação. Seu "oceano astral" nos envolve e nos faz flutuar leves em sua vibração, voltando a ser puros como crianças em seu ventre iluminado. Muitas vezes, aproveitando essa vibração abençoada, o comando da Tenda chamava as crianças presentes no recinto, para que, dentro de um círculo junto à cabeceira, pudessem girar e vibrar na irradiação materna de Yemanjá, sob a supervisão dos caboclos: Era o momento dos "filhos de peixe"!

> Oxum, acendei seus candeeiros. Iluminai este terreiro, para os seus filhos trabalhar.

A gira chega a Oxum, de enorme poder magnético, onde vibra o Raio de Vênus em sua "oitava" maior. Oxum vem levar seus filhos a sentir a beleza e a perfeição só encontradas no plano espiritual superior, despertando intenso desejo de união com o fluxo de vida que emana do Criador! Esse desejo é poder agregador, pois traz novo sentido de vida, nova perspectiva afetiva com o divino... Um reencontro com nossa essência imortal. Na Escola de Mirim, percebemos que não é feita distinção entre Oxum e Oxumaré, pois ambos são tratados como polaridades da mesma força ascensional.

Agora, o *matrimonium* alquímico é entre o renascido das águas e o plano maior da Espiritualidade, uma redescoberta daquele ardor que serve de combustível para todo espírito em evolução – a fé!

Envolvidos pelo desejo de união com o divino, que nos liberta deste mundo material, iniciamos o terceiro ciclo da gira evocando Yansã, a "Senhora dos Ventos", "Deusa da Espada de Fogo", força que levanta a poeira – os grãos de terra, o pó, aquele mesmo citado na *Bíblia* do qual simbolicamente todos nós viemos –, insuflando nossa existência material com o poder da chama espiritual. É o poder da palavra (que constrói ou destrói) circulando em nosso mundo, levada às multidões no caminho do apostolado. O apóstolo é o iniciado na Umbanda: aquele que é tal qual o trigo dourado nos campos, onde Yansã trabalhará para separar o joio, incendiando toda a palha inútil que ainda reste, para permitir que seja trabalhado o ouro propriamente dito, fundamental para se chegar ao "pão nosso" da Santa Ceia.

Seguindo no processo de "coagula e dissolve" alquímico, a vida reavivada por Yansã precisará novamente voltar às águas sagradas, para que renasça em uma nova forma mais refinada. Então, Nanã vem vibrar na gira e nos lembrar da necessária transformação que temos de passar, pois o Mestre nos espera. Esse poder ancestral, que conhece cada um de seus filhos desde a semente, nos faz senti-la como uma senhora severa, a sábia anciã que não hesitará em conduzir o desenvolvido trigo dourado dos campos à sua finalidade maior de ser o pão da vida, mesmo que, para tanto, precise ensiná-lo a passar pela moenda, a grande roda da vida, que tritura com o fim certo da boa ou má morte, de acordo como se viveu. Morrer é se reencontrar com o plano espiritual, o que não significa necessariamente o fim da existência corpórea. É um momento de sacrifício, de abrir mão de sua individualidade para se integrar ao todo, conforme nos orienta Cavalli (2005): "Quando estamos prontos e dispostos a morrer por alguma coisa, não apenas a nossa realidade muda completamente, mas também o mundo.".

Dessa maneira, o "trigo" não existe mais. Agora é farinha disforme, a essência da antiga forma e que pode se tornar a massa homogênea do pão ázimo, o alimento sagrado. A gira entra na vibração de Xangô, o grande poder cristalizador. Xangô traz ao mundo a forma magna do ser, o pão sagrado ou "Corpo de Deus", o alimento eucarístico, símbolo da presença do Cristo em nós. Segundo a bela expressão do apóstolo Paulo: "Todos que comemos do mesmo Pão formamos um só Corpo. [...]. Somos muitos, mas formamos um só Corpo". Significa dizer que a gira atingiu sua plenitude energética, e a força agregadora de Xangô-Agodô condensou todas as vibrações trabalhadas até aqui, formando uma poderosa egrégora de luz, sentida por todos os presentes.

O poder de Xangô traz um conhecimento mais profundo de si mesmo, através do despertar da própria autoridade interior. Seu poder realizador neste plano da criação exige grande responsabilidade dos iniciados, que devem assumir sua vontade e seu arbítrio. Diz-se que Xangô é o senhor dos raios e dos trovões, mas eu não os vejo apenas nos céus. A majestade desse orixá coroa as cabeças de seus filhos com a consciência dos planos maiores da Espiritualidade, e seus raios atuam principalmente no nosso cérebro, nas grandiosas tempestades neurais, onde suas infinitas descargas elétricas realizam conexões que ampliam nosso saber e nossa capacidade humana de realização, nos tornando, portanto, mais capazes de concretizar ideias abstratas em ações práticas, a própria vida manifestada neste plano material!

E a realização maior que Cristo-Oxalá nos ensinou foi a de servir a um ideal superior, de promover a evolução dos povos, de ser o próprio alimento espiritual da humanidade:

> Chegou o dia dos pães ázimos, em que importava comemorar a Páscoa. Jesus, pois, enviou Pedro e João, dizendo: "Ide preparar-nos a páscoa para que a comamos. (...).". Chegada a hora, pôs-se Jesus à mesa, e com ele os apóstolos. E disse-lhes: "Tenho desejado ansiosamente comer convosco esta Páscoa, antes do meu sofrimento. Pois vos digo que nunca mais a comerei, até que ela se cumpra no reino de Deus". E, tomando um cálice, havendo dado graças, disse: "Recebei e reparti entre vós; pois vos digo que, de agora em diante, não mais beberei do fruto da videira, até que venha o reino de Deus". (LUCAS, 22:7-18)

> E, tomando um pão, tendo dado graças o partiu e lhes deu, dizendo: "Isto é o meu corpo oferecido por vós; fazei isto em memória de mim". (LUCAS, 22:19)

O repartir o pão é o momento em que o espírito encarnado transcende sua existência física em total entrega e doação à sua missão junto ao plano divino. O iniciado se tornou o "pão da vida", o alimento do espírito! Sentimos aqui o poder do grande mistério Xangô-Kaô, o senhor da transcendência ao divino, da ascensão maior pela abertura de todos os portais que nos integram com o infinito Tupã!

Na Tenda, o relógio se aproxima das seis horas da tarde. Caboclo Mirim realizava a saudação às "seis horas sagradas", em um momento de contrição e respeito ao pôr do sol simbólico, que agora deixa o plano da matéria para reinar absoluto no plano espiritual. Com todos de joelhos no chão, eram evocadas as seguintes curimbas, nesta ordem:

> É hora, é hora, é hora, meus irmãos.
> É Maria Madalena que vos chama a atenção. (bis)
> Maria Madalena, não deixe o mal passar,
> Vai chegando e amarrando,
> Levando às ondas do mar. (bis)

> Baixai, baixai com as rosas,
> Maria nossa mãe extremosa.
> Manda ver os seus filhos de Aruanda,
> Trabalhando em Gongá
> Na sua Lei de Umbanda. (bis)

> Oxalá, meu Pai, tem pena de nós, tem dó,
> A volta do mundo é grande,
> Seu poder ainda é maior!

> São seis horas, o galo canta, lá no céu ainda é dia. (bis)
> Salve meu Pai Oxalá, salve a Virgem Maria. (bis)

Terminado esse momento, era comum Caboclo Mirim ainda pedir mais umas duas curimbas de Xangô, como para "acordar" o terreiro, pois logo a gira irá para seu quarto ciclo, onde se vivenciará a *Sublimatio* alquímica pela evocação dos iluminados Mestres de Aruanda, nossos humildes Pretos-Velhos e Pretas-Velhas, espíritos libertos do cativeiro da matéria.

Reflexões sobre a Escola de Caboclo Mirim

A luz de Yofá traz até seus filhos os sagrados fundamentos da eucaristia cristã: a comunhão maior com o Cristo, que nos leva a um estado de consciência, em que só há espaço para uma existência que promova a paz, a fraternidade e a solidariedade entre nossa gente.

É hora dos Pretos-Velhos! Com os abarés, os abarés-guassus e o morubixaba ainda incorporados com os seus caboclos, inicia-se as curimbas de Yofá para que os demais médiuns permitam a sua chegada na gira. Só depois será pedida a arrumação do terreiro para que sejam formadas as filas onde os graus citados possam desincorporar seus caboclos. Isso feito, serão cantadas curimbas para que os Pretos-Velhos possam ir chegando gradativamente em cada grau (nos anos de 1960-70, o Pai Roberto era o último a chegar). O padrão vibratório não pode ser perdido, por isso, na gira clássica não há intervalo para descanso entre Xangô e Yofá!

Tendo sido firmada a gira de Pretos-Velhos, após algumas curimbas, era normal que Pai Roberto, um grande alquimista, chamasse as crianças do astral, intercalando curimbas de Yofá com outras de Ibeijadas, em uma clássica *Circulatio* alquímica, onde se une o "princípio" e o "fim", os arquétipos que nos remetem ao desabrochar e ao encerrar da vida humana, vibrações afins de um amor maior! Os Pretos-Velhos e Pretas-Velhas permaneciam firmes, incorporados nos médiuns de graus juramentados, mas o restante dos médiuns na gira geralmente se permitia estar junto das crianças espirituais, em gratificante experiência pessoal.

Continuemos a descrever alguns detalhes da gira de Yofá. A sequência clássica das linhas evocadas em pontos cantados era, na Tenda Espírita Mirim: Congo / Angola / Bahia / Minas / Cativeiro / Santo Antônio.

Observe-se que, na gira de Mirim, não se canta para a linha das "Almas". Uma frase clássica desse grande morubixaba resume seu pensamento nesse tema: "Umbanda não trabalha com as Almas, mas para as Almas".

Enquanto se cantava para o "povo da Bahia", permitia-se a entrada dos assistentes presentes, a fim de receber passe e/ou breve palavra dos vovôs e vovós. Durante "Cativeiro", todos os assistentes já devem ter saído, para então ser realizado um trabalho de limpeza astral do terreiro pela evocação das falanges espirituais que vibram de forma mais densa, que trabalham mais próximas ao nosso mundo da matéria, por meio das curimbas de "Santo Antônio". Mesmo que seja tabu para alguns, afirmo que, neste momento, há a presença velada da vibração de Exu no terreiro, revitalizando os presentes. Entretanto, não se deve confundir "vibração" com "incorporação". É preto velho que está no comando, permitindo que o médium sinta de forma saudável a força e a energia dos poderosos manipuladores de força telúrica, natural em todos os seres vivos. Outros podem questionar: "Por que não evocar logo a falange de Exu?" A estes, eu lembro que estamos falando de giras que, muitas vezes, agregam centenas de pessoas, médiuns dos mais variados níveis culturais, emocionais e psicológicos; com diversos graus de desenvolvimento mediúnico e entendimento da realidade espiritual em torno de si! Quantos estariam realmente incorporados por um exu guardião? Um sacerdote responsável nunca irá expor seus comandados em uma aventura infantil através de uma evocação magística que não seja segura, positiva e produtiva para todos! Então, é nosso dever manter o foco na manutenção da vibração da poderosa egrégora formada durante a gira.

Por isso, chamei a atenção do grande problema que vem sendo o tal do "intervalo" antes da evocação de Yofá. Ele se presta realmente para um breve descanso, um copo d'agua e uma visita ao banheiro... Mas também para aquele "cigarrinho", para saber como está o resultado do clássico no Maracanã, para conversas bobas e, muitas vezes, maledicentes junto aos assistentes que acabaram de chegar da rua com suas mazelas, a fim de receber uma benção de preto velho. Quando se dá conta, lá se foram quarenta minutos, até uma hora de intervalo! Você, sacerdote, acha que todos vão retornar na mesma vibração que estavam antes, a ponto de não interferir na incorporação do Velho, ainda mais quem dará consulta? Atenção a esse problema, senhores CCTs...

Voltemos à gira de Yofá: tendo-se vibrado para "Santo Antônio", inicia-se o processo de gradual fechamento dessa gira, entoando os pontos "Café de Meia" e "Poeira da Saia". Tendo o terreiro "sacudido a poeira", é dada a ordem e entoa-se uma curimba para que os médiuns do 1º ao 5º graus desincorporem de seus Pretos-Velhos e Pretas-Velhas, visando ao retorno de seus caboclos, que irão reequilibrar seus médiuns. Após se cantar umas três curimbas de Oxóssi, saúda-se a força protetora de Ogum pelo ponto de "Tranca Gira" (ou "Trança-Gira", como encontrei em livros antigos), iniciando aqui o término da gira.

O Mestre Guaú canta, então: "Adeus, adeus, Terreiro de Umbanda. Já vai, Arariboia...". Em seguida, "Ogum já me alvorou, Ogum já me saravou...". "Despedindo-se" de Yemanjá, canta: "Ela vai sacudir a Toalha do Gongá...". E, ainda, para a falange dos Pretos-Velhos e Pretas-Velhas: "Ai, quem me dera, a sua terra...".

Atingimos, enfim, o objetivo desta viagem de conexão ao sagrado, ao transcendental, à luz infinita do Senhor da criação. Todos os apóstolos tomaram seus lugares, dividimos o pão e o vinho abençoados e podemos sentir que o Espírito Santo está entre nós. É chegada a hora de nos prostar diante do poder do grande condensador da egrégora de luz que se formou sobre nossas cabeças, para vibrar e agradecer juntos, em um momento de especial comunhão com os mais altos planos da Espiritualidade. De joelhos cantamos:

Meu Pai Xangô chegou no reino,
Meu Pai Xangô já vai girar.
Olha, seus filhos lhe pedem, meu pai,
Não deixa os filhos tombar.

Após, é hora de arrumar o terreiro, cada um ocupando a linha de seu grau, para que sejam entoadas as respectivas curimbas, quando irão desincorporar gradualmente todos os médiuns, respeitando-se a ordem hierárquica do menor ao maior grau.

Com a "subida" do guia chefe, canta-se a curimba de encerramento da gira, seguida da oração; por fim, todos entoarão o "Hino da Umbanda". É o fim de mais uma tarde/noite de muita energia e vibração!

Considerações finais

A missão ao escrever este livro foi a de recordar a bela Escola trazida por Caboclo Mirim e demais morubixabas, que cristalizaram entre nós uma Umbanda que cura pela atitude, que nos faz crescer pela maturidade e que nos conduz à luz dos planos maiores da Espiritualidade pela elevação de nosso padrão vibratório, incessantemente trabalhado pelos Mestres de Aruanda.

Revisitamos conceitos e fundamentos que consolidam a prática ritual dirigida pelos CCTs junto aos iluminados guias que operam em nossas tendas. Porém, tenho certeza de que ainda é muito pouco...

Umbanda é a Escola da Vida! É para ser experimentada nas pequenas manifestações do cotidiano, encontrando a presença do sagrado no alimento que se ingere, no asseio do corpo físico e, principalmente, mental; no sorriso de uma criança, no abraço afetuoso ou nas palavras que constroem relações sadias com nossos irmãos de caminhada. Escrevemos sobre rituais, sobre a Umbanda no terreiro, mas Benjamin já lembrava, em um pequeno poema, que o templo maior está em nós:

> Meu terreiro,
> Meu terreiro que está dentro de mim.
> Meu terreiro é verdadeiro,
> De lutas e amor sem fim.

Caboclo Mirim, esse Mestre do Oriente, tem muito mais a nos ensinar, muito além da vida na Tenda. Apesar de relacionar várias obras que inspiraram de alguma forma este trabalho, há um livro em especial que muito me toca o coração e que nos traz a essência da filosofia de Mirim – *Umbanda na Escola da Vida* –, escrito por Benjamin Figueiredo em 1953. Consiga um exemplar e se aprofunde naquelas palavras. Eu recomendo!

Todos nós somos partes da mesma família espiritual. Que o crescimento de um irmão signifique sempre o crescimento de todos nós! Contem comigo, no que puder ajudar.

Saravá!

Referências bibliográficas

ADOUM, Jorge. *Grau* do *mestre maçom e seus mistérios*. São Paulo: Pensamento, 2013 (2ª reimpressão).

ARMOND, Edgard Pereira. *Os exilados da Capela*. São Paulo: LAKE, 1949.

ARMOND, Edgard Pereira. *Passes e radiações*. São Paulo: Aliança, 1990.

ASSURAMAYA, João Batista. *Astrologia para astrólogos e amantes da astrologia*. São Paulo: Ágora, 2006.

BAILEY, Alice. *Os trabalhos de Hércules: uma interpretação astrológica*. 2. ed. Niterói: Fundação Cultural Avatar, 2003.

BATÀ, Angela Maria La Sala. *Os sete temperamentos humanos*. São Paulo: Pensamento, 1995.

BLAVATSKY, Helena Petrovna. *A doutrina secreta: síntese de ciência, filosofia e religião*. Trad. Raymundo Mendes Sobral. São Paulo: Pensamento, 1973.

BLAVATSKY, Helena Petrovna. O número sete: uma chave oculta para entender o ritmo da vida. In: _____. *Theosophical articles*. Vol. I. Los Angeles: Theosophy Company, 1981. p. 345-350. Disponível em: <http://www.FilosofiaEsoterica.com>.

CAMPBELL, Joseph. *O poder do mito*. São Paulo: Palas Athena, 1990.

CAVALLI, Thom F. *Psicologia alquímica: receitas antigas para viver num mundo novo*. São Paulo: Cultrix, 2005.

COELHO, Paulo. *O alquimista*. 89. ed. Rio de Janeiro: Rocco, 2000.

CUMINO, Alexandre de Oliveira. *História da umbanda: uma religião brasileira*. São Paulo: Madras, 2010.

CUMINO, Alexandre de Oliveira. Sete linhas de Umbanda: estudo histórico. *Jornal de Umbanda Sagrada*, out. 2011. Disponível em: <http://umbandareligiaobrasileira.blogspot.com.br/2011/05/7-linhas-de-umbanda-estudo-historico.html>.

D'ALVEYDRE, Alexandre Saint-Yves. *O arqueômetro*. São Paulo: Madras, 2004.

EDINGER, Edward F. *Anatomia da psique: o simbolismo alquímico na psicoterapia*. 3. ed. São Paulo: Cultrix, 1995.

FIGUEIREDO, Benjamin Gonçalves. *A Tenda Espírita Mirim e sua escola: orientação umbandista para os filhos da família Mirim*. Rio de Janeiro, 1952.

FIGUEIREDO, Benjamin Gonçalves. *Okê Caboclo: mensagens do Caboclo Mirim*. São Paulo: ECO, 1962.

FIGUEIREDO, Benjamin Gonçalves. *Ordenações do Primado de Umbanda*. Rio de Janeiro: Artes Gráficas São Jorge, 1954.

FIGUEIREDO, Benjamin Gonçalves. *Umbanda – escola da vida*. Rio de Janeiro, 1983.

FIGUEIREDO, Benjamin Gonçalves. *Umbanda na Escola da Vida*. Rio de Janeiro, 1953.

FONTENELLE, Aluizio. *A umbanda através dos séculos*. Rio de Janeiro: Espiritualista, 1952.

FORTUNE, Dion. *A cabala mística*. São Paulo: Pensamento, 1985.

FREYRE, Gilberto. Casa-grande & senzala. São Paulo, Global, 1933.

HEINDEL, Max. *Astrologia: seu alcance e limitações*. Conferência pública ministrada em Seattle (USA) em 1908. Rio de Janeiro: Fraternidade Rosacruz – Centro Autorizado do Rio de Janeiro. Disponível em: <http://www.christianrosenkreuz.org/mh_astrologia.pdf>.

JUNG, Carl Gustav. *Mysterium coniunctionis.* 3. ed. Petrópolis: Vozes, 2011.

JUNG. Carl Gustav. Psicologia e alquimia. *Obras Completas,* vol.

XII. Petrópolis: Vozes, 1994.

KRITSKI, Pedro; GUIMARÃES, Renato. A ligação entre Zélio de Morais e Benjamim Figueiredo. *Registros de Umbanda*, 05 maio 2010. Entrevista (áudio) de Zélio Fernandino de Moraes a João de Oliveira. Disponível em: <https://registrosdeumbanda.wordpress.com/2010/05/05/a-ligacao-entre-zelio-de-moraes-e-benjamim-figueiredo/>.

LAKATOS, Suzana. *Os segredos das catedrais*. 07 jun. 2008. Disponível em: <http://www.humaniversidade.com.br/boletins/os_segredos_das_catedrais.htm>.

LEADBEATER, C.W. *A vida oculta na maçonaria*. 19. ed. São Paulo: Pensamento, 2013.

LEADBEATER, C.W. *Compêndio de teosofia*. São Paulo: Pensamento, 1997.

LEEUW, J.J. van Der. *O fogo criador*. São Paulo: Pensamento, 1964.

LUBICZ, René Adolphe Schwaller de. *Le temple dans l'homme*. Le Caire: Impr. de Schindler, 1949.

MAGNO, Oliveira. *A umbanda esotérica e iniciática*. Rio de Janeiro: Gráfica Editora Aurora, 1950.

MATTA E SILVA, W.W. *Umbanda de todos nós: a lei revelada*. 7. ed. Rio de Janeiro: Freitas Bastos, 1992.

MEBES, G.O. *Os arcanos maiores do tarô*. 6. ed. São Paulo: Pensamento, 2010.

MEIRELES, Cecília. *Cânticos*. São Paulo: Moderna, 1997.

PAPUS (Gérard Anaclet Vincent Encausse). *Tratado elementar de magia prática*. São Paulo: Pensamento, 1997.

PESSOA, Fernando. *Mensagem*. Lisboa: Parceria A.M. Pereira, 1934.

RODRIGUES, Henrique. O espiritismo e seus agressores. *Visão Espírita*, ano 1, n. 6, p. 24-27, set. 1998.

ROOB, Alexander. *O museu hermético: alquimia & misticismo*. Lisboa: Taschen, 1997.

SANTOS JÚNIOR, Orlando Souza dos. *Decifrando o arqueômetro: astrologia e alquimia; as chaves dos povos da antiguidade*.

Brasília, DF: Thesaurus 2009.

TENDA ESPÍRITA MIRIM. Christo e seus auxiliares: evolução da religião; vida de Jesus; o mistério do Gólgota; o sangue purificador. In: CONGRESSO BRASILEIRO DO ESPIRITISMO DE UMBANDA, 1., Rio de Janeiro, 1941. *Anais...* Rio de Janeiro: Federação Espírita de Umbanda, 1942b. [Tese apresentada pela Tenda Espírita Mirim, e relatada oralmente na sessão de 24.10.1941 pelo Sr. Roberto Ruggiero Grimaldi.]

TENDA ESPÍRITA MIRIM. O espiritismo de umbanda na evolução dos povos: fundamentos históricos e filosóficos. In: CONGRESSO BRASILEIRO DO ESPIRITISMO DE UMBANDA, 1., Rio de Janeiro, 1941. *Anais...* Rio de Janeiro: Federação Espírita de Umbanda, 1942a. [Tese apresentada pela Tenda Espírita Mirim, por intermédio do seu delegado ao Congresso, Sr. Diamantino Coelho Fernandes, na sessão inaugural, a 19.10.1941.]

TOELTIUS, Johann. *Coelum reseratum chimycu.* Frankfurt, 1737.

TRÊS INICIADOS. *O caibalion.* São Paulo: Pensamento, 1978.

TRINDADE, Diamantino Fernandes. *Você sabe o que é macumba? Você sabe o que é Exu?* São Paulo: Ícone, 2013.

URBAN, Paulo. Os mistérios da iniciação. *Planeta*, n. 353, fev. 2002.

VIOLA, Frank; BARNA, George. *Cristianismo pagão? Analisando as origens das práticas e tradições da igreja.* São Paulo: Abba Press, 2008.